바울에 관한 새 관점이란 무엇인가?: 기원, 정의, 미래

개정판

제임스 D. G. 던 지음

최현만 옮김

바울에 관한 새 관점이란 무엇인가?: 기원, 정의, 미래
(개정판)

지음	제임스 D. G. 던
옮김	최현만
편집	김덕원, 이찬혁

발행처	감은사
발행인	이영욱
전화	070-8614-2206
팩스	050-7091-2206
주소	서울특별시 강동구 암사동 아리수로 66, 401호
이메일	editor@gameun.co.kr

종이책

초판발행	2023.9.30.
ISBN	9791193155110
정가	18,000원

전자책

초판발행	2023.9.30.
ISBN	9791193155127
정가	14,800원

The New Perspective on Paul: whence, what and whither?

Revised Edition

James D. G. Dunn

본서의 이전판은 『바울에 관한 새 관점』이라는 제목으로 에클레시아북스(2012)에서 출간된 바 있습니다. 이 새로운 한국어판은 Eerdmans의 2008년 판과 대조하여 수정되고 추가된 부분들을 반영하면서 교정 및 교열을 새로이 했습니다. 이 판은 이전판에 비해 각주가 30개가 추가됐고, 본문의 한 단락이 추가되기도 했으며, 그 외 여러 군데가 수정됐습니다.

친구이자
φίλος,

동역자요 함께 군사가 된
συνεργός καὶ συστρατιωτής

주교
ἐπίσκοπος

톰 라이트에게
To *Tom Wright*

| 목차 |

서문

책의 제목을 고르는 데에는 언제나 위험이 따른다. 제목은 중요한 정보를 전달할 수도 있어야 하지만, 동시에 사람들의 이목을 끌 수도 있어야 한다. 지루해 보이거나 간단한 묘사 정도로는 곤란하다. 물론 사람들의 눈을 더 많이 사로잡는 제목일수록, 오해를 받기도 더 쉽고 잘못된 의미를 전달하기도 더 쉽다. 그래서 나는 약간 불안한 마음을 가지고 이 제목, **바울에 관한 새 관점**(*The New Perspective on Paul*)을 택하기로 했다.

또 하나의 이유는 처음에 내가 썼던, 같은 제목의 논문(『바울에 관한 새 관점』, 감은사, 2018 역간)이 보통 바울 연구에서 새로운 장을 열었다거나, 바울의 복음과 신학을 (혹은 특히 이신칭의에 관한 가르침을) 바라보는 새로운 방식을 개척했다는 평가를 받기 때문이다. 그 책은 크게는 이런저런 방식으로 이 '새 관점'에 대해 이야기하거나,

이를 진전시키려는 목적으로 집필한 21개의 다른 논문과 그 첫 논문을 모아놓은 것이라서, **'바울에 관한 새 관점'과 다른 논문들**('The New Perspective on Paul' and Other Essays)이란 제목을 달 수도 있다. 하지만 그 제목은 이 책(『바울에 관한 새 관점』[The New Perspective on Paul]: 500쪽이 넘는 던의 새 관점 논문집을 지칭한다. 이 한국어판은 그 책의 제1장이다—편주)의 제1장에 실린 내용을 반영하지 못한다. 내가 제1장에 수록한 긴 글(본서를 가리킨다—편주)은 이 책을 위해 완전히 새롭게 쓴 글이기 때문이다. 이 글의 제목은 "바울에 관한 새 관점이란 무엇인가?: 기원, 정의, 미래"(The New Perspective on Paul: whence, what and whither?)로서, 나는 특별히 독자들의 이목을 집중시킬 목적으로 해당 글을 집필했다. 그리고 마지막에 실린 빌립보서 3:1-14에 관한 논문 역시 이 책을 위해 집필했다. 이 논문을 통해 나는 바울의 신학을 총체적으로 요약한 것이 논쟁의 여지가 있는 주제들을 얼마나 효과적으로 다룰 수 있는지 새롭게 평가해 보려 했다.

　　사실 '바울에 관한 새 관점'이라는 제목이 더 적합할 수도 있다. 이 제목이 더 많은 사람의 마음에 와 닿을 것이다. 이는 (참고 문헌을 보면 알 수 있듯이) 특히 '새 관점'을 비판하는 사람들 사이에서는 바울을 바라보는 이 낯선 혹은 신선한 관점을 가리키는 용어로서 이미 가장 확고하게 정립되어 있기 때문이다. 그래서 저 표현이 사람들에게 가장 잘 와닿을 수 있다고 본다. 이 책을 준비할 때 예상한 대상 독자층은 그 제목만 들어도 책이 어떤 내용일지 거의 단번에 알 수 있는 사람들이다. 그리고 '새 관점'으로 촉발된 논란을 생각할 때, 그들은 이 책이 그 주제와 관련하여 계속 발전 중인 나의 사상/통찰을 속속들이 알 수 있도록 자료를 제공할 뿐만 아니라, '새 관점' 논란에 대한 나의 반응으로 의도됐다는 사실 역시 쉽게 짐작할 수 있을 것이다.

　모두 다 맞는 말이다. 거기에 내가 덧붙이고 싶은 말은, 이 제목이 바울 학도들이 접근할 수 있는 혹은 가능한 **유일한** '새 관점'인 것마냥 '바울에 관한 **그** 새 관점'(*the* new perspective on Paul)으로 읽혀서는 안 된다는 점이다. 이 제목의 짧은 역사를 돌이켜 보면, '바울에 관한 새 관점'(A New Perspective on Paul)이라는 제목을 붙이는 것은 더 오해의 소지가 있을 것이다. 이 제목은 또한 '바울에 관한 **새로운** 관점'(the *new* perspective on Paul)으로 읽혀서도 안 된다. 즉, 어떤 혹은 모든 **옛** 관점은 따라서 시대에 뒤떨어진 것이라거나 쓰레기통에 던져질 폐물이라는 암시를 주어서는 안 된다는 말이다. 첫 논문은 실제는 그와 정반대라는 사실을 밝혀줄 것이다. 또한 이 제목이 '바울에 관한 새 관점'에 대한 가장 확고한 진술(definitive statement)을 제시한다고 주장하는 것처럼 읽혀서도 안 된다. 나는 이 책에서 어떤 '학파'의 대표로서가 아니라, 오직 내 이름만을 걸고 말할 것이다. 또한 '새 관점'은 이 관점의 추종자들에게 구속력을 가지는 '신조' 같은 것도 아니다. (자기 비판을 포함하여) 비판적인 주해와 역사학적 연구가 그런 성격을 지닌 채 수행되는 것은 적절치 않다.

　이 제목은 '새 관점'이라는 용어가 바울 신학에 관한 신선하고 가치 있는 통찰을 제공해 왔으며, 앞으로도 계속해서 기독교의 사도 바울이 된 바리새인 사울의 선교와 신학에 대한 균형 잡힌 평가에 공헌할 수 있을 것이라는 나의 변치 않는 믿음을 반영한다. 이 책의 첫 논문을 읽어보면 분명히 알겠지만, 나는 '새 관점'을 중심으로 등장한 논의들이 대체로 유익하고 고무적이며 때로는 오류를 수정해 주기도 한다는 사실을 발견했다. 또한 바울에 대한 나의 평가를 언제나 명료하고 세밀하게 만들어 주었다. 그렇다면 이 책은 '새 관점'에 대한 열정적인 변호서가 아니다. 나는 새 관점을 죽음을 불사하고 지켜야 할 항목이라 여기지도 않고, 이전에 내가 썼던 논문에 대한 비판들 모두를 단호하게 묵살해야 할 대상으로 생각하지도 않는다. 어떤 한 사람이 만들어 낼 수 있거나 혹은 하나의 논문, 하나의 책이 담아낼 수 있는 것보다 훨씬 더 풍성하고 완전한 신학이 존재하며, 이를 제대로 평가하려는 시도가 신학계에서 발전 중에 있다고 믿기 때문이다. 내가 이제껏 쓴 글 모두에서 나의 목적은 언제나 이러한 시도에 보탬이 되려는 것이었다. 따라서 첫 논문에서 나는 내가 어떻게 '새 관점'에 이르게 됐는지를 설명하고, 내가 이해한 바 그 내용을 정확하게 해명하고, 관련 논의를 더 깊은 수준으로 이끌어 가보려 한다. 그리고 마지막 논문은, 단일 단락인 빌립보서 3:2-14이 실례로서 보여주는 바, 하나님의 구원하시는 의에 대한 바울의 이해가 지닌 풍성함과 온전함을 증명해 보일 것이다.

WUNT의 편집자인 외르크 프라이(Jörg Frey)에게 감사의 마음을 전한다. 그는 '새 관점'에 관한 나의 논문들을 모아서 출간하자는 제안을 한 당사자이며, 서문을 쓰는 데에도 격려를 아끼지 않았다. 또 원논문들을 이 책으로 묶어 재출간할 수 있도록 허락해 준 편집자들과 출판사들에도 감사드린다. 그리고 컴퓨터 파일로 변환되기 이전의 상태였던 논문들을 재출간하는 일을 맡아준 모어 지벡(Mohr Siebeck)의 헤닝 지브리츠키(Henning Ziebritzki)에게도 감사드린다. 그리고 참고 문헌을 정리하는 데 있어 프리드리히 아베마리에(Friedrich Avemarie), 존 바클레이(John Barclay), 케빈 바이워터(Kevin Bywater), 돈 갈링톤(Don Garlington), 마이클 고먼(Michael Gorman), 테리 헤일우드(Terry Halewood), 피터 오브라이언(Peter O'Brien), 마이클 톰슨(Michael Thompson)에게 상당한 빚을 졌다. 그리고 지브리츠키는 카슨(Carson), 오브라이언(O'Brien), 사이프리드(Seifrid)가 편집한 『칭의와 다채로운 율법주의』(*Justification and Variegated Nomism*) 제2편의 초기 교정본을 볼 수 있도록 허락해 주었다. 마크 매티슨(Mark Mattison)의 인터넷 사이트인 "바울 페이지"(Paul Page: www.thepaulpage.com)는 현재 진행 중인 논의에 관심 있는 사람들에게 탁월한 자료를 제공해 줄 것이다.

　　하지만 내가 더 고마움을 표해야 할 사람들이 있다. 그들은 나와 첫 장의 일부 혹은 모든 주제들에 관해 토론할 기회를 가졌거나, 첫 장의 일부 혹은 전체의 초기 원고를 읽고, 이후로도 종종 귀중한 논평과 충고를 해 주었다. 프리드리히 아베마리에, 존 바클레이, 필립 에슬러(Phillip Esler), 돈 갈링톤, 사이먼 개더콜(Simon

Gathercole), 브루스 롱넥커(Bruce Longenecker), 스티븐 테일러(Stephen Taylor), 마크 사이프리드(Mark Seifrid), 페터 슈툴마허(Peter Stuhl-macher), 프랜시스 왓슨(Francis Watson), 톰 라이트(Tom Wright)가 그들이다. 물론 나는 그들이 던져준 충고를 항상 그대로 받아들이지는 않았다. 하지만 그들과의 대화에서 엄청난 유익을 얻었고, 실제 글의 내용도 많이 바뀌었다. 나는 그러한 수정의 결과인 본서가 전체적으로 좀 더 긍정적이며 서로를 화해시키는 영향을 발휘할 수 있기를 진정 소망한다. 내가 첫 장에서 분명하게 나타내려고 했듯이, 나는 '새 관점'이 일부 또는 어떤 '옛 관점'을 대체하거나 반박하는 관점으로 간주되기보다는, 다른 관점들을 보완하고, 가장 위대한 초기 기독교 신학자인 바울이 전한 복음과 신학에 대한 더 풍성하고 완전한 이해를 얻는 데 공헌하길 소망한다. 이 책을 통해 그 목적이 조금이라도 달성된다면, 이 책을 출간한 보람이 있을 것이다.

2004년, 섣달 그믐날

제임스 D. G. 던(James D. G. Dunn)

제1장
개인적인 회고

내가 『바울신학』(*Theology of Paul the Apostle*)의[1] 서문에서 밝혔듯이, 바울에 대한 나의 관심은 고등학교 고학년 시절로 거슬러 올라간다. 나는 그때 나보다 어린 동료 학생들을 위해서 점심 시간마다 바울의 선교 여행에 대한 강좌를 열었다. 학창 시절을 보내면서 바울에 대한 관심은 더욱더 깊어졌고, 1960년대 중반 케임브리지에서 바울 관련 주제를 연구하게 되면서부터는 아예 푹 빠져 버렸다. 그래서인지 1970년 노팅엄에서의 첫 대학교 강의 자리를 알아보면서, 바울의 로마서를 가르치는 과정을 맡을 사람을 찾는다는 사실을 알게 됐을 때 기대에 가득 찼다. 그리고 1년이 지난 후, 좀 더 야심만만한 주제인 "기독교의 기원"으로 강의를 변경했을 때

---

1. *The Theology of Paul the Apostle* (Grand Rapids: Eerdmans/Edinburgh: T&T Clark, 1998) [= 『바울신학』, CH북스, 2019].

에도, 자연히 바울 신학은 처음부터 그 강의의 두드러진 특색이 됐다.

그런데 얼마 지나지 않아 하나의 질문이 떠올랐고, 그 질문은 1970년대의 나머지 기간 동안 계속해서 나를 괴롭히는 수수께끼가 됐다. 나는 믿음에 의한 칭의(justification by faith, "이신칭의"), 또는 믿음을 **통한** 칭의라는 바울의 가르침을 자연스럽게 받아들였고, 그 가르침을 따라서 나의 오류들을 수정했다. 나의 신학적 각성과 초기의 발전은 개혁주의와 복음주의 전통의 테두리 안에서 일어났다. 이신칭의는 당연히 이 전통 안에서 핵심적인 위치를 차지하고 있었고, 또한 복음의 기초를 이루는 가르침이었다. 그런데 핵심적인 본문들을 연구한 글들을 보면서 분명하게 알게 된 사실이 있었다. 그것은 바울이 믿음을 통한 칭의를 가르칠 때 어떤 다른 가르침에 대해 반발하고 있었다는 사실이다. 즉, 바울은 '**율법의 행위들과는 별개인** 믿음에 의한' 칭의(롬 3:28), '**율법의 행위들로부터 온 것이 아닌**, 예수 그리스도를 믿음에서 오는' 칭의(갈 2:16)를 가르치고 있었다. 그렇다면 바울이 반발하고 있던 대상은 무엇인가? 이 '율법의 행위들'은 도대체 무엇인가? 교과서와 주석가들은 상당히 표준화된 답변을 제시하고 있었다. 곧, 바울이 반발하고 있던 대상은 칭의가 공로의 행위들에 의한다는 전형적인 유대교의 가르침이었다. 즉, 좋은 평가를 받을 수 있는 선한 일을 행하는 자기 노력을 통해서 하나님께 받아들여질 수 있다는 유대교의 독특한

주장에 반발하고 있었다는 것이다.[2]

　이 유대교의 가르침에 관한 나의 초기 이해를 보여주는 전형적인 설명이 로마서 4:6에서 시작하는 단락에 대한 프란츠 레엔하르트(Franz Leenhardt)의 해석이다. "랍비들의 법률적인 사고방식에서는 신자와 하나님의 관계를 수입과 지출을 표시하는 회계장부의 관점에서 이해했다(그리고 이러한 사고방식은 모든 시대 모든 사람에게서 공통적으로 발견된다). 핵심은 지출란에 기록된 악한 행위보다 수입란에 나열된 선한 행위가 더 많아야 한다는 것이다"라고 그는 언급했다.[3] 그리고 그는 한 각주에 '바리새인들이 계산기라는 별명을 얻게 된 것'도 그러한 태도 때문이라는 J. 본저븐(J. Bonsirven)의 관찰을 인용한다(*Jud. Palest.* II 58-9). 또한 W. 부세트(W. Bousset)는 이렇게 이야기했다. "따라서 삶은 일종의 계산 게임이다. 경건한 사람들은 하나님의 은행에 개설된 그들의 계좌를 끊임없이 들여다보아야 한다"(*Rel. Jud.* 3rd ed. 1926, 393). 에밀 쉬러(Emil Schürer)는 예수 시대의 유대교에 대해 "진정한 경건함은 거의 다 제거되어 버

2.　H. B. P. Mijoga, *The Pauline Notion of Deeds of the Law* (San Francisco: International Scholars Publications, 1999)에 기술됐듯이, 지배적인 전통에서는 '율법의 행위들'이 '율법주의적인(legalistic) 행위에 의한 의'(5-21)를 가리키는 것으로 간주한다. 그러한 주장을 담고 있는 최근의 예로는 R. N. Longenecker, *Galatians* (WBC 41; Dallas: Word, 1990) [= 『갈라디아서』, 솔로몬, 2003]를 들 수 있다: "공로를 쌓는 토라 준수를 통해 하나님의 호의를 얻는 것과 관련된, 복합적인 율법주의 사고 전체를 가리키는 일종의 선전 구호"(86).

3.　F. J. Leenhardt, *The Epistle to the Romans* (1957: ET London: Lutterworth, 1961) 115-6.

린 … 외적 형식주의"를 특징으로 한다고 묘사했고,[4] 이러한 설명
은 큰 영향력을 행사했다. 매튜 블랙(Matthew Black)이 바리새파를
"예루살렘 함락 후 대체로 무미건조한 종교의 모습을 띠었던 유대
교의 … 바로 앞 시기의 선배", "할라카로 삶의 모든 부분을 통제
하려고 한, 법전화된 전통에 속한 불모의 종교"라고 설명한 것도
유사한 정도로 영향을 미쳤다.[5] 이러한 상황에서 내가 보였던 반
응은 충분히 수긍되리라 생각한다. 곧, 나는 당연히 바울이 자신의
회심에서 그러한 종교로부터 해방하기를 기대했다고 생각했다(롬
8:2; 갈 5:1)!

이 모든 내용은 바울과 그의 복음에 대한 나의 초기 해석에서
당연한 사실로 받아들여졌고 대체로 의문시되지 않았다. 하지만
칭의에 관한 바울의 가르침의 핵심 구절인 **'하나님의 의'**(the righte-
ousness of God)에 관해 처음으로 자세히 조사하기 시작했을 때, 곧

---

4.   E. Schürer, *The History of the Jewish People in the Time of Jesus Christ* (ET
      Edinburgh: T&T Clark, 5 vols: 1886-90): "종교 생활의 중심인 기도마저 그
      뻣뻣한 종교 체계의 족쇄 안에 함몰되어 버렸을 때, 더 이상 생명력 있는 신
      앙에 대해서는 말할 수 없게 됐다"(2/2.115). Rudolf Bultmann, *Primitive
      Christianity in its Contemporary Setting* (London: Thames & Hudson, 1956)
      도 역시 그러한 특징을 보여주는데, 그 책에서 '유대교'를 설명하는 주요 장
      의 제목이 "유대교의 율법주의"(59-71)이다. F. Watson, *Paul and the Herme-
      neutics of Faith* (London: T&T Clark International, 2004)에서 다음과 같이
      이야기하는 것은 공정한 것 같다: "Bultmann은 자신이 기록하고 있던 역사
      적 현상에 개인적인 반감을 가지고 있었으며, 독자들에게도 그러한 반감을
      알리고 싶었던 것이 분명하다"(7).
5.   M. Black, "Pharisees," *IDB* 3 (1962) 774-81, here 81.

나를 괴롭히기 시작한 수수께끼가 그 모습을 드러냈다. 로마서 1:16-17과 같은 주제적 진술과 마주하면서, 그 구절의 의미를 풀어 설명하려고 애쓰지 않을 사람은 없을 것이다. "복음은 모든 믿는 자에게 구원을 주시는 하나님의 능력이 됨이라. 먼저는 유대인에 게요, 그리고 헬라인에게로다. 복음에는 하나님의 의가 나타나서 믿음으로 믿음에 이르게 하나니, 기록된 바 '오직 의인은 믿음으로 말미암아 살리라'(합 2:4) 함과 같으니라." 나는 이 주제에 대한 글을 엘리자베스 악트마이어(Elizabeth Achtemeier)와 폴 악트마이어 (Paul Achtemeier)가 저술한 『해석자의 성경 사전』(*Interpreter's Dictionary of the Bible*)에서 발견했다. 이 글들은 나의 이해를 돕는 데 큰 도움을 주었지만 수수께끼는 더 심화될 뿐이었다.[6] 두 악트마이어의 글을 통해 나는 바울의 이 핵심 구절이 구약에서 직접 유래한 것이며 유대교의 독특한 강조점과 철저하게 공명하고 있다는 사실을 확실하게 깨달았다. '의'는 관계적인 개념으로서 '관계가 요구하는 바를 충족시키는 것'으로 이해되어야 했다. 동일한 의미가 '하나님의 의'에도 적용됐다. 곧, '하나님의 의'는 하나님의 주도로 맺어진 사람과의 언약적인 관계를 전제한다. 그리고 하나님이 의로우신 것은 그 언약적 관계가 요구하는 바를 충족시킬 때다.[7] 따

---

6.   E. R. Achtemeier, 'Righteousness in the Old Testament' and P. J. Achte-meier, 'Righteousness in the New Testament', *IDB* 4 (1962) 80-5, 91-9.

7.   나는 그 당시 H. Cremer의 초기작인, *Die Paulinische Rechtfertigungslehre im Zusammenhange ihrer geschichtlichen Voraussetzungen* (Gütersloh: Bertels-mann, 1899, ²1900) 34-8의 중요성을 제대로 평가하지 못했다. 하지만 그의

라서 하나님의 **의**가 백성을 향한 **구원의 행위**, 그리고 죄를 범한 백성조차도 **구속**하고 **변호**하신다는 (특별히 제2이사야와 시편의) 사실은 (나에게) 놀라운 내용이었다.[8] 이렇게 하나님의 의에 자신의 언약적 약속에 대한 **신실하심** 개념이 포함될 수 있다는 깨달음 또한 충격이었다(롬 3:3-5).[9]

그 당시(1970년대)에는 그저 사라지지 않는 의심 수준이었지만 그래도 수수께끼라는 사실은 분명했다. '하나님의 의'가 하나님의 의롭다 하시는/변호하시는 행위(justifying action)를 가리킨다고 하자. 그렇다면 그 의미는 전통적인 관점, 즉 바울의 반발 대상이 노

통찰력은 향후 구약 신학의 주류가 된 W. Eichrodt, *Theology of the Old Testament* Vol.1 ([6]1959; London: SCM, 1961) 239-49 [= 『구약성서신학 I』, 크리스챤다이제스트, 1994], G. von Rad, *Old Testament Theology Vol. 1* (1957; Edinburgh: Oliver & Boyd, 1962) 370-6에서 확인됐다. 그것은 지금도 마찬가지다. 예를 들면, F. Hahn, *Theologie des Neuen Testaments* (Tübingen: Mohr Siebeck, 2002) 1.247-8; J. Roloff, 'Die lutherische Rechtfertigungslehre und ihre biblische Grundlage', in W. Kraus & K.-W. Niebuhr, hg., *Frühjudentum und Neues Testament im Horizont Biblischer Theologie* (WUNT 162; Tübingen: Mohr Siebeck, 2003) 275-300: "하나님의 의(righteousness)는 그리스도와 더불어 비로소 세상에 나타난 것이 아니었다. 그것은 이전부터 이스라엘 가운데 작용하고 있었다"(290); J. M. Bassler, *Navigating Paul* (Louisville: Westminster John Knox, 2007) 제5장.

8. 이러한 경험 때문에 나는 루터의 경험에 동감할 수 있었다. 루터의 경험을 나는 R. Bainton, *Here I Stand* (London: Hodder & Stoughton, 1951) 65 [= 『마르틴 루터』, 생명의말씀사, 2016]에서 처음으로 읽었고, 'The Justice of God: A Renewed Perspective on Justification by Faith', *JTS* 43 (1992) 1-22 (here 1)에서 인용한 바 있다.

9. 이러한 사상은 나의 *Romans* (WBC 38; Dallas: Word, 1988) 41-42, 132-4 [= 『로마서』, 솔로몬, 2003]의 핵심적인 통찰이 됐다.

력해서 칭의를 획득할 수 있다고 가르치는 노선 위에 서 있었다는
관점과 어떻게 조화를 이룰 수 있는가? 만약 '하나님의 의'가 하나
님께서 자기 백성을 선택하신 것을 전제하며, 불충한 그 백성에
대한 신적인 신실함과 변호를 표현하는 개념이라면, 행위들을 통
해 칭의를 **얻는다**(earned)는 사상이 어디에 발을 붙일 수 있단 말인
가? 바울이 자신의 복음에 대한 진술로서 하나님의 의의 은혜로
우심에 대한 구약의 독특한 강조에 의존했다면, 어떻게 이 정통적
인 유대인이 획득할 수 있는 상태로서 칭의를 이해했음을 암시할
수 있단 말인가? 어디에서 무언가 잘못됐다. 그렇다면 도대체 어
디에서 문제가 생겼는가?

　　이 수수께끼는 내가 쿰란의 『공동체 규율』(Community Rule)의 마
지막에 있는, 이제는 유명해진 찬양(1QS 11.11-15)에 처음으로 주목했
을 때 더욱더 심화됐다.[10]

　　　　나의 경우에, 만약 [12]내가 걸려 넘어진다 하더라도, 하나님의 자
　　　　비가 나의 영원한 구원이 될 것이다. 만약 내가 육체의 죄로 인하
　　　　여 비틀거린다 하더라도, 영원히 지속될 하나님의 의로 인해 나

10.　이 본문에 내가 처음으로 주의를 기울이게 된 것은 K. Kertelge, "Recht-
　　fertigung" bei Paulus: Studien zur Struktur und zum Bedeutungsgehalt des
　　paulinischen Rechtfertigungsbegriffs (Münster: Aschendorff, 1967) 29-33 때
　　문이었다. 유사한 본문으로는 1QH 12(= 4).29-37; 13(= 5).5-6; 15(= 7).16-19;
　　1QM 11.3-4 등이 있다. 시 103:10과 단 9:16-18, 『에스라4서』 8:34-36도 물
　　론 포함된다.

의 칭의(*mshpti*)가 선언될 것이다. [13]··· 그는 그의 은혜 가까이로 나를 이끌 것이며, 그의 자비로써 [14]나의 칭의(*mshpti*)를 가져다줄 것이다. 그는 그의 진리의 의 안에서 그리고 그의 위대한 선하심 안에서 나를 심판하실 것이며, 나의 모든 죄를 용서하실 것이다 (*ykpr*). 그는 그의 의를 통하여 나에게서 사람의 부정함과 사람들의 자녀들의 죄를 씻기실 것이다. (Vermes의 번역)[11]

여기에 죄가 용서될 것에 대한 소망과 확신의 유일한 근거로서 하나님의 은혜, 자비, 의를 결정적으로 이야기하는 본문이 있다.[12] 이 본문은 특징과 강조 면에서 너무나 **바울과 닮았다!**[13] 하지

---

11. 더욱 최근에 출간된 문서들 중 특별히 4Q507과 4Q511 frag. 28 + 29을 보라. 더 많은 내용을 원한다면 H. Lichtenberger, *Studien zum Menschenbild in Texten der Qumrangemeinde* (Göttingen: Vandenhoeck & Ruprecht, 1980) 73-93을 보라.

12. 1QH 12(= 4).29-31과 17(= 9).14-15 안에 시 143:2이 반향되고 있다는 사실에 주목하라. 바울은 자신의 칭의 교리를 세우는 데 시 143:2을 기초로 한다(롬 3:20; 갈 2:16). J. C. R. de Roo, '*Works of the Law' at Qumran and in Paul* (NTM 13; Sheffield Phoenix, 2007)은 1QH 9.35-36에 주의를 기울인다: "오, 의로운 자들아, 죄악을 내버리라! 완전한 길을 따르는 너희 모두는 [언약을] 굳게 붙들라"(27)—언약이 죄악을 덮기 위해 마련된 것이기 때문에, 여기서 '완전한 길'이란 관계를 깨뜨리지 않는 선에서의 의로움을 뜻한다.

13. 둘 사이의 유사점은 일찍이 David Flusser, "The Dead Sea Sect and Pre-Pauline Christianity" (1958), *Judaism and the Origins of Christianity* (Jerusalem: Hebrew University, 1988) 23-74, here 33-5에서 다루어졌다. 이 내용은 N. Dahl, "The Doctrine of Justification: Its Social Function and Implications" (1964), *Studies in Paul* (Minneapolis: Augsburg, 1977) 95-120 이 관찰한 것과 같다: "쿰란 문헌 중 일부는 인간의 죄와 하나님의 의에 대하

만 바로 이 문서(1QS)는 편협한 종파주의적 율법주의를 보여주는
사례로도 역시 제시되고 있다. 즉, 그 율법주의야말로 바울 당시의
'유대교'의 특징을 나타내는 것임에 틀림없다고(갈 1:13-14), 또는 적
어도 바울에게 가장 친숙했을 바리새주의와 아주 유사했을 것이
라고 일반적으로 간주된다.[14] 하나님의 의에 대한 구약의 가르침,
그리고 우호적인 판결을 위해 하나님의 은혜에 전적으로 의지했
던 것이 분명한 쿰란 종파의 찬양시, 이렇게 두 가지 자료를 살펴
보았다. 그런데 이 두 가지 내용과, 유대교를 공로를 쌓으려는 율
법주의로 파악하는 전통적인 관점을 어떻게 조화시킬 수 있을까?
그리고 바울이, 굉장히 구약적인 그리고 너무나 쿰란적인(!) 내용
인, 믿음을 통한 은혜에 의한 칭의를 가르치면서, 그 가르침 속에
서 반발하고 있던 대상은 무엇인가?

　나는 로마서 주석을 위한 첫 작업에서, 안디옥 사건(갈 2:11-14)
을 이러한 수수께끼들을 풀어내는 열쇠가 될 만한 요소로 규정했
다. 그 사건에 대한 조사, 그리고 1980년대의 첫 두 해 동안의 바

여 루터는 말할 것도 없고 바울과 같은 방식으로 두드러지게 이야기한다. …
쿰란 공동체의 구성원들이 외친 믿음은 칭의 교리에 대한 전통적인 신앙 고
백들 중 다수와 일치한다. … 칭의라는 용어는 … 유대교에 여전히 존재하는
종교 언어들과 분명한 관련성을 가지고 있다. … 하나님의 구원하는 의를 통
한 칭의에 관한 바울의 교리와의 유사성은 진정으로 주목할 만하다"(97, 99-
100).

14.　영향력 있는 연구인 J. Jeremias, *Jerusalem at the Time of Jesus* ([3]1967;
London: SCM, 1969) [=『예수 시대의 예루살렘』, 한국신학연구소, 1998]에
서는 '바리새파의 규율과 유사한 공동체 생활의 양식'(259-60)에 대한 이해
를 뒷받침하기 위해서『다마스쿠스 문서』(CD)에 의존한다.

울과 예루살렘 사이의 관계에 대한 연구는 바울의 선교 사역 안에
존재했던 긴장을 명료화하는 데 도움이 됐다. 그 긴장은 구체적으
로 바울의 소명과 이방인 선교에 대한 헌신에서 비롯된 것이었
다.[15] 하지만 이러한 통찰들이 그 수수께끼를 풀어내는 데 어떻게
기여할 수 있는지는 아직 분명하지 않았다. 그렇지만 그 시기는
또한 나에게 당시 막 출간된 E. P. 샌더스(E. P. Sanders)의 『바울과
팔레스타인 유대교』(Paul and Palestinian Judaism)를 꼼꼼하게 살펴볼
기회가 됐다.[16] 그리고 그 수수께끼가, 더 이상 한쪽으로 치워둘 수
없는 질문이 된 것이 바로 이때다. 질문이 있다면 답변을 해야 한
다. 도대체 바울이 반발하고 있었던 대상은 무엇인가?

샌더스는 실질적으로 **제2성전기 유대교에 대한 새로운 관점**
을 신약 학계에 제공했다. 그는 단도직입적으로, 기독교 학계에서
유대교를 바라보는 전통적인 관점이 완전히 틀렸다고 이의를 제

---

15. J. D. G. Dunn, "The Incident at Antioch(Gal. 2.11-18)," *JSNT* 18 (1983) 3-57
(이 강연을 한 것은 1980년이 처음이었다); 또한 "The Relationship between
Paul and Jerusalem according to Galatians 1 and 2," *NTS* 28 (1982) 461-78;
두 글 모두 나의 *Jesus, Paul and the Law: Studies in Mark and Galatians*
(London: SPCK, 1990) 129-74, 108-26(둘 모두에 각주들을 추가했다)에 수
록되어 재출간됐다. 첫 번째 글은 M. D. Nanos, ed., *The Galatians Debate*
(Peabody, MA: Hendrickson, 2002) 199-234에도 다시 실렸다. 두 번째 글
은 R. Schäfer, *Paulus bis zum Apostelkonzil* (WUNT 2.179; Tübingen: Mohr
Siebeck, 2004) 123-49, 175-80, 201-21에서 환영을 받았다.

16. 이 책은 "종교 패턴 비교"(*A Comparison of Patterns of Religion*)라는 부제를
달고 있다(London: SCM, 1977) [= 『바울과 팔레스타인 유대교』, 2018, 알맹
e].

기했고, 이는 격론을 일으켰다. 샌더스는 유대교 학자들이 그들에게 친숙한 유대교에 대해 기독교가 제시한 캐리커처에 오랫동안 어리둥절해 왔다는 사실을 지적했다(그들도 전통적인 기독교 학계의 관점에서 바울을 해석하고 있었다는 사실을 언급해야겠다). 즉, 어떻게 바리새파인 바울이 당시의 유대교를 그렇게 오해하게끔 묘사할 수 있단 말인가?[17] 샌더스는 또한 기독교계의 학자들 가운데서도 조지 푸트 무어(George Foot Moore)와 제임스 파크스(James Parkes) 같은 학자들이 바울의 유대교를 편협하고 차가운 율법주의적 종교로 보는 전통적인 설명에 대항해 오랫동안 저항해 왔다는 점에 주목했다.[18]

---

17. "Schechter와 Montefiore의 글을 읽으면 바울이 유대교에서 무엇을 공격했는지 궁금해진다"(Sanders, *Paul and Palestinian Judaism*, 12)라는 S. Schechter, *Aspects of Rabbinic Theology* (New York, 1961 = 1909)의 인용문을 재언급한다(6): "다음 둘 중 하나일 것이다. 랍비들의 신학은 틀렸고, 그 신학이 품고 있던 하나님에 대한 이해는 격이 떨어지는 것이었으며, 그 신학의 가장 중요한 동인 역시 세속적이고 천박했으며, 그 신학을 가르친 교사들에게서도 열정과 영성을 찾을 수 없었거나, 아니면 이방인의 사도인 바울이 굉장히 이해할 수 없는 사람이었거나"(18). 더 자세한 것은 다음을 보라. J. G. Gager, *Reinventing Paul* (New York: Oxford University, 2000) 제1장; C. G. Montefiore와 H. J. Schoeps에 대한 S. Westerholm, *Perspectives Old and New on Paul: The "Lutheran" Paul and His Critics* (Grand Rapids: Eerdmans, 2004) 118-28도 참고하라.

18. Sanders, *Paul and Palestinian Judaism* 6은 J. Parkes, *Jesus, Paul and the Jews* (London, 1936)의 다음 구절을 인용한다: "… 만약 바울이 실제로 '랍비 유대교'를 공격하고 있었다면, 그의 주장은 많은 부분이 부적절한 것이며, 그의 비난은 상당 부분 부당하며, 그가 공격하고 있던 대상에 대한 그의 이해도 역시 부정확한 것이다"(120).

하지만 애석하게도 그들의 이의 제기를 들어주는 사람은 없었다.[19] 샌더스는 자신의 이의 제기는 무시되는 일이 없어야 한다고 단단히 결심했다.[20]

샌더스의 기본 주장은 유대교가 신적 호의를 확보하기 위한 수단으로서 행위 의(works righteousness)에 사로잡혀 있지 않았다는 것이다. 그와 반대로, 이스라엘의 구원 신학은 하나님의 주도하심으로, 하나님의 호의가 주어지는 것으로 시작된다. 즉, 하나님은 이스라엘을 그의 백성으로 선택하셨다. 그리고 그는 그들과 언약을 맺으셨다. 따라서 언약의 구성원은 자신이 하나님께 적절하게

---

19. Sanders, *Paul and Palestinian Judaism* 33-59을 보라. 참조, D. A. Carson, et al. eds., *Justification and Variegated Nomism. Vol. 1: The Complexities of Second Temple Judaism* (WUNT 2.140; Tübingen: Mohr Siebeck, 2001) 261-301에 있는 P. S. Alexander, "Torah and Salvation in Tannaitic Literature"의 F. Weber에 대한 비판을 보라: "그의 설명은 유대교를 건조한, 율법주의적 행위 종교에 불과한 것으로 설명하려고 노력하는 반유대주의에 대한 적대감에 젖어 있다"(271).

20. 사적인 대화에서 나에게 Sanders는 Moore가 했던 항거(protest)에 대해 언급해 주었다. Moore의 항거는 자신의 위대한 작품인 *Judaism in the First Centuries of the Christian Era: The Age of the Tannaim* (Cambridge, Mass. 1927-30)에는 감추어져 있으며, "Christian Writers on Judaism," *HTR* 15 (1922) 41-61에만 명백하게 드러나 있다고 한다. 결과적으로 Moore의 **유대교**는 종종 유대교에 대한 전통적인 명예훼손을 지지하는 증거로 인용되곤 했는데, Moore가 이 사실을 알았다면 치를 떨었을 것이다. Sanders가 자신의 논쟁적인 항거를 오해의 여지가 없도록 '솔직하게' 실행하기로 결심한 이유가 여기에 있다. 또한 이러한 관찰은 M. Silva, "The Law and Christianity: Dunn's New Synthesis," *WTJ* 53 (1991) 339-53 (here 348)에 나타난 비판과 난처함에 대한 응답이 될 것이다.

받아들여질 수 있을 때까지 하나님의 호의를 얻으려는 노력을 할 필요가 없다. 그들은 처음부터 그 신분에서 **시작한다**.[21] 동시에 언약의 구성원은 율법에 순종할 것으로 기대된다. 만약 그들이 언약의 구성원 자격을 **유지하려** 한다면 순종이 요구된다. 유명한 구분법을 사용해 말하자면, 순종이 요구되는 것은 '머물기'(stay in) 위해서지, '가입하기'(get in) 위해서가 아니다. 샌더스는 자신이 조사한 랍비 문헌과 제2성전기 유대교 문헌의 일관적인 강조점을 요약하면서 "순종은 그 사람이 가진 언약 안의 신분을 유지시킨다. 하지만 일반적으로 이야기되듯이 순종을 통해서 하나님의 은혜를 획득하는 것은 아니다"라고 말했다.[22]

그러한 '종교 패턴' 안에서 하나님은 완벽을 요구하는 것이 아

---

21. T. R. Schreiner, *Paul Apostle of God's Glory in Christ: A Pauline Theology* (Downers Grove, IL: IVP, 2001) [= 『바울신학』, 은성, 2005]: "먼저 하나님이 이스라엘을 이집트로부터 구속했고, 그다음에 율법을 주셨다. 따라서 율법에 대한 순종은 하나님의 은혜에 대한 응답이지, 행위를 통해 의를 획득하려는 시도가 아니다(출 19-20장을 보라)"(117-8).

22. *Paul and Palestinian Judaism* 420: "바울의 의견은 팔레스타인 유대교의 것과 같았다. … 구원은 은혜에 의하지만, 심판은 행위들에 따른다. 행위들은 '안'에 머물기 위한 조건이지만, 행위들로 구원을 얻는 것은 아니다"(543). 참조, 이미 Moore는 다음과 같이 말했다: "랍비 유대교에서 … '장차 올 세상의 많은 것'은 … 궁극적으로 모든 이스라엘에게 보장되어 있다. 그 기초는 하나님의 값없는 은혜로 자기 백성을 처음에 선택하신 것에 있지, 집단적으로든 개인적으로든 그들의 공로로 유도되는 것이 아니다. 그것은 오직 하나님의 사랑에 기초한다. … 이러한 사실들은 유대교가 기독교에 반대되는 것으로 설정됐을 때 무시되고 말았다. … 만약 유대교와 기독교 중 하나가 은혜라면, 나머지 하나도 역시 은혜다"(*Judaism* 2.94-5).

니라 실패를 허용한다. 이 사실이 유대교에 대한 샌더스의 새 관점에서 중요하다. 하나님은 자신의 죄를 회개하는 사람들을 위해서 속죄와 용서의 수단을 제공하셨다. 따라서 이러한 새 관점의 종합적인 결론은 샌더스의 가장 유명한 어구에 요약된다. 샌더스 자신이 분명하게 핵심 문구로 간주한 이 어구는 '언약적 율법주의'(covenantal nomism; *Bundesnomismus*; *nomisme d'Alliance*)이다. 이 문구는 하나님의 주도하심(언약적)과 인간의 반응(율법주의) 사이의 상호관계를 보여주며, 샌더스는 이를 유대교의 큰 특징으로 보았다. "언약적 율법주의는 하나님의 계획 안에서 한 사람의 위치가 언약에 기초하여 수립되며, 그 언약은 사람의 적절한 반응으로서 그 규율에 대한 순종을 요구하고, 또한 범죄에 대한 속죄의 수단을 제공한다고 보는 관점이다."[23]

---

23. *Paul and Palestinian Judaism*, 75; 또한 236, 420, 544도 보라; *Jesus, Paul and the Law*, 183-214로 재출간된 "The New Perspective on Paul", *BJRL* 65 (1983) 95-122 [= 『바울에 관한 새 관점』, 2018, 감은사]에서 나는 J. Neusner 가 Sanders의 방법론을 비판하기는 했지만 그 지점에서 Sanders의 랍비 유대교에 대한 설명을 '전체적으로 건전하며 … 자명한 명제'로 받아들였다는 사실에 주목했다(204 n. 16); 또한 C. Strecker, "Paulus aus einer 'neuen Perspektive': der Paradigmenwechsel in der jüngeren Paulusforschung", *Kriche und Israel* 11 (1996) 3-18 (here 7)도 역시 이 사실에 주목했다. 나의 *The Theology of Paul*, 338 n. 15도 참조하라. D. Garlington, *'The Obedience of Faith': A Pauline Phrase in Historical Context* (WUNT 2.38; Tübingen: Mohr Siebeck, 1991)은 외경들에서도 언약적 율법주의 패러다임이 지속되고 있음을 증명했다. R. Bergmeier, *'Das Gesetz im Römerbrief, Das Gesetz im Römerbrief und andere Studien zum Neuen Testament* (WUNT 121; Tübingen: Mohr Siebeck, 2000) 31-90은 Sanders의 주장을 취한다(44-8).

나는 샌더스가 자신의 주장을 입증한 것으로 간주했으며, 유대교를 좀 더 부정적으로 보는 전통적인 관점에 교정을 가했다는 사실에 대해 상당한 고마움을 느꼈다.[24] 하지만 안타깝게도 바울에 대한 샌더스의 해석은 나의 핵심 질문에 대한 답변이 되지는 못했다. 바울이 직면했던 유대교의 성격에 관한 이전까지의 오해를 바로잡는다는 측면에서 보면, 샌더스는 사실상 이 문제의 혼란을 더욱 심화시켰을 뿐이다. 바울 당시의 유대교 역시도 신적인 선택, 속죄, 죄사함을 위한 자리를 확보하고 있었다면, 바울은 도대체 어떤 대상에 이의를 제기하고 있었던 것인가?[25] 샌더스는 이러한 배경 위에서 바울을 이해하는 데 있어서 나에게 도움이 되지 못했다. 샌더스는 그 질문에 대한 답변을 바울의 일관성 없음으로

---

24. N. T. Wright, 'The Paul of History and the Apostle of Faith', *TynBul* 29 (1978) 61-88은 처음으로 Sanders 작품의 중요성을 인식했고, '바울과 … 바울의 문제들을 … 새 관점(a new perspective)으로 바라볼 새 방식'을 제안했다고 보았다(64, 77-84). K. Stendahl, *Paul Among Jews and Gentiles* (London: SCM, 1976) [= 『유대인과 이방인 사이에 있는 바울』, 감은사, 2021]은 일찍이 바울 신학의 원천에 대한 자신의 통찰에 의해 (조직신학과 실천신학을 위한) '새 관점'(a new perspective)의 문이 열렸다고 말한 바 있다(본서 각주 31번을 보라).

25. Morna Hooker는 이 문제를 신선하게 제기했다: "Sanders가 팔레스타인 유대교의 기초라고 주장했던 패턴들은 기독교 체험에 대한 바울의 패턴들과 다양한 방식으로 정확하게 맞아 떨어진다. 곧, 하나님의 구원하는 은혜가 그에 응답하는 인간의 순종을 불러일으킨다"("Paul and 'Covenantal Nomism'"[1982], *From Adam to Christ: Essays on Paul* [Cambridge: Cambridge University, 1990] 155-64, here 157.

설명하려 했지만, 그 설명은 나에게 만족스럽지 못했다.[26] 게다가
샌더스는 바울의 구원론이 지닌 특징을 '해결책에서 곤경으
로'(from solution to plight)라는 측면에서 설명하려 했다.[27] 하지만 이
설명도 여전히 샌더스 자신이 반대한 대상인 바울에 대한 전통적
인 개신교의 설명 틀에 너무 의존하고 있었다. 이러한 측면은 차
후에 나에게 더 명확해졌다. 분명히 샌더스는 로마서 1-3장에 나
타난 복음에 대한 바울의 설명을 사실상 바울 자신의 경험에 대한
고찰로 간주하는 전통('곤경에서 해결책으로')에 대해 반발하고 있었
다. 하지만 팔레스타인 유대교에 대한 샌더스 자신의 새 관점은
바울의 복음 설명의 결정체라 할 수 있는 문제를 더욱 실질적으로
재구성할 필요가 있지 않았을까?

좀 더 나은 대답을 찾기 위한 나의 첫 시도가 바로 "바울에 관

---

26. "New Perspective," 186-8을 보라. H. Räisänen은 *Paul and the Law* (WUNT 29; Tübingen: Mohr, 1983)에서 바울의 글들을 세분하여 분석함으로써, 이 해가 불가능한 바울의 모습을 발견해 냈다. 이러한 모습은 거의 비슷한 시기에 출간된 Sanders의 두 번째 책인 *Paul, the Law and the Jewish People* (Philadelphia: Fortress, 1983) [=『바울, 율법, 유대인』, 감은사/알맹e, 2021)에서도 나타나는 것 같다. 하지만 내가 보기에 이러한 설명들은 공히 불만족스럽다(*Jesus, Paul and the Law*, 215). Gager는 바울이 율법에 대해 부정적인 어조로 말할 때 율법과 이방인에 대해 말하고 있는 것이라고 추론함으로써 불일치하게 보이는 점을 해결하려고 한다: "바울은 이스라엘과 유대인들과 관련한 유대 율법에 대해 아무런 논박도 하지 않았다"; 바울이 "어느 누구도 (*anthrōpos*) 율법의 행위들로 의롭다 함을 받을 수 없다"라고 말할 때 그는 오직 이방인을 가리키고 있다. 즉, '어느 누구도 = 이방인'이다(*Reinventing Paul* 52, 57-8, 86-8). 그러나 본서 각주 208번을 보라.
27. *Paul and Palestinian Judaism*, 474-5, 497.

한 새 관점"(The New Perspective on Paul, 1983)이라는 제하의 맨슨 강좌(T. W. Manson Lecture)였다.[28] 나는 그 해답을 바울이 갈라디아서 2:16에서 '율법의 행위들'(works of the law)이라는 핵심 용어를 처음 사용하게 된 상황을 야기했던 맥락 속에서 발견했다.[29] 그 맥락에서 충분히 알 수 있었던 바는, '율법의 행위들'이라는 용어가 유대교 신자들의 주장의 특징을 설명하기 위해 사용됐다는 사실이다. 그들은 율법 준수([언약적] 율법주의)가 자신을 다른 신자들로부터 '구분하는' 데 필요충분조건이며(2:12), 또한 그들이 '의롭다고 간주되는' 데 본질적이라고(2:16) 주장했다. 그리고 '거짓 형제들'이 실제로 이방인 신자들에게 준수하라고 '강요하려' 했던 할례(2:3-4), 그리고 베드로와 다른 유대교 신자들이 식탁 교제가 계속 유지되기 위해서는 이방인 신자들이 준수해야 한다고 '강요했던' 음식 규정(2:14), 이 두 가지가 '율법의 행위들'에 포함됐던 구체적인 내용임이 명백했다.

1984년, 나는 H. 레이제넨(H. Räisänen)과 대화를 나누면서, 관건이 되는 갈라디아서 3:10에 대한 설명을 율법의 **'사회적 기능'**이라는 측면에서 찾아보려고 노력하는 가운데 이 주장의 폭을 확장

---

28. "New Perspective"를 보라. 거기서 Henri Blocher가 지적했듯이, "바울에 대한 새 관점은 제2성전기 유대교에 대한 새 관점으로 태어났다." D. A. Carson, et al., eds., *Justification and Variegated Nomism. Vol. 2: The Paradoxes of Paul* (Tübingen: Mohr Siebeck, 2004)에 실린 "Justification of the Ungodly (*Sola Fide*): Theological Reflections" 465-500, here 469.

29. "New Perspective" 188-9.

했다. 곧, 율법은 이스라엘을 이방 나라들로부터 '분리하는'(sepa-rate), 즉 잘라내는 역할을 했다. 갈라디아서 2:1-16이 증명하듯이, 율법의 행위들은 경계 표지들(boundary markers), 즉 이스라엘을 이방 나라들로부터 구분해 주는 의식들과 관습들의 기능을 수행할 수 있었다.[30] 이 사실이 바울의 이의 제기를 해명하는 열쇠가 되지 않을까? 즉, 바울이 '율법의 행위들'에 대해 이야기할 때, 율법이 지닌 이러한 경계 표시 기능, 분리의 기능을 염두에 두지 않았을까? 이러한 가설은 일찍이 크리스터 스텐달(Krister Stendahl)이 관찰했던 내용, 즉 "바울은 이방인 회심자들도 이스라엘의 하나님이 주신 약속을 이어받는 충분한 자격을 가진 진정한 상속자라는 그들의 권리를 옹호하려 했고, 매우 특정하고 제한된 이 목적을 위해서 대단히 공을 들여 이신칭의 교리를 만들어 냈다"라는 내용과 부합한다.[31] 그리고 이 설명은 『아리스테아스의 편지』(*Letter of Aris-*

---

30. "Works of the Law and the Curse of the Law (Gal. 3.10-14)," *NTS* 31 (1985) 523-42. 같은 글이 *Jesus, Paul and the Law* 215-41에 수록되어 재출간됐다. H. Räisänen은 또한 '율법의 행위들'의 특징이 "유대인을 이방인으로부터 분리하는 것"이라고 설명한다(*Paul and the Law*, 171; 더 나아가 Sanders와 Neusner에 대한 언급은 124-5 이하에 있다). 나는 "The New Perspective"가 출간된 해에, R. Heiligenthal, *Werke als Zeichen* (WUNT 2.9; Tübingen: Mohr, 1983)이 갈라디아서 2장의 '행위들'이 사회적으로 어떤 집단의 경계를 정하는 기능을 한다는 것, 즉 '그 집단의 구성원이라는 증표로서 율법의 행위들'(127-34)이라는 측면에 관심을 기울였다는 사실을 뒤늦게야 발견했다. "바울이 '율법의 행위들'에 대해 말할 때, 그는 다른 것이 아닌 음식 규정과 할례를 염두에 두고 있다"(133).

31. Stendahl, *Paul Among Jews and Gentiles*, 2 [= 『유대인과 이방인 사이에 있는 바울』, 감은사, 2021]에서는 그의 유명한 논문인 "The Apostle Paul and the

teas 139-142)에서 율법의 속성으로 제시된 기능과 매우 잘 부합한다.

[139]율법의 입법자(즉, 모세)는 지혜롭게도 … 우리가 어떤 일에 있어서도 다른 민족들과 혼합되지 않도록, 그래서 우리의 육체와 영혼을 순결하게 유지할 수 있도록 탄탄한 울타리와 철벽으로 우리를 둘러쌌다 … [142]우리가 다른 민족과 접촉하거나 악한 영향을 받아 비뚤어지는 것을 막기 위해서, 율법의 방식을 따라 육류와 음료, 만지는 것, 듣는 것, 보는 것과 관련된 엄격한 의식들로 우리 주위를 에워쌌다. (Charlesworth의 번역)

율법의 의식들은 진정 경계 표지였다![32]

Introspective Conscience of the West," *HTR* 56 (1963) 199-215의 핵심 주제를 취하여 같은 책에서 재인용했다(78-96): "바울을 자신의 독특한 율법 해석으로 몰아간 것은 … 교회 안에서 및 하나님의 계획 안에서 이방인의 위치에 대한 질문과의 씨름이었다"(84). 마찬가지로 N. T. Wright, *Paul: Fresh Perspectives* (London: SPCK, 2005) [=『톰 라이트의 바울』, 죠이선교회, 2012]: "바울이 칭의를 논할 때마다 그는 동시에 이방인을 포함하는 것에 관하여 말하고 있는 것처럼 보인다"(36).

32. Sanders도 다음과 같이 관찰했다: "할례, 안식일, 음식법에는 공통점이 있었는데, 이는 다른 율법과 차별화되는 것이었다. 곧, 이 규례들은 그리스-로마 세계 안에서 유대인과 다른 인종들 사이에 사회적인 구분을 짓는 역할을 했다. 게다가 이 율법들은 이교도 작가들로부터 비난과 조롱을 받았던, 유대교의 측면들이었다"(*Paul, the Law and the Jewish People* 102). 'Works of the Law' 216-9를 보라. Neusner의 유사한 관찰도 실려 있다(232 n. 16). 또한 나의 *Romans* lxvii-lxxi에 수록된 'The New Perspective on Paul: Paul and the

나는 계속되는 로마서 연구를 통해서 내가 바른 길을 가고 있다는 증거를 발견했다.[33] 로마서 2:17-23에 나오는 '유대인'의 '자랑'은 불리한 또는 제외된 이방인들과 비교하여 유대인이 지닌 언약적 특권에 대한 자랑으로 이해되어야 하는 것이 분명했다.[34] 하

Law'도 보라. 그리고 M. Hengel & U. Heckel, eds., *Paulus und das antike Judentum* (WUNT 58; Tübingen: Mohr Siebeck, 1991) 295-312 (here 298-305)에 실린 'What was the Issue between Paul and "Those of the Circumcision"?'도 보라. 그리고 J. M. Bassler, ed., *Pauline Theology Volume I: Thessalonians, Philippians, Galatians, Philemon* (Minneapolis: Fortress, 1991) 125-46 (here 125-8)에 실린 'The Theology of Galatians: The Issue of Covenantal Nomism'을 보라.

33. 이는 이미 나의 'Works of the Law' (221-5)에 반영되어 있다. 나는 이 점을 나의 로마서 주석(본서 각주 9번을 보라)뿐 아니라 'Yet Once More — "The Works of the Law",' *JSNT* 46 (1992) 99-117 (here 104-14)에서도 염두에 두고 있었다.

34. Sanders, *Paul, the Law and the Jewish People* 33; 유사하게 Wright, 'History' 82; 또한 'The Letter to the Romans', *NIB* 10 (2002) 446. 더 자세한 설명은 나의 *Romans* 110-1, 115을 보라; 나는 이 주장을 'What was the Issue' 305-13에서 발전시켰다. 『솔로몬의 시편』 17:1과 『바룩2서』 48:22-24의 인용문 ("우리는 언제나 축복을 받게 될 것이다. 최소한 우리는 이방 나라들과 어울리지 않았다. 우리 모두는 그분의 백성이기 때문이다")은 이러한 분위기를 잘 보여주고 있다(U. Wilckens, *Der Brief an die Römer* vol. 1 [EKK; Zürich: Benziger, 1978] 147-8; E. Lohse, *Der Brief an die Römer* [KEK; Göttingen: Vandenhoeck & Ruprecht, 2003] 109-10). S. K. Stowers, *A Rereading of Romans* (New Haven: Yale University, 1994)는 로마서 2장에 대한 이 읽기를 비판하지만, 2:1-6의 바울의 비판에 나타난 『솔로몬의 시편』과 솔로몬의 지혜의 강한 반향에 주목하지 않았다(참조, 특히 로마서 2:4에 있는 솔로몬의 지혜 15:1-4; 나의 *Theology of Paul* 116-7과 *The New Perspective on Paul* [WUNT 185; Tübingen: Mohr Siebeck] 제5장 #5을 보라). 비록 Stowers가 솔로몬의 지혜 14장과 로마서 1:18-2:15 사이의 (선택적) 비교점을 인정하기

나님/율법에 대한 자랑(2:17, 23)은 '유대인'의 확신, 즉 그들이 "맹인의 길을 인도하는 자요, 어둠에 있는 자의 빛이요, 율법에 있는 지식과 진리의 모본을 가진 자로서 어리석은 자의 교사요, 어린 아이의 선생"(롬 2:19-20)이라는 확신의 측면에서 기술된다. 자기 확신 그리고 자기 의존에 대한 '자랑',[35] 스스로 획득하는 의에 대한 '자랑'(내가 이전에 받아들였던 내용)은[36] 문맥에서 동떨어진 의미다.[37]

는 했지만 말이다(92).

35. R. Bultmann, *kauchaomai*, *TDNT* 3.648-9; 또한 *Theology of the New Testament* (London: SCM, 1952) 242-3을 보라; "자기 자신의 힘과 그가 통제할 수 있는 것들을 신뢰하는 사람들의 자기-의존적인 태도"(240); H. Hübner, *Law in Paul's Thought* (Edinburgh: T&T Clark, 1984) 113-24; R. H. Bell, *No One Seeks for God: An Exegetical and Theological Study of Romans 1.18-3.20* (WUNT 106; Tübingen: Mohr Siebeck, 1998)은 Bultmann의 관점을 변호한다(186-8, 193). 더 많은 참고 문헌을 위해서는 Roo, *Works of the Law' at Qumran* 43-5 및 n. 4를 보라.

36. C. E. B Cranfield, *Romans* (ICC; Edinburgh: T&T Clark, vol. 1 1975)는 3:27에 대해 다음과 같이 논평한다: "자신의 행위에 기초하여 하나님께 자기 주장을 하는 행위, 하나님에게 빚을 내주었다고 주장하는 행위"(165).

37. 참조, N. T. Wright, 'The Law in Romans 2', in J. D. G. Dunn, ed., *Paul and the Mosaic Law* (Grand Rapids: Eerdmans, 2001) 131-50, here 139-43: "그[이스라엘]가 의존하는 이 토라-기반(17절)은 율법주의자의 공로를 위한 사다리가 아니다. 그것은 이스라엘의 민족적 헌장이다." D. Moo, *The Epistle to the Romans* (NICNT; Grand Rapids: Eerdmans, 1996) [= 『NICNT 로마서』, 솔로몬, 2022]: "따라서 유대인들의 '하나님 자랑' 자체가—인간의 교만함과 오만함의 사례로서—잘못된 것이 아니라, 이스라엘에게 많은 좋은 것들을 주신 하나님에 대한 정당한 자부심이자 기쁨이다"(160); 하지만 3:27에 대한 그의 태도—"성취에 대한 자부심, 곧 율법에 대한 유대인의 순종이 하나님에 대한 정당한 자격을 형성한다고 생각하는 경향"(247)—는 대조적이다. C. G. Kruse, *Paul, the Law and Justification* (Leicester: Apollos, 1996): "바울이 비

마찬가지로, 3:27-30 내용의 흐름은 분명하게 행위들의 율법에 기
초하거나 혹은 그에 고무되어 자랑하는 것이 하나님은 오직 유대
인의 하나님이라고 주장하는 것과 일맥상통한다는 의미를 포함하
고 있다. 즉, 어느 정도건 율법의 행위들은 하나님이 그들의 하나
님이라는 이스라엘의 배타적인 주장을 강화하는 기능을 한다.[38]

난했던 유대인들의 자랑은 율법을 지켜서 구원을 얻었다는 것이 아니라, 유
대인이기 때문에, 율법을 가지고 있기 때문에 이방인보다 하나님 보시기에
더 낫다는 가정이었다(2:17-20)"(191-2). T. R. Schreiner, *Romans* (BECNT;
Grand Rapids: Baker, 1998) [=『로마서』, 부흥과개혁사, 2012]: "이런 맥락
에서 자랑은 책망받지 않는다"(130). T. Eskola, *Theodicy and Predestination
in Pauline Soteriology* (WUNT 2.100; Tübingen: Mohr Siebeck, 1998): "이
런 식의 자랑/영예는 율법주의적 자만심과 동일시될 수 없다"(231). 마찬가
지로, K. Haacker, *Der Brief des Paulus an die Römer* (ThHK 6; Leipzig:
Evangelische, 1999) 68.

38. 나의 *Romans* 184-5, 190-1; Wilckens, *Römer* 1.244-5; M. A. Seifrid,
*Justification by Faith: The Origin and Development of a Central Pauline
Theme* (SuppNovT 68; Leiden: Brill, 1992): 'the *kauchesis* of Rom 3:27
signifies Jewish privileges' (35-6); Mijoga, *Deeds of the Law*: "바울은 자신
을 유일한 유대인, 하나님의 선택된 백성의 일원이라고 여기는 유대인의 자
기 확신을 공격하고 있다"(151); L. Thurén, *Derhetorizing Paul: A Dynamic
Perspective on Pauline Theology and the Law* (WUNT 124; Tübingen: Mohr
Siebeck, 2000): "로마서 3:27-30에서 그[바울]는 율법에 의해서 그들에게
부여된 지위에 대한 유대인의 자랑을 배제한다"(169); S. J. Gathercole,
*Where is Boasting? Early Jewish Soteriology and Paul's Response in Romans
1-5* (Grand Rapids: Eerdmans, 2002): "3:27에 나오는 자랑은 가장 논리적
으로 2:17-24을 가리킨다"(225); R. K. Rapa, *The Meaning of "Works of the
Law" in Galatians and Romans* (New York: Peter Lang, 2001) 249-51;
Wright, 'Romans' 480; Bassler, *Navigating Paul*: "하나님의 언약 백성으로
서의 특권적 지위를 자랑하는 유대인들"(62); 참조, Haacker, *Römer* 92-3.
Schreiner가 29절을 시작하는 소사(particle) *ē*가 "새로운 주장이 도입된다는

이 구절들은 두 가지 대안적인/상반된 논리적 흐름을 보여주고
있다.

- *not*: 행위로냐? → 행위들로부터 오는 칭의? → 유대인만의 하나
  님이시냐? → 율법을 파기하느냐?

- *but*: 오직 믿음으로! → 믿음으로부터 오는 칭의! → 이방인의 하
  나님도 되신다! → 율법을 세운다!

그리고 유사하게 9:30-10:4의 사고의 흐름을 보면, 이스라엘
이 율법의 행위들에 잘못된 강조를 둠으로써 실패한 것(9:32)을 다
음 두 가지 내용과 연결시킨다.[39] (1) 바울의 동료 유대인들의 잘못

사실"을 가리킨다고 주장하는 것은 오해의 소지가 있다(*Romans* 205). 이 소
사는 단순히 동일한 주장이 지속되고 있음을 보여주는 역할을 한다. *ē*는 때
로는 성경 본문을 지시함으로써(롬 11:2; 고전 6:16), 혹은 이미 받아들여진
사항을 확인함으로써(롬 6:3, 고전 6:9, 19), 그리고 여기에서처럼 기초적인
유대교 신조('쉐마')를 언급함으로써 그러한 역할을 한다. 28절과 29절 사이
에 더 큰 의미의 단절이 있다고 주장하는 사람도 있지만(D. J. Moo, 'Israel
and the Law in Romans 5-11: Interaction with the New Perspective', in
Carson et al., *Justification and Variegated Nomism Vol. 2* 185-216 [206]), 여
전히 3:29-30의 핵심은 유지된다. 곧, 이신칭의는 하나님이 유대인만의 하나
님이 아니라 이방인의 하나님도 되신다는 사실을 이야기하는 방식이다. 왜
냐하면 그는 유대인에게만 가능한 율법의 행위들이 아닌 믿음을 통해서 두
그룹 모두를 의롭다 하시기 때문이다(3:28).

39. '추구'(pursuit)라는 메타포가 9:30-10:4 전체에 걸쳐 지속된다는 주장의 가
능성에 대해서는 J. A. Fitzmyer, *Romans* (AB 33; New York: Doubleday,
1992) 584 [= 『로마서』, 기독교문서선교회, 2015]을 보라. 하지만 행위에 대
한 비판이 직접적으로 '인간의 노력'을 향하는 것은 아니다(Moo, *Israel and*

된 '열심'(10:2), (2) 의(righteousness)가 '그들 자신의 것', 즉 다른 사람들의 것이 아닌 (배타적인) 그들 자신의 것으로 '세워질 것'(established)이라고 가정한 점(10:3).[40] 다시 한번 그 관점은 일차적으로 (다

---

the Law 210-11). 왜냐하면 '믿음으로부터 온' 추구는 긍정적으로 간주되기 때문이다.

40. 나의 *Romans* 582-3, 587-8; Wright, 'Romans' 649, 654-5을 보라; K. Kuula, *The Law, the Covenant and God's Plan: Vol. 2. Paul's Treatment of the Law and Israel in Romans* (Göttingen: Vandenhoeck & Ruprecht, 2003) 309-12. 참조, B. Byrne, 'The Problem of *Nomos* and the Relationship with Judaism in Romans', *CBQ* 62 (2000) 294-309: "바울이 이 편지의 앞 부분(3-4장)에서 정리한 내용에 비추어 보면, '그들 자신의 의'는 … 오직 죄에 빠진 나머지 인류로부터 구분된 거룩한 민족으로서 이스라엘의 의, '율법의 행위들'로 조성하고 보호하려고 애쓰는 의만을 의미할 수 있다"(302); D. Marguerat, 'Paul et la Loi: le retournement (Philippiens 3.2-4.1)', in A. Dettwiler, et al., eds., *Paul, une théologie en construction* (Genève: Labor et Fides, 2004) 251-75 (here 272-3). 내가 *idios*의 중요성에 대해 주석적인 통찰을 가지게 된 계기는 G. E. Howard, 'Christ the End of the Law: The Meaning of Romans 10:4', *JBL* 88 (1969) 331-7 (here 336)였다. 그의 견해는 또한 B. C. Wintle, 'Justification in Pauline Thought', in D. A. Carson, ed., *Right With God: Justification in the Bible and the World* (Carlisle: Paternoster, 1992) 51-68 (262 n. 31)에도 반영되어 있다; Moo는 그러한 해석에 대해 논의하면서 (*Romans* 634-5), 더 풍부한 참고 문헌들을 제시했다(n. 22). 나는 약간의 실망감을 고백해야겠다. 10:2-3에서 비판되는 입장과 마카비1서 2:27에서 굉장히 강력하게 설명되고 있는 내용 사이에 존재하는 ('세운다'[establish]의 용법에 관한) 유사성을 지목한 사람이 별로 없었기 때문이다(Haacker, *Römer* 204-5은 예외다; Eskola, *Theodicy and Predesination* 237 n. 7은 내가 '세워진'[established]의 의미를 과도하게 해석했다고 생각하지만 문맥상 그 의미가 '열심'[zeal]과 '그들 자신의'[their own]에 관한 내용과 연결되어 있다는 사실을 무시했다; Gathercole, *Where is Boasting?* 228-9은 그 유사성에 주목했지만, '열심'과 이스라엘에게 독특한 것들을 '세우는 것' 사이를 연관시키는 마카비서의 내용을 평가절하했다). 대조적인 의견으로는 R. H. Gundry의

른) 나라들로부터 이스라엘을 구분 짓고 (다른) 나라들에 대한 이스
라엘의 특권을 보장해 주는, 배타적으로 이스라엘에게 부여된 (언
약적) 지위,[41] 이스라엘이 하나님께 구별되어 있음을 증명하고 구성
하는, 율법의 행위들에 의해 확증되고 유지되는 상태에 대한 것이
다. 바울은 이제 그런 태도가 믿음의 특징과 '보편성'(to all-ness)을
파악하는 데 실패한 것으로 보았다.

이와 마찬가지로 나의 계속되는 갈라디아서 연구도 바울의 칭
의 신학과 그 근거에 대한, 점차 일관성 있게 그려지는 그림을 채
워 넣는 데 도움을 주었다. 또한 로마서 10:2 연구를 통해서 이스
라엘 내부의 '열심'(zeal)에 관한 전통을 인식하게 됐다. 이 열심은
이스라엘의 하나님께 구별된 상태를 유지하기 위한 헌신으로서
시므온과 레위, 비느하스, 엘리야, 마카비 일족의 이야기들이 그
열심을 보여주는 사례가 된다.[42] 이 헌신은 그 구별된 상태를 위협

초기작인 'Grace, Works, and Staying Saved in Paul', *Biblica* 66 (1985) 1-38
(here 17-19)가 있다.

41. Sanders, *Paul, the Law and the Jewish People* 38; Wright, 'Romans' 654.
Wright는 '국가적 의'(national righteousness)라는 어구를 만들어냈는데, 이
는 육체적 혈통이 하나님의 진정한 언약 백성의 지위를 보증한다는 믿음을
일컫는 말이다('History' 65, 71, 82-3; 그리고 *The New Perspective on Paul*
114 n. 36). B. W. Longenecker, *Eschatology and the Covenant: A Comparison
of 4 Ezra and Romans 1-11* (JSNTS 57; Sheffield: Sheffield Academic, 1991)
은 '민족 중심적 언약주의'(ethnocentric covenantalism)라는 용어를 선호한
다. M. F. Bird, *The Saving Righteousness of God* (Milton Keynes: Paternoster,
2007)는 '민족 중심적 율법주의'(ethnocentric nomism)를 선호한다(116-7).

42. 시므온과 레위(창 34장; 유디트 9:2-4; 『희년서』 30장). 비느하스(민 25:6-
13; 벤 시라 45:23-24; 마카비1서 2:54; 『마카비4서』 18:12). 엘리야(왕상 18

하는 것으로 생각되는 동료 이스라엘 사람들에게 폭력을 사용하는 것도 허락했다.[43] 결국 그러한 '열심'(zeal)은 하나님의 '질투'(jealousy)에 대응(같은 단어다!)하는 것이었다(출 20:5; 34:14; 민 25:1-13; 신 4:24; 5:9 등). 실제로 민수기 25:11에서 비느하스의 열심은 야훼의 열심의 직접적인 반영으로 이해됐다.[44] 이스라엘이 하나님 자신만의 것이어야 한다는 하나님의 '열심'이 이스라엘을 (다른) 나라들로부터 분리하는 경계를 지키고(defended) 강화하는 '열심'에 직접적으로 반영되어 있다. 나에게는 이러한 설명이 바울 자신이 '하나님의 교회'를 폭력적으로 핍박했던 이유를 이와 동일한 '열심'에 돌린 것에 대한 가장 만족스러운 설명으로 보였다(빌 3:6; 갈 1:13-14). 핍박을 행하는 바울의 열심은 단순히 그가 할 수 있는 한 최선의 열심(율법을 위한 열심)을 말하는 것이 아니다.[45] 오히려 (그의 관점에서

장[18:40에 주목하라], 벤 시라 48:2-3, 마카비1서 2:58), 마카비 일족(마카비 1서 2:23-27, Josephus, *Ant.* 12.271; 참조, 마카비2서 4:2). 더 자세한 내용은 *The New Perspective on Paul* 360-1을 보라.

43. *Romans* 586-7. J. L. Martyn, *Galatians* (AB 33A; New York: Doubleday, 1997) 155(간략하게)과 161-3(하지만 비느하스 유형의 열심에 대한 근거를 무시하고 있다)[= 『갈라디아서』, 기독교문서선교회, 2018]도 이 내용에 주목한다.

44. "모세를 대신한 여호수아의 열심처럼(민 11:29), 야훼를 대신한 비느하스의 열심은 야훼 자신의 질투를 실현한 것이다. … 그렇지 않았다면 그의 질투에 모든 이스라엘이 휩싸였을 것이다"(E. Reuter, *qn'*, *TDOT* 13.56). A. Stumpff 는 그 용어('열심')가 '분노'(신 29:20)와 '진노'(민 25:11; 겔 16:38, 42, 36:6, 38:19)와 연결되어 있다는 사실을 이미 관찰했다(*TDNT* 2.879). 더 자세한 내용은 *The New Perspective on Paul* 제22장 각주 35번을 보라.

45. Gathercole은 "바울은 자신의 과거 '열심'을 유대교의 경건으로 보지 않았

는) 이스라엘의 경계 표지들을 위반하기 시작한 것으로 보였던 다른 유대인들을 공격함으로써―"파괴하려고 함으로써"(갈 1:13, 23)―이스라엘의 거룩함을 유지하려는 단호한 결심이었다.[46] 그뿐만이 아니다. 바울 자신이 이방인 가운데 그리스도를 전파하기 위해 부름을 받았다는 면에서 자신의 회심을 묘사했다는 사실(갈 1:15-16)은 바울에게 진정한 방향 전환이 일어났다는 사실을 꽤나 분명하게 암시하고 있다. 즉, 그는 완전히 방향을 돌려서 그가 과거에는

다"(*Where is Boasting?* 208)라고 단언하는데, 이는 오해의 소지가 있다. 오히려 '**기독교의** 경건으로 보지 않았다'고 보는 것이 더 의미가 통한다.

46. J. Becker, *Paul: Apostle to the Gentiles* (Louisville: John Knox, 1993): "바울 당대의 사람들이 비느하스의 정신을 떠올리지 않고도 그러한 열심에 대해 말할 수 있었을까?"(68). T. Holland, *Contours of Pauline Theology* (Fearn, Ross-shire: Mentor, 2004) [= 『바울신학개요』, 크리스챤다이제스트, 2005]는 바울의 열심에 대한 그러한 언급들(실제로 바울은 자기 입으로 '열심'에 대해 말한다―갈 1:14; 행 22:3)로부터 잘못된 추론을 하고 있다. 그는 내가 기독교 이전의 바울을 '열심당'(Zealot)으로 간주했다고 말한다. 즉, 내가 바울을 66년에 로마에 대항해 반란을 주도한 정치적인 혁명주의자들과 연관시켰고(188-92), '열심'(zealot)이라는 용어가 바울의 회심 이후 25-30년 동안 정치적인 명목상의 의미만을 지니고 있었을 뿐이라는 사실을 분명하게 깨닫지 못했다고 주장한다(그에 관해서는 나의 *Jesus Remembered* [Grand Rapids: Eerdmans, 2003] 272-3 [= 『예수와 기독교의 기원』, 새물결플러스, 2010-2012]을 보라). Holland는 또한 바울이 이방인에게 복음을 전하는 그의 역할을 받아들인 것에 대해서 '아주 자연스러운 변화'라고 생각한다(190)! 그가 이방인 선교가 바울의 회심 전에 시작된 것이 아니냐고 의문을 제기한 것은 정당하다(195). 하지만 그는 사도행전 11:19-21을 무시하고 있다. 또한 누가가 바울의 회심에 관한 이야기를 삽입하기 위해서(행 9장), 그리고 고넬료의 회심에 관한 베드로의 이야기에 우선권을 부여하기 위해서(행 10-11장), 안디옥에서 헬라인들에게 복음이 전파된 것에 대한 설명을 늦추었을 가능성도 간과하고 있다.

그렇게도 폭력적으로 압제했던 이방인들을 위한 복음에 자신을 헌신하게 된 것이다.[47]

내 『로마서 주석』과 같은 해에 출판한 "바리새인, 죄인, 예수"(Pharisees, Sinners, and Jesus)에서 나는 예수의 사역 안에서 '죄인'(sinners)이라는 용어에 대한 샌더스의 해석에 응답하려 했다.[48] 그 결과 나는 그 용어('죄인')가 강력하게 **종파적**(factional) 의미로 사용될 수 있고 또한 그렇게 사용됐다는 사실을 깨달았다.[49] 물론 그

---

47. 나는 Peter Stulmacher의 기념 논문집에 기고한 글에서 이 견해를 피력했다: 'Paul's Conversion - A Light to Twentieth Century Disputes,' in *Evangelium — Shcriftauslegung — Kirche* ed. J. Ådna et al. (Göttingen: Vandenhoeck & Ruprecht, 1997) 77-93. Roloff의 의견은 나의 의견에 가깝다: "이방인들 가운데 예수를 선포하도록 위임받았다는 사실에 대한 확신은 바울에게 있어 다메섹 사건에서 비롯된 결정적인 인식(깨달음)이었다."('lutherische Rechtfertigungslehre' 238-4). Seifrid가 "바울의 회심은 신적인 의가 부여됨에 있어 토라의 역할과 이스라엘의 특권에 대한 재평가를 수반했다"(*Justification* 37)라고 주장한 것은 옳다. 하지만 그는 바울 자신의 언급으로부터 바울의 회심을 '재구성'하려는 노력에서 '열심'의 중요성을 빠뜨렸다(136-46, 255-7). J. Taylor, 'Why did Paul persecute the church?' in G. N. Stanton & G. Stroumsa, eds., *Tolerance and Intolerance in Early Judaism and Christianity* (Cambridge: University Press, 1998) 99-120 역시 '열심' 모티프가 그의 질문에 제공하고 있는 실마리를 의식하지 못하고 있다. U. Schnelle, *Apostle Paul: His Life and Theology* (Grand Rapids: Baker Academic, 2005) 역시 유사한 비판을 피하지 못한다(85-6).
48. E. P. Sanders, *Jesus and Judaism* (London: SCM, 1985) 제6장 [= 『예수와 유대교』, 알맹e, 2022).
49. 'Pharisees, Sinners, and Jesus', in *The Social World of Formative Christianity and Judaism*, H. C. Kee FS, ed. J. Neusner, et al. (Philadelphia: Fortress, 1988) 264-89, *Jesus, Paul and the Law* 61-86로 재출간됐다.

용어는 율법을 무시한 범법자들, 악한들을 가리키는 말이다. 하지만 '율법 안에 있는' 사람들의 입장에서 보면 그 용어에는 '율법 밖에 있는' 사람들이 포함된다. 이방인은 그 자체로 '율법 밖에 있는 사람', '죄인'이었다.[50] 그리고 율법을 준수하려면 율법에 대한 그들의 특정한 해석을 받아들여야 한다고 주장하는 사람들에게, 그 해석을 따르지 않는 **유대인들** 역시 동일하게 범법자이자 '죄인'이었다.[51] 이러한 내용은 갈라디아서 2:15을 이해하는 데 큰 실마리를 제공해준다. "우리는 본래 유대인이지 '이방 죄인'이 아니다." 여기에서 우리는 앞에서 본 것과 동일한, 이방인에 대한 전형적인 유대인의 태도를 발견한다. 안디옥에서 유대인 신자들은 그와 동일하게 정죄하는 태도로 이방인 신자들('죄인들')을 대하고 있

---

50. 시 9:17, 토비트 13:6, 『희년서』 33:23-24, 『솔로몬의 시편』 1:1, 2:1-2, 마 5:47/눅 6:33, 갈 2:15.

51. 'Pharisees, Sinners, and Jesus' 73-7; 또한 *The Partings of the Ways between Christianity and Judaism* (London: SCM/Philadelphia: TPI, 1991) 103-6; 거기에서 나는 마카비1서 1:34; 2:44, 48; 『에녹1서』 1:1, 7-9; 5:6-7; 82:4-7; 1QpHab 5.5; 1QH 10(= 2).10, 12, 24; 12(= 4).34; 『솔로몬의 시편』 1:8; 2:3; 7:2; 8:12-13; 17:5-8, 23을 언급했다. 가장 분명한 사례는 바울 이전 2세기 동안 제2성전기 유대교를 괴롭혔던 문제인, 축제를 어떤 역법을 따라 지킬 것인지에 대한 논쟁이다: 틀린 역법을 따라 축제 일정을 지키는 것은 축제를 지키는 데 **실패한** 것이거나 이방인의 축제들을 지키는 것과 같다(『희년서』 6:32-35; 『에녹1서』 82:4-7); 나의 'Echoes of Intra-Jewish Polemic in Paul's Letter to the Galatians', *JBL* 112 (1993) 457-77 (here 470-3). 그리고 그 이상의 내용을 위해서는 M. A. Elliott, *The Survivors of Israel: A Reconsideration of the Theology of Pre-Christian Judaism* (Grand Rapids: Eerdmans, 2000) 144-62을 보라.

었고, 바울은 이러한 유대인 신자들의 모습에서 종파적인 태도를 보았다. 예수 자신이 바로 이러한 종파적인 태도에 반발했었고, 그 역시 식탁 교제와 관련된 논쟁에서 그러한 저항을 표현했었다(마 11:19; 막 2:17).[52] 따라서 당연히 두 절 뒤(갈 2:17)에 등장하는 같은 단어인 '죄인'은 마찬가지로 종파적인 태도에 대한 저항의 의미를 표현할 것이다. 곧, 베드로가 요구한 음식법에 대한 엄격한 해석을 (바울이 그랬던 것처럼) 가볍게 여기는 것은 곧 자신에게 정죄의 칭호인 '죄인'을 붙이는 것이며, 죄인을 받아들이신 그리스도를 죄의 종으로 만드는 것이다(2:17)![53]

내가 초기에 해당되는 1984년 논문(위를 보라)으로부터 지속적으로 받아들인 내용은 다음과 같다. 곧, '새 관점'(new perspective)은

---

52. 참조, Seifrid: "다른 유대인들에 대한 일부 논쟁적인 태도를 보여주는 자료들이야말로 바울과의 비교를 위한 적절한 출발점이다"(*Justification* 62). 나는 *Theology of Paul*에서 바울이, 예수가 '죄인'과 함께 식사했다는 전통을 알고 있었을 것이라고 주장했다(191-2).

53. 그 이상의 내용을 위해서는 나의 *The Epistle to the Galatians* (London: A. & C. Black, 1993) 132-4, 141-2을 보라. 또한 'Echoes of Intra-Jewish Polemic' 460-70을 보라. 'A typical Jewish-Christian interjection' (Becker, *Paul* 96). 또한 E. H. Kok, *The Truth of the Gospel: A Study in Galatians 2:15-21* (Hong Kong: Alliance Bible Seminary, 200); Schäfer, *Paulus bis zum Apostelkonzil* 265-8; 참조, Martyn, *Galatians* 254-5; 좀 더 정교한 논지로는 M. Winninge, *Sinners and the Righteous: A Comparative Study of the Psalms of Solomon and Paul's Letters* (CBNTS 26; Stockholm: Almqvist & Wiksell, 1995) here 253. 그 외에는 J. Lambrecht, 'Paul's Reasoning in Galatians 2:11-21,' in Dunn, ed., *Paul and the Mosaic Law* 53-74 (here 56-8). A. A. Das, *Paul, the Law, and the Covenant* (Peabody, MA: Hendrickson, 2001) 역시 여기에서 '죄인'이 가지는 당파적인 강조점을 이해하지 못했다(169-70).

나에게 '무릇 율법 행위에 속한 자들'(갈 3:10)이 (행위-의[works right-eousness]로 구원얻는 사람들이 아니라) 완전하고도 철저한 언약적 율법주의를 주장하는 사람들을 가리키며, 그러한 사람들이 예루살렘과 안디옥에서 문제를 일으켰고, 이제 갈라디아에서 다시 한번 소동을 일으키고 있는 것으로 보는 이해가 최선임을 알려주었다.[54] 게다가 나는 레위기 18:5(갈 3:12)의 영향력이 아마도 오해를 받아온 것이라는 생각을 하기 시작했다. 즉, 이 구절("사람이 이를 행하면 그로 말미암아 살리라")은 언약적인 삶을 어떻게 살아야 하는지, 즉 단순히 죽음 이후의 삶이 아닌 언약 안의 삶이 무엇인지 보여주는 역할을 하고 있었다.[55] 이 말은 갈라디아서 3:21의 내용을 이해하는 데에도 도움이 된다. 즉, 율법은 생명을 **주기** 위해서 제공된 것이 아니라(그 일은 오직 하나님 혹은 성령만이 행할 수 있다), 언약 백성의 삶에 질서를 부여하기 위해 주어졌다.[56] 그리고 바울이 비난하는 자랑이 자신의 공적에 대한 자랑보다는 민족적 특권에 대한 자랑

---

54. *Galatians* 170-4, 10a절과 10b절의 관계가 여전히 명확하지는 않다. Martyn은 이 구절을 "자신의 정체성의 유래를 율법 준수에서 찾는 사람들"로 번역했다(*Galatians* 308). 더 자세한 내용은 나의 'Theology of Galatians'를 보라.

55. 더 자세한 내용은 본서 #4.2(10)을 보라.

56. *Galatians* 175-6, 192-3. 참조, Westerholm, *Perspectives*: "의로운(*dikaios*) 행위들을 요구하는 어떤 율법도(이것이 **바로** 율법이 수행하는 일이**다**) 죽은 자를 소생시킬 수 없다"(282); "율법의 기능은 더 제한적이다"(319); "율법은 이 죄의 삶을 통제하기 위해 주어졌지, 변화시키기 위해 주어진 것이 아니다"(380). Martyn은 생명을 주는 것(3:21)과 삶에 질서를 부여하는 것(3:12) 사이의 차이를 간과하고 있는 것 같다(*Galatians* 359-60). 하지만 그런 식의 이해는 쉽게 찾아 볼 수 있다.

과 더 관련이 있다는 나의 초기 통찰이 갈라디아서 6:12-13에 의해 좀 더 강화됐다. 유대인 선교사들이 갈라디아 교인들을 향해서, 육체에 할례를 받아 그들의 할례받지 않은 정체성을 언약 백성의 할례받은 정체성에 동화시켜야 한다고 설득했을 때(창 17:9-14), 그들의 목적은 **갈라디아 교인들**의 육체를 자랑하려는 데 있었다.[57]

1년이 지난 1994년, 쿰란 종파의 문헌인 4QMMT가 (드디어!) 출간됐고, 나는 이 문서로 인해 큰 힘을 얻었다.[58] 나는 이미 얼마 전에 그 문헌을 알게 됐는데 거기에 '율법의 행위들'이라는 어구가 사용된다는 보고를 듣고 자연스럽게 강한 흥미를 느꼈다. 그리고 1994년 11월, 북미성서학회(SBL)에서 처음으로 4QMMT를 보았을 때, 나는 그 문헌과 갈라디아서 사이에 존재하는 믿기 힘들 정도의 유사성에 숨이 멎을 정도였다.[59] 특히 다음 세 가지 유사성이 놀라웠다. (1) 이 문헌에서 '율법의 행위들'은 앞에서 설명된 다

---

57. *Galatians* 336, 339-40; 나는 이 주장을 나의 '"Neither Circumcision nor Uncircumcision, but …" (Gal. 5:2-12; 6:12-16; 참조, 1 Cor. 7:17-20)', in A. Vanhoye, ed., *La foi agissant par l'Amour (Galates 4.12-6.16)* (Rome: Abbaye de S. Paul, 1996) 79-110 (here 88-92)에서 개진했다; 참조, Martyn, *Galatians* 561-2.

58. E. Qimron & J. Strugnell, *Miqsat Ma'ase Ha-Torah* (DJD 10.5; Oxford: Clarendon, 1994).

59. '4QMMT and Galatians', *NTS* 43 (1997) 147-53. M. G. Abegg, '4QMMT C 27, 31 and "Works Righteousness"', *DSD* 6 (1999) 139-47은 나와 유사한 결론을 내리고 있다. 나는 동일한 관심을 표현한 사해문서의 다른 구절들에 익숙해졌다—특히 1QS 5.21, 23; 6.18 및 4Q174 1.7(*Romans* 154); "감사의 행위들"이 아닌 "율법의 행위들"로 읽는 4Q174 1.7에 대해서는 de Roo, '*Works of the Law' at Qumran* 11-15을 보라.

양한 법규들과 관련하여 사용된다(참조, 갈 2:16). 또한 쿰란 종파의 율법 해석을 따르는 경우에만 율법이 적절하게 준수되는 것이라는 주장이 분명히 암시되어 있다.[60] (2) 율법은 오직 그런 방식으로만 준수되어야 하고, 그런 율법의 행위들이 시행되어야 하며, 그 행위들이야말로 쿰란 종파가 민족의 나머지와 '분리되기'(seperate: 다시 한번 이 단어가 등장한다) 위한 필요충분조건이다(참조, 갈 2:12).[61] (3) 그 문헌의 결론은 오직 의가 이러한 율법의 행위들을 수행하는 사람의 것으로 여겨질 것(창 15:6의 의미가 공명하고 있다)이라는 의미를 분명하게 함축하고 있다(참조, 갈 2:16).[62] 또한 이 문헌이 기록된 상

---

60. Bell, *No One Seeks for God* 230-3은 MMT의 그 구절이 종파적인 맥락에서 사용되고 있다는 사실을 간과하는 전형적인 예다. B. Witherington, *Grace in Galatia: A Commentary on Paul's Letter to the Galatians* (Edinburgh: T&T Clark, 1998) 176-8, 353-4은 분명한 논리를 놓치고 있다. 곧, 율법의 모든 행위들이 요구된다면, 여기에서 특별히 언급된 행위들은 제외될 수 없다. 더 자세한 내용은 아래를 보라.

61. Elliott은 그 행위들이 '율법을 정의하거나', '쟁점들을 규정하는' 것으로 설명한다. 즉, 그 행위들이 '선택된 자들을 규정하고 지정해 내는 역할을 효과적으로 수행한다'는 것이다(*Survivors of Israel* 174-8). 더 자세한 내용은 Bergmeier, *Gesetz* 38-9을 보라; 또한 다음을 참조하라. N. T. Wright, '4QMMT and Paul: Justification, "Works", and Eschatology', in S.-W. Son, ed., *History and Exegesis*, E. E. Ellis FS (New York: T&T Clark, 2006) 104-32.

62. MMT C26-27: 특정 문제에 관한 율법을 준수하라는 일반적인 요구 사항에 초점을 둔 율법의 행위들(갈 2:16); MMT C7-8: 다른 사람들로부터의 분리를 요구함에 있어 필요충분조건으로서 이러한 율법의 행위들을 요구함(갈 2:12); MMT C31: 율법의 행위들이 지시를 받은 사람들에 의해 수행될 때 그 결과 칭의를 받게 될 것이라는 확신(갈 2:16).

황은 바울이 안디옥에서 직면했고, 그 결과 그의 핵심적인 슬로건(율법의 행위가 아닌 믿음을 통해 얻는 칭의)을 최초로 공식화하여 기록하게 했던 상황과도 놀랄 만큼 유사하다. 베드로를 포함하여 안디옥의 유대인 신자들이 주장한 내용은 실제로는 이방인들이 "유대인답게/유대인 풍습대로 살아야 한다"(judaize, 2:14), 즉 율법의 특정한 요구들과 행위들을 준수해야 한다는 것이었다.[63] 따라서 바울의 관점에서 보면 그들은 이러한 행위들을 믿음에 더해서 추가로 필요한 조건으로 만들고 있었다. 그래서 바울은 이렇게 충고한다. "아무도 율법의 행위로 의롭다 함을 얻을 수 없고, 오직 믿음으로만 의롭다 함을 얻는다"(2:16).[64]

---

63. 1세기의 'judaize'가 가졌던 의미에 대해서는 나의 *Galatians* 15 n. 1과 129을 보라. P. F. Esler, *Galatians* (London: Routledge, 1998)은 이러한 증거를 무시하고 judaize에 할례의 요구 사항이 포함되어야만 했다고 주장했다(137-9). Martyn의 관찰은 좀 더 건전하다: "예루살렘 회의는 공식적으로 안디옥 교회의 할례 없는 선교를 인정했는데, [야고보의 전령으로부터 온] 메시지가 그러한 공식적인 견해를 분명하고 직접적으로 폐지하지 않았다는 것을 우리는 확신할 수 있다. 만약 그랬다면, 바울은 그 사실을 확실하게 지적했을 것이다. … 할례에 관한 논쟁은 다시 유발되지 않았다"(*Galatians* 233). Esler는 그의 초기작인 'Making and Breaking an Agreement Mediterranean Style: A New Reading of Galatians 2:1-14', *BibInt* 3 (1995) 285-314에서 당시의 명예-수치에 관한 사항들을 사회-과학적으로 평가함으로써 이 삽화를 베드로와 바나바를 전체적으로 불신임하는 방식으로 해석할 수 있게 됐다고 주장했다. 야고보의 동기에 대해서는 M. Bockmuehl, 'Antioch and James the Just', in B. Chilton & C. A. Evans, ed., *James the Just and Christian Origins* (NovTSup 98; Leiden: Brill, 1999) 155-98.

64. Martyn은 바울이 "베드로에게 한 그의 연설이 예고도 없이 갈라디아의 그 교사들에게 행해진 연설이 되도록 한" 방식에 대해서 잘 설명했다. "15절과

이것이 바로 내가 '바울에 관한 새 관점'을 이야기할 때 드러내려고 했던 의도였고, 또한 지금도 내가 드러내려는 의미다. 나는 수년 후에 『바울신학』에서 그 의미를 좀 더 자세하게 풀어 설명하려고 시도했다.[65] 이를 요약하면 다음과 같다.

1. 새 관점은 제2성전기 유대교에 관한 샌더스의 새 관점 위에 세워졌다. 샌더스는 언약적 율법주의에 관한 유대교의 이해와 실제에 표현된 기본적인 성격, 즉 유대교가 은혜에 기초하고 있음을 재천명했다.

2. 새 관점이 관찰한 내용은 율법이 지닌 사회적 기능이 이스라엘의 언약적 율법주의의 필수적인 측면이었다는 것이다. 언약적 율법주의 안에서 하나님**에 대한** 구별됨(거룩)은 마치 동전의 양면처럼 이스라엘에게도 (다른) 나라**로부터의** 구별됨을 요구하는 것으로 이해

16절은 베드로에게 일어났던 옛 이야기와 그 교사들에 대한 현재의 언급 사이에 겹쳐지는 부분에 해당된다"(*Galatians* 230); 나의 *Galatians* 132도 유사한 입장이다.

65. *Theology of Paul* #14, 특히 338-40, 354-66. 그와 거의 동시에 나는 'Paul and Justification by Faith', in R. N. Longenecker, *The Road to Damascus: The Impact of Paul's Conversion on His Life, Thought, and Ministry* (Grand Rapids: Eerdmans, 1997) 85-101을 저술했다. Strecker, 'Paulus aus einer "neuen Perspektive"'에는 나의 관점을 요약하려는 최고의 시도 중 하나를 포함한다(11-13). 그리고 특히 다음을 보라. M. Bachmann, 'J. D. G. Dunn und die Neue Paulusperspektive', *TZ* 63 (2007) 25-43; 또한 O. Wischmeyer, ed., *Paulus* (Tübingen: Francke, 2006) 35-43과 Bassler, *Navigating Paul* 13-17의 동정적이면서 비판적인 평가를 보라.

됐고, 율법은 이 두 구별 모두를 유지하는 수단으로 이해됐다.

3. 새 관점은 다음 사실에 주목했다. 칭의에 관한 바울 자신의 가르침을 보면, (주는 아니더라도) 대체적으로 칭의의 강조점은 율법이 유대인과 이방인 사이에 두었던 것으로 보이던 장벽을 극복해서, "믿는 모든 사람들에게"(롬 1:16)라는 진술의 '모든 사람들'이 우선적으로 '유대인만이 아니라 이방인도'라는 의미임을 드러내는 데 있다.

4. 새 관점은 칭의 복음에 관한 바울의 설명 안에서 '율법의 행위들'이 핵심 슬로건이 된 이유를, 바울의 동료 유대인 신자들 중 다수가 언약 안에 자신들이 (그리고 다른 사람들이?) 자리를 잡는 데 있어 특정 행위들이 필수적이며, 따라서 구원에 있어서도 없어서는 안 된다고 주장했기 때문이라고 본다.

5. 새 관점은 교회가 바울의 이신칭의 교리가 지닌 이러한 주요한 차원을 인식하는 데 실패함으로써 과거와 현재의 기독교를 왜곡하고 격하시켜 온 인종주의와 민족주의와 전쟁을 벌이는 데 있어 핵심 요소를 무시하고 배제해 버렸을지도 모른다고 우려한다.

제2장
관련된 혼란들과 오해들에 대한 해명

새 관점에 대한 비판이 등장하는 데에는 그렇게 오랜 시간이 걸리지 않았다.[66] 그 비판들 가운데 지체 없는 반응을 보일 가치가 있는 비판이 네 가지 있다. 이 네 가지 비판은 관련된 쟁점들을 명료화하는 데 도움이 되는 것이 확실하다. 또한 향후의 토론이 특정한 공식에 휩싸인다거나, 그것이 공정하든지 공정하지 않든지 누군가의 귀에는 그럴싸하게 들리는 애매한 내용들에 사로잡히는 사태를 막아줄 것으로 보인다. 꼭 하고 싶은 이야기가 있다. 우리의 토론은 이 주제의 핵심 내용에 초점을 맞추어야 한다는 것이다. (심혈을 기울여 선택했겠지만) 특정 구호들 때문에 흔들리거나 혹은

---

66. 새 관점에 관한 논란에 대한 최근의 논평을 보고 싶다면, 특별히 S. Wester-holm, 'The "New Perspective" at Twenty-Five', in Carson et al., *Justification and Variegated Nomism Vol. 2* 1-38을 보라.

맥락에서 벗어난 특정 목적으로 유도된 논평들에 이끌려 토론이 산만해져서는 안 된다. 그 네 가지 비판은 다음과 같다: (1) 새 관점은 전통적인 종교개혁의 이신칭의 교리에 대한 반제 및 반박으로서 형성됐다.[67] (2) 내가 '율법의 행위들'을 일부 '경계 표지' 정도로 그 의미를 축소해 버렸다.[68] (3) 내가 율법에 대한 바울의 반대

---

67. 특별히 Tyndale Fellowship, Cambridge, in 2000에서 Carl Trueman이 읽었던 보고서인 'A Man More Sinned Against than Sinning? The Portrait of Martin Luther in Contemporary New Testament Scholarship: Some Casual Observations of a Mere Historian'을 보라. 이 글은 인터넷상의 Paul Page에서 찾아볼 수 있다; 또한 Lee Gatiss, 'Justified Hesitation? J. D. G. Dunn vs. The Protestant Doctrine of Justification', in the e-journal *The Theologian* (2001) 및 in *Churchman*, number 115/1 (2001) 29-48. 유사하게 B. Corley, 'Interpreting Paul's Conversion — Then and Now', in Longenecker, *The Road to Damascus* 1-17: "아우구스티누스-루터 패러다임에 대한 정면 공격으로서, 종교개혁 초기의 이해가 유대교와 바울 모두를 철저하게 오해했다고 주장한다"(3). "'새 관점'의 테두리 안에서 연구하는 바울 학자들은 통상적으로 바울 신학이 지닌 위대한 몇 가지 주제를 거부해 왔는데, 그중에서도 특별히 칭의에 대한 가르침을 거부했다"(Eskola, *Theodicy and Predestination* 274). P. F. M. Zahl, 'Mistakes of the New Perspective on Paul', *Themelios* 27/1 (Autumn 2001) 5-11: "종교개혁에 대한 거부가 … 새 관점의 주된 강령이다"(7). S. Kim, *Paul and the New Perspective: Second Thoughts on the Origin of Paul's Gospel* (WUNT 140; Tübingen: Mohr Siebeck/Grand Rapids: Eerdmans, 2002): "새 관점 학파는 많은 측면에서 바울 복음에 대한 종교개혁의 해석을 뒤엎고 있다"(xiv). D. Macleod, 'The New Perspective: Paul, Luther and Judaism', *Scottish Bulletin of Evangelical Theology* 22.1 (2004) 4-31: "만약 Stendahl, Dunn, Wright가 옳다면, 루터와 칼뱅은 심각하게 틀린 것이다"(4-5). D. Garlington, 'The New Perspective on Paul: An Appraisal Two Decades Later', *Criswell Theological Review* 2.2 (2005) 17-38은 새 관점에 대한 비슷한 비평에 응답한다(26-32).

68. C. E. B. Cranfield, '"The Works of the Law" in the Epistle to the Romans',

를 단순히 율법에 대한 (유대교적) '태도'(또는 율법의 결과인 다른 내용에 대한 태도)에 반대하는 내용으로 축소해 버렸다.[69] (4) 내가 안디옥 사건이 일어나기 전까지는 바울의 칭의 교리가 형성되지 않은 것으로 만들어 버렸고, 따라서 바울 복음의 근본적인 중요성을 부인하고, 바울 복음을 기독교인 내부에서 발생한 관계 문제에 대한 실용적인 해답 정도로 격하해 버렸다.[70]

내가 당장 말하고 싶은 바는, 나의 초기 설명은 충분히 세련된 모양새를 갖추지 못했으나, 지금은 이러한 비판들에 답변으로 내놓을 만한 정당한 이야기들이 있다는 것이다. 그렇기 때문에 최소한 몇 가지 내용에 대해서는 과거로 거슬러 올라가 내용을 수정할 필요가 있다.

JSNT 43 (1991) 89-101, reprinted in Cranfield, *On Romans and Other New Testament Essays* (Edinburgh: T&T Clark, 1998) 1-14: "특수한 제한적인 의미"(4). T. R. Schreiner, '"Works of Law" in Paul', *NovT* 33 (1991) 217-44 (here 225-31); Fitzmyer, *Romans* 338; O. Hofius, 'Zur Auslegung von Römer 9.30-33' (1993), *Paulusstudien II* (WUNT 143; Tübingen: Mohr Siebeck, 2002) 155-66 (here 158-9 n. 26); Lohse, *Römer* 126-7.

69. H. Räisänen, 'Galatians 2.16 and Paul's Break with Judaism', *Jesus, Paul and Torah: Collected Essays* (JSNTS 43; Sheffield: Sheffield Academic, 1992) 112-26 (here 122); 그리고 그의 제자인 K. Kuula, *The Law, the Covenant and God's Plan: Vol. 1. Paul's Polemical Treatment of the Law in Galatians* (Göttingen: Vandenhoeck & Ruprecht, 1999): "바울에게 율법과 관련된 문제는 율법이 종파적이고 배타적인 방식으로 **잘못 해석되고** 있다는 것이 아니었다. 여기에서 사도 바울이 이의를 제기하고 있는 대상은 율법에 대한 잘못된 해석이 아니라 율법 그 자체였다"(59 n. 3, 76-7).

70. 특별히 Kim, *Paul and the New Perspective* 45-53.

2.1 반-루터주의?

'새 관점'에 관한 나의 작업이 개신교의 핵심 주장인 이신칭의 교리에 대한 근본적인 부인이라는 비판은 주로 나의 논문인 "하나님의 정의"(*The Justice of God: A Renewed Perspective on Justification by Faith*)에 근거한 것이다.[71] 그 비판의 핵심은 내가 마르틴 루터(Martin Luther)를 공격하면서도 루터의 저술을 직접 읽고 얻은 지식을 근거로 하지 않았다는 것이다. 이제 나는 그 점을 기꺼이 인정하려 한다. 그렇다. 나는 루터에 관한 전문가도 아니며, 몸소 그의 저술을 많이 읽고 친숙한 것도 아니어서 직접 읽은 책 역시 제한적이다. 특히 그의 로마서와 갈라디아서 주석, 그리고 딜렌버거(John Dillenberger)의 『루터 선집』(*Martin Luther: Selections from his Writings*; CH 북스, 2017 역간) 정도다.[72] 그 외에 루터에 대한 나의 지식은 많든 적든 그에 관한 전기문이나 역사책, 그리고 신학적 연구서에 나오는 인용이나 언급으로 이루어졌다.[73] 논문 "하나님의 정의"(*The Justice of God*)에서 나는 루터에 관한 내용은 롤런드 베인턴(Roland Bainton)의

---

71. *JTS* 43 (1992) 1-22.

72. Anchor Books; New York: Doubleday, 1961. 나의 *The Theology of Paul's Letter to the Galatians* (Cambridge: Cambridge University, 1993) 140-3을 보라.

73. 이러한 종류의 가장 최근의 책으로는 D. K. McKim, ed., *The Cambridge Companion to Martin Luther* (Cambridge: Cambridge University, 2003)가 있다. 다소 놀라운 것은 이 책이 '이신칭의'를 충분히 다루지 않는다는 것이다.

『마르틴 루터』(*Here I Stand*)에만 의존했다.[74] 이 책은 학창 시절에 나에게 큰 영향을 주었던 책이다. 그리고 M. 새퍼스타인(M. Saperstein)은 『유대인-그리스도인 관계에 있어서 위기의 순간』(*Moments of Crisis in Jewish-Christian Relations*)에서 『루터 전집』(*Luther's Works*)을 직접 많이 인용했다.[75] 그렇기 때문에 내가 루터를 직접적으로 비판한다고 (혹은 종교개혁 신학 연구에 참여한다고) 주장했다면, 나는 당연히 비판을 받을 각오를 해야 할 것이다. 하지만 나의 관심사는 현대라는 시기에 루터가 인식되고 이용되어 온 방식에 있다.[76] 사실, 나

---

74. London: Hodder & Stoughton, 1951 [=『마르틴 루터』, 생명의말씀사, 2016].

75. London: SCM, 1989; 나는 *Theology of Paul* 337 n. 7에서 다시 한번 Luther, *Table Talk*를 Saperstein이 인용한 내용에 의존했다.

76. Trueman과는 반대로 (Gatiss도 비슷한 비난을 좀 더 온화하게 하고 있다) 나는 로마서 7장의 '나'가 바울의 기독교-이전의 상태를 가리킨다는 관점을 루터의 탓으로 돌리지 않았다. Trueman은 내가 이전에 쓴 'Rom. 7.14-25 in the Theology of Paul', *TZ* 31 (1975) 257-73과 *Jesus and the Spirit* (London: SCM, 1975) 314, 444 n. 57 [=『예수와 영』, 감은사, 2023 근간]을 알지 못했던 것이 분명하다. 나는 이 글들에서 로마서 7:14-25을 신자로서의 바울의 지속되는 경험에 대한 묘사로 해석하는 루터와 칼뱅의 모범을 뒤따르고 있음을 분명하게 보여주었다. 'Justice of God'에서 내가 직접적으로 겨냥했던 비판의 대상은 W. G. Kümmel, *Römer 7 und Bekehrung des Paulus* (Leipzig: Hinrichs, 1929)이었다. 그는 로마서 7장을 기독교 이전의 삶에 대한 자서전적 단편으로 해석했고 이는 개신교의 지배적인 흐름이 됐다. 그리고 Stendahl은 그가 속한 루터파 전통에서 루터의 회심을 해석해 온 방식을 비판했는데, 나는 특별히 그의 비판도 비평의 대상으로 삼았다. 그리고 내가 제시한 주석학적 비판 역시 루터 자신을 향한 것이 아니었고, 루터의 회심을 바울의 회심을 이해하는 패러다임이자 열쇠로 간주하는 사람들을 겨냥한 것이었다(본서 각주 89번도 보라). W. Wrede, *Paul* (London: Philip Green, 1907)은 이전에 언급했다: "루터의 영혼의 분투는 바울 초상의 모델이 됐

는 논문 "하나님의 정의"(*Justice of God*)의 딱 한 지점에서 직접적으로 루터를 비판했다. 그 비판은 그의 악명 높은 소논문인 "유대인과 그들의 거짓말에 관하여"(*On the Jews and their Lies*)를 향한 것이었다. 나는 그 소논문과 관련해서는 오늘날 어느 누구도 루터를 변호하지 않을 것으로 믿는다.[77] 하지만 좀 더 대중적인 수준의 다른 책을 쓰면서 내가 그에 대해 (너무나 정밀하지 못한) 언어를 사용했음

다"(146). 유사하게 V. Stolle, *Luther und Paulus: Die exegetischen und hermeneutischen Grundlagen der lutherischen Rechtfertigungslehre im Paulinismus Luthers* (Leipzig: Evangelische, 2002), ch.2 : "자전적으로 '루터'는 자신을 '바울'로 여겼다: 1. 당시 루터의 바울로서의 자기 이해." 마찬가지로 내가 루터에 대해 '두드러지게 개인 관점에서 칭의를 사고했다'고 비난했다는 비판 역시 그 언급이 루터의 회심이 이해된 방식에 대한 것이라는 점을 인식하지 못했다—나는 루터 자신에 대해 말한 것이 아니다. 사실 나의 주된 표적은 엄청난 영향력을 미치고 있었던 Bultmann의 실존주의적 바울 해석이었다. Dahl의 관찰에 주목하라: "분명한 범위의 축소가 발생했다. … 그 교리의 초점이 하나님과 개인이 맺는 관계가 되어 버렸다"('Doctrine of Justification' 118). '개인주의적'이라는 용어를 사용한 것은, 바울의 핵심 슬로건인 "먼저는 유대인에게 그리고 이방인에게"('이방인' = '나라들')와 밀접하게 연결되어 있는 것이 단순히 개인들(individuals)이 아니라 민족들(peoples)의 차원이라는 사실을 지적하는 방식일 뿐이다(본서 #2.3을 보라). 나의 전체적인 관심사는 Roloff, 'Die lutherische Rechtfertigungslehre und ihre biblische Grundlage' 277-82에 반향되어 있다: "그들 나름의 **성경 이해**를 따라서 **교회 규범들 중의 규범**이라고 그들이 규정하려 했던 칭의론의 경우, 사실상 **교회의** 중심 **가르침**이 됐다"(278).

77. Stephen Westerholm이 "그[루터]가 논쟁적으로 글을 쓸 때, 그의 용어와 어조는 종종 대단히 한탄하는 정서를 풍긴다"는 관찰을 이야기할 때, 아마도 그는 이 소논문을 염두에 두고 있었을 것이다('The "New Perspective" at Twenty-Five' 38).

을 고백한 바 있다.[78]

　　언급할 만한 가치가 있는 관련된 또 다른 요소가 있다. 나는 스코틀랜드 교회에서 사역을 맡기 위해 훈련된 장로교 신자였다. 따라서 내가 신학의 틀을 잡아나가던 초기의 작업에서 나의 신학적 모양새를 갖추는 데 주된 영향을 준 16세기의 사상은 루터의 전통이 아니라 장 칼뱅(John Calvin)과 개혁주의 전통이었다. 예를 들면, 나는 신학을 배운 초창기에 웨스트민스터 신앙고백서에서 구약과 신약 모두를 관통하는 단일한 '은혜의 언약'이 존재한다고 배웠다. '그 내용에 차이가 나는 두 가지 은혜의 언약이 아니라, 다양한 경륜(dispensation)들에서 펼쳐지는 하나의 동일한 언약' 또한 '구약에서 신자의 칭의는 … 신약 신자의 칭의와 다르지 않은 동일한 것이다'라고 배웠다.[79] 그리고 나는 초창기에 세례의 신학에 관해 사색하면서, 구약과 신약 사이의 연속성이나 약속과 성취와 관련하여 할례와 세례 사이에 존재하는 거의 완벽한 유사성에 대한 칼뱅의 주장에 깊은 인상을 받았다.[80] 그 자신이 "할례의 종"(롬 15:8)

78.　Alan Suggate와 함께 저술한 *The Justice of God: A Fresh Look at the Old Doctrine of Justification by Faith* (Carlisle: Paternoster/Grand Rapids: Eerdmans, 1993) 13-14.

79.　The Westminster Confession #7.3-6; #11.6. [=『웨스트민스터 신앙고백』, 생명의말씀사, 2008].

80.　*Institutes* 4.16.10-16 [=『기독교 강요』, 크리스챤다이제스트, 2008]. 추가적인 내용은 F. Wendel, *Calvin: The Origins and Development of his Religious Thought* (1950; ET London: Collins Fontana, 1965) 208-14, 325-6 [=『칼빈: 그의 신학사상의 근원과 발전』, 크리스챤다이제스트, 1999].

이었던 예수의 모태인 유대교와 기독교 사이의 **불**연속성을 지나
치게 크게 강조하는 것에 대한 나의 반발이 내 편에서는 거의 본
능적인 반응이었을지도 모르겠다. 이러한 반응을 이해하는 데 내
배경에 대한 설명이 도움이 될 것이다.

하지만 칼 트루먼(Carl Trueman)은 새 관점이 칭의에 관한 루터
의 가르침에 대한 거부 정도가 아니라, "기독교 전통 전체가 구원
에 대해서 기본적으로 잘못된 방향을 향하고 있으며, 또한 복음의
왜곡에 대해서 종교개혁자들이 그 누구보다도 큰 책임이 있다"고
주장하는 정도까지 나아갔다고 주장한다. 이 비난이 개인적으로
나를 향한 것이라면, 내가 할 수 있는 말은 그가 주장하는 내용 중
어느 하나도 나에게 해당되지 않는다는 것이다.[81] 나는 그러한 이

---

81.   그와 비슷한 취지의 공격이 N. T. Wright, *What Saint Paul Really Said*
(Grand Rapids: Eerdmans, 1997) [=『톰 라이트 바울의 복음을 말하다』, 에
클레시아북스, 2018]를 향해 좀 더 맹렬하게 퍼부어지는 것을 보고 나는 마
찬가지로 깜짝 놀랐다. 특별히 미국 장로교 협의회의 인터넷 잡지인
PCANews.com의 비판을 보라. G. P. Waters, *Justification and the New
Perspectives on Paul* (Phillipsburg, NJ: Presbyterian & Reformed, 2004) [=
『바울에 관한 새 관점』, CLC, 2012]은 'NPP(바울에 관한 새 관점)가 웨스트
민스터 신앙고백에 제시된 표준적인 교리로부터 어떻게 벗어났는지를 규명
하는 일'(x)에 착수했다; "구원론과 관련하여 어떤 동질감이 존재한다면,
NPP에는 개신교의 구원론이 아닌 로마가톨릭의 구원론과 동질감이 존재한
다"(xi, 유사하게 190). 제7장은 Wright가 믿음을 빈곤한 것으로 만들어 버렸
다며 악담을 퍼붓는 수준의 비평에 할애됐다: "Wright의 사상 안에서 우리
는 교리적 공식 문구에 반대하는 타고난 편견과 … **수직적인** 측면에서 하나
님과 사람과의 관계를 사고하는 것에 반대하는 성향을 발견한다"(121);
"Wright의 설명에서 우리는 교회가 전통적으로 신학에 관해 생각해 온 방식
으로 신학 작업을 수행하는 것에 대한 혐오감을 발견한다"(192); "그의 글들

야기를 들었을 때 정말 크게 놀랐고, 트루먼이 내가 쓴 내용을 확실히 읽었는지도 궁금해졌다. 내가 "하나님의 정의"(Justice of God)의 서두에서 애써 강조했던 내용이 **믿음을 통해 은혜로 얻는 칭의 교리에 대한 핵심적인 강조는 여전히 기독교 신앙의 절대적인 기초**라는 것이었기 때문에 (나는 이 사실을 결론부에서 다시 한번 분명히 했다) 그러한 반응에 나는 매우 곤혹스러웠다.[82] 요약하면, 나의 논문 "하나님의 정의"(Justice of God)가 새 관점의 대표작으로 간주될 수 있는 한, 나는 어떻게 그 논문이 트루먼의 새 관점에 대한 고발장을 뒷받침하는 증거로 사용될 수 있는지 이해가 되지 않는다.[83]

은 교회로 잠입해 들어온 트로이의 목마로 밝혀졌다"(198). 반대로 Bird는 Wright와 '개혁 정통주의'와의 관계를 더욱 우호적으로 평가했다(*Saving Righteousness* 183-93).

82. 'Justice of God' 1-2, 21. 유사하게 *The Justice of God* 8-9, 10-13; 그리고 더 이른 시기에 쓴 내용으로는 *Romans* 1xv. Westerholm은 이 내용을 충분히 인식하고 있다. '루터파의 해석'에 대한 나의 비판은 그것이 지닌 '결점들'과, 그 해석이 그 교리에 대한 바울의 최초의 진술이 지녔던 받침점(*point d'appui*)을 '모호하게 만들었다'는 사실을 향한 것이다(*Perspectives* 183, n. 8). 칭의에 관한 바울의 가르침의 수직적 차원이 수평적 차원과 함께 유지되어야 한다는 그의 주장에 있어서 Bird도 마찬가지로 우호적인데, 수평적 개혁주의 주석가들에 의해 너무 많이 무시됐고 새 관점 학자들에 의해 너무 많이 강조되어 왔다(예, *Saving Righteousness* 29-34, 153, 182).

83. 유쾌한 전자메일 교환을 통해서(2004년 2월), Trueman 박사는 고맙게도 그의 글이 나의 관점을 잘못 표현했음을 인정했고, 그 글이 (비공식적인) 방식으로 인터넷에 퍼진 것에 대해 유감을 표현했다. 그 글에 대한 나의 더 충분한 반응은 인터넷상의 Paul Page에서 찾아볼 수 있다. 불행하게도, 그의 원래 글은 계속해서 언급되고 있는데, 가장 최근에서 언급된 곳은 T. George, 'Modernizing Luther, Domesticating Paul: Another Perspective', in Carson et al, *Justification and Variegated Nomism Vol.2* 437-63 (here 439 n. 7)이다.

처음부터 나의 관심사는 이신칭의라는 기독교의 전통적 교리를 공격하거나 부인하는 것이 아니었다. 오히려 언제나 나의 관심사는 루터에 의해 재발견되고[84] (혹은 재천명되고) 개신교 안에서 지속적으로 자세하게 설명되어 온 칭의 교리가, 특별히 바울의 사역이란 맥락 속에서 그의 표현이 원래 지니고 있었던 중요한 측면들을 간과해 왔다는 사실에 있었다.[85] 논문 "하나님의 정의"(*Justice of*

---

84. '이신칭의'가 루터 이전의 시대에도 결코 망각됐던 것이 아니라는 사실을 내가 충분히 알고 있음을 분명하게 밝히는 것이 좋겠다; A. McGrath, *Iustitia Dei: A History of the Christian Doctrine of Justification* (Cambridge: Cambridge University, 1986, ²1998) 제2-5장; T. C. Oden, *The Justification Reader* (Grand Rapids: Eerdmans, 2002).

85. 내가 '바울에 대한 심각한 오해'의 원인을 칭의에 대한 루터의 신학에 돌리면서 언급했던 것이 바로 이 누락된 차원이다('Justice of God' 2). 내가 후회하는 바는 그러한 설명이 (청중들을 착석시키고 나의 말에 집중해 달라고 요청하기 위해) 나의 요점을 소개함에 있어서 오해를 살 만했고 또한 불필요하게 도발적인 방식이었다는 것이다. 이 점에 있어서 비판을 받을 만한 좀 더 적절한 표적은 Francis Watson의 초기 논문인 *Paul, Judaism and the Gentiles* (SNTSMS 56; Cambridge: Cambridge University, 1986)에 나타나 있다. 그는 처음부터 드러내놓고 "바울에 대한 종교개혁 전통의 접근방식은 근본적으로 잘못됐다"(1)고 주장하며, 일부 바울 학계에서 나타나는 최근의 흐름을 "'바울을 탈루터화하는'(delutheranizing Paul) 과정"(18)이라고 요약했다. 하지만 Watson은 좀 더 어린 시절에 보였던 이러한 호기스러운 주장을 공개적으로 후회했고, 동일한 열정을 가지고 새 관점을 비판했다(British New Testament Conference, Manchester, September 2001, 'Not the New Perspective', 이 글은 인터넷상의 Paul Page에서도 볼 수 있다). N. Elliott, *The Rhetoric of Romans: Argumentative Constraint and Strategy and Paul's Dialogue with Judaism* (JSNTS 45; Sheffield: Sheffield Academic, 1990)은 로마서가 "루터의 해석에 포로로 잡혀 있다"(Lutheran captivity)고 이야기했지만, 이것이 극단적인 묘사라는 사실을 인정했다(292-3). McGrath 또한

God)에서 나는 전통적인 설명의 당연한 귀결, 즉 바울이 타락한 유대교 율법주의에 반발하여 그의 교리를 단호하게 주장하고 있었다는 내용에 이의를 제기했다.[86] 나는 칭의에 대한 바울의 가르침이 그의 이방인 사역과 관련된 표현이며, (다른) 민족에 대한 유대인의 민족적 혹은 인종적 전제와 무시를 향한 그의 반발을 구체화하고 있다는 사실에 주목했다. 따라서 로마서의 첫 강조점, 실제로는 일차적인 강조점은 복음이 '**모든** 믿는 자에게, 먼저는 유대인에게요 그리고 **또한** 헬라인에게' 미친다는 것이다(롬 1:16). 그리고 나는 '율법의 행위들'이 지닌 필수 요소는 (다른) 민족들로부터 이스라엘의 독특성과 구별됨을 유지하려는 관심이었으며, 이 측면은 바울의 핵심 문구인 "사람이 의롭다 하심을 얻는 것은 율법의 행위에 있지 않고 믿음으로 된다"(롬 3:28)를 해석하려는 시도에서 무시되어서는 안 되지만 이제껏 무시되어 왔다고 주장했다.[87] 이렇게 표현해도 좋다면, 문제는 루터가 그에게 핵심적인 내용이었던 복음과 율법 사이의 차이를 설명하면서[88] 행위를 통해 스스로 획

"'칭의 교리'가 교리 신학 안에서 원래 바울이 의도했던 내용과는 상당히 독립적인 의미를 지니게 됐다"고 지적했다(*Iustitia Dei* 2-3).

86. 이 부분에 대한 Gatiss의 반응을 보면, 현대에 있어 기독교 신학의 분명한 특징이었던 유대교에 대한 폄하에 충분한 주의를 기울이지 않는다; 'The Justice of God' 5-6 nn. 11-15에 있는 참고 도서 목록을 보면 이를 입증하는 문서들을 충분히 찾아볼 수 있을 것이다.

87. 'The Justice of God' 5-15. 나는 그 본문의 네 번째 단락(15-21)을 충분히 다루지 못했다. 하지만 이 책의 뒷부분(*The New Perspective on Paul* ##4.2-3)의 내용이 직접적으로 그와 관련된 것이다.

88. 이미 지적된 것과 같다. 예를 들면 H. M. Müller, "'Evangelium latuit in

득하는 의의 위험성에 전적으로 초점을 맞추었고, 그러다 보니 신속하게 기독교와 유대교 사이의 대조로 넘어갔다는 것이다.[89]

---

lege": Luthers Kreuzespredigt als Schlüssel seiner Bibelhermeneutik', in *Jesus Christus als die Mitte der Schrift*, O. Hofius FS, ed. C. Landmesser, et al. (BZNW 86; Berlin: de Gruyter, 1997) 101-26: "율법과 복음의 구별[은] 루터의 주석 작업으로부터, 말하자면 사도와의 대화 속에서 자라났고 … 이 신칭의 교리의 토대로서 율법과 복음의 구별." "루터 입장에서는 이 구별을 수용하고 이끄는 사람만이 좋은 신학자였다"(101-2; 또한 107-9). 추가로 Bergmeier, *Gesetz* 31-5을 보라. 그는 그중에서도(*inter alia*) ""루터의 주장에 따르면 율법의 전 영역은 종교적으로 이미 '일종의 극복된 단계'에 속한다. 이를 깨닫지 못하는 자는 여전히 유대인으로 남아 있다"는 Harnack의 말에 주목했다(34, 85). 하지만 B. Wannenwetsch, 'Luther's Moral Theology', in McKim, ed., *Martin Luther* 120-35의 경고 역시 주목하라: "루터의 율법 신학을 율법과 복음 사이의 이율배반이라는 악명 높은 설명과 동일시할 수 없다"(124-6). 그리고 다음을 보라. V. Stolle, 'Nomos zwischen Tora und Lex', in M. Bachmann, *Lutherische und Neue Paulusperspektive* (WUNT; Tübingen: Mohr Siebeck, 2005) 41-67은 고전적인 복음/율법 반제가 수정되어야 하며 루터 자신에 있어서 루터적 관점과 새 관점 사이의 대조는 과도하게 그려졌을 수 있음을 보여준다. 무엇보다도 루터에게 율법은 그리스도인의 삶에서 계속적인 기능을 가지고 있음을 파악하는 것이 중요하다(52, 56).

89. 참조, E. Lohse, *Paulus* (München: C. H. Beck, 1996): "중세의 '행위로 말미암는 의'에 대한 루터의 날카로운 구별로부터 바울 시대 유대교의 어두운 배경을 추론할 수 없다는 지침은 분명 맞다. 사실 이전의 논의에서는 적지 않게 이런 일들이 있었다"(285); P. Stuhlmacher, *Revisiting Paul's Doctrine of Justification: A Challenge to the New Perspective* (Downers Grove, IL: IVP, 2001): "루터는 '바울의 유대 대적자들과 유대 그리스도교 대적자들'을 당대의 가톨릭 신학자들과 동일하게 보았다. 반면 자기 자신과 자기를 따르는 이들은 바울과 바울을 따르는 자들의 모습이라고 생각했다. 역사적 관점과 현실의 교리적 관점의 이러한 혼합은 독일의 바울 해석에 있어서 오늘날까지도 유지되고 있다"(35).

나는 이 내용을 거듭 거론해야 할 필요성을 느낀다. 왜냐하면 새 관점이 이신칭의의 근본적인 특징을 부인하고 복음을 부인한다는 믿음이 특별히 북미와 루터 기독교계에 널리 퍼져있는 것 같기 때문이다.[90] 나는 하나님께서 각 개인을 용납하시는 일이 오직

---

90. 믿을 만한 학자들 사이에 새 관점이 바울을 '루터의 바울'로부터 멀어지게 하려는 작업―바울에 대한 탈루터화(Strecker, 'Paulus aus einer "neuen Perspektive"' 3-4)―에 착수했다는 인식이 있는데, 이에 대해서는 다음을 보라. R. B. Matlock, 'Almost Cultural Studies? Reflections on the "New Perspective" on Paul', in J. C. Exum & S. D. Moore, eds., *Biblical Studies/Cultural Studies: The Third Sheffield Colloquium* (JSOTS 266; Sheffield: Sheffield Academic, 1998) 433-59: "새 관점은 그들이 전형적으로 바울에 대한 '루터식' 해석이라고 지적하는 내용에 반발하여 논쟁을 제기하는 방식으로 자신을 정의한다. 실제로는 그들이 내적으로 분열되어 있고, 여전히 발전하는 과정에 있는 관점들의 집합임에도 불구하고, 이들에게 현실적인 통일성을 부여하고 있는 것은 이러한 부정적인 자기 정의이다"(436); B. Byrne, 'Interpreting Romans Theologically in a Post-"New Perspective" perspective', *HTR* 94 (2001) 227-41 (here 228, 230); Lohse, *Römer* 140; 새 관점은 "우리가 바울을 제대로 해석하려면 그를 루터의 손아귀로부터 구출해 내야 한다"고 생각한다(George, 'Modernizing Luther' 441); Blocher는 새 관점에 대해 "지나칠 정도로 반(反)-루터적인 관점"이라고 말한다('Justification of the Ungodly' 473). 나의 *Theology of Paul*에 대한 T. L. Donaldson의 비평이 *CRBR* 1998에 실렸는데, 그 제목이 "루터파의 바울도 아니고 기이한 바울도 아닌 바울을 찾아서"(In Search of a Paul Neither Lutheran nor Idiosyncratic)였다; Westerholm의 *Perspective Old and New on Paul*의 부제는 "'루터파의' 바울과 그에 대한 비판자들"(The "Lutheran" Paul and His Critics)이었다; 그리고 M. Bachmann이 편집한 *Lutherische und Neue Paulusperspektive*의 처음에 생각했던 제목은 "루터인가? 새 관점인가"(Lutherische oder Neue Paulusperspektive)였다. 하지만 다른 한편으로는 그와 반대되는 흐름도 있다. 종교개혁의 오직 은혜(*sola gratia*)/오직 믿음(*sola fide*)을 (그들이 주장하는) 유대교의 '행위로 얻는 의'와 대립시키는 가

그분의 은혜에 의존하며 오직 믿음을 통해 된다는 내용이 기독교 신앙의 핵심이라고 단언한다. 나는 『바울신학』(Theology of Paul)의 "이신칭의"(Justification by Faith, 특히 #14.7)를 다룬 부분에서 이러한 사실이 충분히 해명됐기를 바란다. 내 입장에서는 개혁주의 전통의 언어로 표현하지는 않았을지라도,[91] (충분하게 표현된) 이신칭의 교리가 **교회의 존폐가 걸려있는 조항**(articulus stantis et cadentis ecclesiae)이라고 단호하게 주장하는 데 어떤 특별한 문제도 느끼지 않는다. 나는 '바울에 관한 새 관점'이 루터의 핵심 주장에 대한 공격이며 부인이라는 비난에 경악을 금치 못하며, 그러한 혐의를 전적으로 부인하는 바이다. 나의 글 속에서 그러한 혐의를 읽어낸 사람들은 그 안에 있는 내용 그대로가 아닌 그들이 보고 싶은 내용을 읽어

운데 바울을 해석하는 것으로는 바울의 진술들이 지닌 의도를 좀처럼 파악하기 힘들다는 Sanders의 저항에 귀를 기울이는 학자들이 점차 독일의 신약학계에서 늘어나고 있다. 이러한 경향을 보여주는 예로는, K.-W. Niebuhr, 'Die paulinische Rechtfertigungslehre in der gegenwärtigen exegetischen Diskussion', in T. Söding, ed., *Worum geht es in der Rechtfertigungslehre: das biblische Fundament der "Gemeinsamen Erklärung" von katholischer Kirche und lutherischem Weltbund* (Freiburg: Herder, 1999) 106-30 (here 118-21). 그리고 Bachmann의 책에 수록된 여러 기고문들, 특히 K. Haacker, 'Verdienste und Grenzen der "neuern Perspektive" der Paulus-Auslegung' (1-15), H. Frankemölle, 'Völker-Verheissung (Gen 12-18) und Sinai-Tora im Römerbrief' (275-307), 및 W. Krauss, 'Gottes Gerechtigkeit und Gottes Volk' (329-47, 특히 330-6 및 344); 또한 K. Haacker, 'Merits and Limits of the "New Perspective on the Apostle Paul"', in S.-W. Son, ed., *History and Exegesis*, E. E. Ellis FS (New York: T&T Clark, 2006) 275-89이 있다.

91. McGrath, *Iustitia Dei* 188, 225-6을 보라.

내고 있는 것이다. 내가 애써 강조하려고 했던 내용은 하나님의
정의에 관한 성경의 교리 안에, 그리고 칭의에 관한 바울의 가르
침 안에 제2의 차원이 (혹은 다른 차원들이) 존재한다는 사실이었다.
그런데 그런 차원들이 무시되고 간과되어 왔으며, 급변하는 현대
의 환경 속에서 이러한 측면들을 복원하여 신선한 방식으로 충분
히 생각해 보는 작업이 중요하다는 이야기를 하려 했다. 한마디로,
나는 칭의 교리를 부인하려고 한 것이 **아니라**(결코 그럴 수 없느니라
[*mē genoito*]), 그 교리가 지닌 훨씬 더 풍부한 내용을 좀 더 충분하게
드러내려고 했다.

2.2 율법의 행위들

('율법의 행위들'에 관한) 주장을 펼칠 때 처음에 내가 사용했던 표
현들 안에 쉽게 묵살당할 만한 소지가 있었다는 점은 애석하다.[92]
그래서 충분하게, 또 분명하게 이야기해 보려 한다. 나는 '율법의
행위들'이 율법이 요구하는 내용, 토라가 규정한 행위를 가리킨다
고 확신한다.[93] 율법이 지켜야 한다고 요구하는 모든 내용이 율법

---

92. 특별히 'New Perspective' 201-2. Watson이 이 점에 대해 나를 책망한 것은
    정당하다(*Hermeneutics of Faith* 334-5 n. 41).
93. M. Bachmann, 'Rechtfertigung und Gesetzeswerke bei Paulus', *TZ* 49
    (1993) 1-33, 그리고 '4QMMT und Galaterbrief, *ma'ase hatorah* und *ERGA
    NOMOU*', *ZNW* 89 (1998) 91-113, 두 글 모두 다음 책으로 재출간됐다.
    *Antijudaismus im Galaterbrief: Exegetische Studien zu einem polemischen
    Schreiben und zur Theologie des Apostels Paulus* (NTOA 40; Freiburg:
    Universitätsverlag, 1999) 1-31, 33-56은 그 구절이 오직 율법의 수칙들(law's

의 행위로, 율법을 '행하는' 것으로 설명될 수 있다.[94] 내가 이후에

---

precepts) 또는 할라카의 결정들(halakhic rulings: 더 나아가, '쐐기[Keil] 또는 현미경[Mikroskop]?', 곧 루터의 '믿음'과 '행위들' 사이의 반제를 피할 수 있는 번역['Neue Paulusperspektive' 40-1])만을 가리킬 수 있다고 주장한다. 반면 J. C. R. de Roo, 'The Concept of "Works of the Law" in Jewish and Christian Literature', in S. E. Porter & B. W. R. Pearson, eds., *Christian-Jewish Relations Through the Centuries* (JSNTS 192; Sheffield: Sheffield Academic, 2000) 116-47, 그리고 그 뒤에 나온 A. A. Das, *Paul and the Jews* (Peabody, MA; Hendrickson, 2003) 40-41은 동일한 열정으로 이 구절이 '수칙들'과 분명하게 구별되는 '행위들'만을 가리킨다고 주장한다. 두 경우 모두 구분이 필요함을 역설한다. 다른 내용들은 Bergmeier, *Gesetz* 40-2; 그리고 'Vom Tun der Tora', in Bachmann, ed., *Lutherische und Neue Paulusperspektive* 161-81 (here 161-4); 나의 'Noch einmal "Works of the Law": The Dialogue Continues', in I. Dunderberg & C. Tuckett, eds., *Fair Play: Diversity and Conflicts in Early Christianity*, H. Räisänen FS (Leiden: Brill, 2002) 273-90을 보라. 그리고 Bachmann, ed., *Lutherische und Neue Paulusperspektive* 397-401에 있는 나의 응답을 보라. 또한 Bergmeier (402-4)에 대한 응답도 보라. De Roo는 내가 *erga nomou*를 '수칙들'만 가리킨다고 보는 Bachmann과 동일하다고 생각하는 것 같다. 그리고 그는 '수행된 행위들'과 '규정된 행위들'이 서로 반대 된다는 것을 강조하기 위해 이 둘을 서로 분명하게 구분해야 한다고 주장하기를 계속한다(*'Works of the Law' at Qumran* 82-5, 92 및 *The New Perspective on Paul* 제4장 전체). 내가 Bachmann과 de Roo에게 지적하고 싶은 사안은, 오늘날 '세금 납부'와 같은 문구가 요구 사항 및 그 이행 모두를 가리킬 수 있듯이, 그 어구에 두 가지 의미가 **모두** 포함되어 있다는 것이다. (de Roo 90-4에게는 미안한 일이지만) B 부분의 규칙들에 대한 명료한 언급이 나오는 4QMMT C26은 정확히 그 범위 모두를 포괄하는 것 같다.

94. Cranfield, 'Works of the Law' 5은 이 사실을 적절하게 강조했다. 다른 예로는 다음을 보라. T. R. Schreiner, *The Law and its Fulfilment: A Pauline Theology of Law* (Grand Rapids: Baker, 1993) 51-4; D. Flusser, 'Die Gesetzeswerke in Qumran und bei Paulus', in P. Schäfer, ed., *Geschichte — Tradition — Reflexion, Band I Judentum*, M. Hengel FS (Tübingen: Mohr

제시한 의견들에서 분명해졌기를 바라지만, '율법의 행위들'이라

Siebeck, 1996) 395-403; Eskola, *Theodicy and Predestination* 208-20; Bell, *No One Seeks for God* 228-35; Mijoga, *Deeds of the Law* 2, 158-9 (also 65-7, 74-7); F. Avemarie, 'Die Werke des Gesetzes im Spiegel des Jakobusbriefs: A Very Old Perspective on Paul', *ZTK* 98 (2001) 282-309; Gathercole, *Where is Boasting?* 92-6, 238-40, 249; 또한 Martyn, *Galatians* 260-3을 보라. 출애굽기 18:20을 언급할 수 있다(예, 나의 '4QMMT and Galatians' 150 n. 19; 'Noch einmal' 280-1). Bergmeier는 또한 Josephus, *Ap.* 2.169, 172를 언급한다(*Gesetz* 37, n. 41). 39-41도 보라. *Meaning*에서 Rapa의 핵심 주장은, 바울이 율법의 행위들이 지닌 구원론적 함의들에 집중하기 위해서 정체성을 표시하는 '율법의 행위들'의 기능을 넘어선 이야기를 했다는 것인데, 내가 이 내용에 이의를 제기한 것은 아니다. 나는 이미 1985년의 논문 'Works of the Law' 220과 223에서 나의 견해를 해명했으며, Kuula, *Law* 2.116-7에서 언급한 것처럼 P. Stuhlmacher (*Jesus, Paul and the Law* 210)와 Cranfield ('Yet Once More')에 대한 응답에서 나의 주장을 강화한 바 있다. Esler는 나의 해명을 이해하지 못했지만(*Galatians* 182-3), Westerholm은 다시 한번 그 점을 인식했고 나의 공헌을 요약하면서 언급했다(*Perspectives* 189; 'The "New Perspective" at Twenty-Five' 12-13). 나는 내가 나의 주장을 상당 부분 수정했다는 T. Laato의 주장을 받아들이지 않는다—T. Laato, 'Paul's Anthropological Considerations: Two Problems', in Carson, et al., *Justification and Variegated Nomism Vol. 2* 343-59 (here 356 n. 71). P. T. O'Brien, 'Was Paul a Covenantal Nomist?'. in Carson, et al., *Justification and Variegated Nomism Vol. 2* 249-96의 논의는 대부분 새롭지 않은 이야기들이며, 핵심적인 증거들과 씨름하는 데 실패했다(277-82). H.-J. Eckstein, *Verheissung und Gesetz: Eine exegetische Untersuchung zu Galater 2.15-4.7* (WUNT 86; Tübingen: Mohr Siebeck, 1996) 21-6은 이 구절이 '율법 아래 있음'(갈 4:21)과 '율법 전체를 행함'(5:3)을 지시한다는 사실을 강조했지만, 나의 논문들이나 4QMMT는 언급하지 않는다. Waters는 나와 Wright가 "율법의 행위들은 … 오로지 **정체성**과만 관련이 있었고 **행동**과는 전혀 관련이 없었다"고 말하는 것으로 몰아가려고 시도하는데(*Justification* 195), 이는 너무 터무니없는 말이어서 언급할 가치도 없다.

는 구절은 모든 언약 구성원에게 요구되는 율법 준수를 기술하는 표현이며,[95] 샌더스의 공식—언약적 **율법주의**(covenantal *nomism*)—에서 뒷부분(율법주의)의 내용을 채워 넣는 적절한 표현으로 간주될 수 있다.[96] 바울의 관점에서 이 내용을 설명해 보면, 바울에게는 칭의가 오직 믿음으로만 이루어지는 게 명백했다. (믿음에 더하여) 그 어떤 '율법의 행위들'이라도 필수적인 것으로 간주하는 것은 '오직 믿음으로'를 약화시키는 처사다. 복음의 원칙은 분명하다: "사람이 의롭게 되는 것은 율법의 행위로 말미암음이 아니요, 오직

---

95. '율법의 행위들'이라는 어구가 유대 저작에는 나오지 않고 '이방인들의 입장에서 유대 관습들을 선택한 것'(25, 또한 69-70)을 가리킨다고 잘못 생각하고 있는 L. Gaston, 'Paul and the Torah', *Paul and the Torah* (Vancouver: University of British Columbia, 1987) 15-34에 반대한다; 이를 Stowers, *Rereading Romans* 187과 Gager가 무비판적으로 따랐다: "'율법의 행위들'이란 이방인들을 향한 바울의 꼬리표(tag)다"(*Reinventing Paul* 121). D. E. Aune, 'Recent Readings of Paul Relating to Justification by Faith', in D. E. Aune, ed., *Rereading Paul Together* (Grand Rapids: Baker Academic, 2006)은 특히 Gaston과 Gager가 지지하는 바울에 대한 '새 견해'(New View)에 대한 유용한 요약을 제공한다(219-23).

96. 따라서 'What was the Issue'와 'The Theology of Galatians'에서, 로마서 2장과 갈라디아서에서 바울의 전체적인 주장은 언약적 율법주의에 대한 쌍둥이 같은 두 가지 오해를 겨냥한 것으로 적절하게 설명될 수 있음을 강조했다—즉, 언약적 율법주의의 공식의 '율법주의' 항목이 **충분히** 강조되지 **못했거나**(롬 2장), 혹은 **너무 과도하게** 강조된 것이다(갈)! Gundry, 'Grace, Works, and Staying Saved in Paul'은 이미 갈라디아서의 쟁점이 '들어가기'(getting in)가 아니라 '머물기'(staying in)라고 지적한 바 있다(8-12: Sanders의 용어를 사용했다).

(ean mē)[97] 예수 그리스도를 믿음으로 말미암는다"(갈 2:16).[98]

　　동시에, 바울로 하여금 그 원칙을 처음으로 명확하게 진술하도록 원인을 제공한 상황(갈 2:1-16)을 통해 우리가 떠올리게 되는 사실은 그 일반적인 원칙을 율법의 특정한 행위로 시험해 볼 수 있다는 것이다.[99] 분명히 일부 유대인 신자들은 메시아 예수를 믿

97.　본서 각주 153번을 보라.

98.　Witherington은 바울에 대한 나의 관점을 심각하게 잘못 표현했다(혹은 잘못 이해했다): "바울이 그리스도에 대한 믿음에 더하여 제한적이고 의식적인 측면들을 제거한, 율법 주요 조항들의 준수를 주장하고 있다는 Dunn의 이론"(*Grace in Galatia* 162—"그의 설명에 의하면, 바울의 주장이 바울 자신보다 그의 적수들의 주장과 더 유사한 것처럼 들린다"). 바울이 다른 면에 대해서는 어떤 단서를 내걸지는 모르겠으나, 이 부분에서 바울이 가르치는 바**는** 너무나 분명**하다**(본서 #4.2[10]와 #4.3[11]을 보라).

99.　Stuhlmacher는 갈라디아서 2:16의 등장과 그 내용이 형성되는 것을 결정지었던 맥락을 무시한다. 또한 4QMMT C에서 '율법의 행위들'이 '다수의 백성들'로부터 쿰란 종파를 분리하는 기초였다는 사실에 주목하는 데 실패했다(*Revisiting* 42-4). 유사하게 Fitzmyer (*Romans* 338)와 (놀랍게도) Bird (*Saving Righteousness* 98)도 4QMMT와의 비교 요점이 그 구절의 '제한적인' 언급이 아니라, (의식적인 정결, 성전 제의 그리고 결혼법에 관한) 율법/할라카에 규정된 요구 사항이 그들 외의 사람들이 하나님께 용납되는 것을 판단하는 시금석으로 제시되고 있다는 사실을 주목하지 못했다(참조, Mijoga, *Deeds of the Law* 110-3; 또한 121-2, 140-5); 본서 #4.1(9)을 보라. 더 자세한 내용은 'Noch einmal' 284-7을 보라. 놀랍게도 Wright 역시 여기서 비교의 지점이 경계선을 구성하는 것이 아니라 다른 유대인이든 이방인이든 다른 사람을 배제하고 경계선을 긋는 태도 자체라는 사실을 놓치고 있다 ('Romans' 460; '4QMMT and Paul' 110, 129-30. F. Watson, 'Constructing an Antithesis: Pauline and Other Jewish Perspectives on Divine and Human Agency', in J. M. G. Barclay & S. Gathercole, eds., *Divine and Human Agency in Paul and his Cultural Environment* (LNTS 335; London: T&T Clark, 2006) 99-116은 또한 4QMMT의 '법적 행위'가 경계선을 정의

는 사람들에게 할례가 필요하다고 주장하고 싶었다(창 17:9-14의 관

하는 것으로 이해되는지 여부에 대해 의문을 제기한다(107 n. 20). 그러나 그
는 쿰란과 같은 종파가 토라에 대한 할라카적 해석을 그들 자신과 다른 것으
로 분류하는 것이 실제로 종파와 다른 유대인 사이에 경계선을 표시하는 것
임을 인식하지 못했다. Lohse 또한 요점을 놓쳤다. 곧, 하나님의 의에 대한
쿰란 종파의 자신감은 **이방인**에 대한 우위가 아니라(*Römer* 144), 다른 유대
인들에 대한 **우위에 대한 것**이었다! 나는 이미 'Yet Once More' 103-4, in
'Echoes of Intra-Jewish Polemic' 그리고 '4QMMT and Galatians' 150-1에
서 이러한 주장을 펼쳤다; 또한 'Paul et la Torah: le rôle et la fonction de la
Loi dans la théologie de Paul l'apôtre', in A. Dettwiler, J.-D. Kaestli & D.
Marguerat, eds., *Paul, une théologie en construction* (Genève: Labor et Fides,
2004) 227-49, here 243-5. 반대로, C. Burchard, 'Nicht aus Werken des
Gesetzes gerecht, sondern aus Glauben an Jesus Christus — seit wann?', in
H. Lichtenberger, ed., *Geschichte — Tradition — Reflexion, Band III: Frühes
Christentum*, M. Hengel FS (Tübingen: Mohr Siebeck, 1996) 405-15 (here
410-1), K. L. Yinger, *Paul, Judaism and Judgement According to Deeds*
(SNTSMS 105; Cambridge: Cambridge University, 1999) 169-74, Rapa,
Meaning 54, 143-4, 172 n. 11, 173 n. 21 및 264(조건부로) 그리고 de Roo, *The
Works of the Law' at Qumran* 94-5은 이 관점을 받아들인다. "쿰란 분파에
의해 시행된 독특한 식품 정결법은 그들을 이방인 및 기타 유대 집단과 구별
하는 경계 표시 역할을 했다"('The Role of Food as Related to Covenant in
Qumran Literature', in S. E. Porter & J. C. R. de Roo, eds., *The Concept of
the Covenant in the Second Temple Period* [SSJSup 71; Leiden: Brill, 2003]
129-64, here 163). M. G. Abegg, 'Paul and James on the Law in Light of the
Dead Sea Scrolls', in J. J. Collins & C. A. Evans, eds., *Christian Beginnings
and the Dead Sea Scrolls* (Grand Rapids: Baker Academic, 2006) 63-74은
"하나님께서 계시하신 율법의 해석이 '율법의 행위들'이라는 구절의 초점이
다"; "쿰란 유대교를 정의한 것은 특정한 '율법의 행위들'이었다"; "율법에
순종하는 것은 **올바른 해석에 따른 것이었다**"(71-3, 또한 66-8)고 올바르게
관찰한다. 핵심은 F. Vouga, *An die Galater* (HNT 10; Tübingen: Mohr
Siebeck, 1998)에 의해 잘 표현됐다: "선택과 거룩함의 표징으로서 할례와
정결법/부정결법은 율법 전체의 상징이자 언약 백성에 속한다는 상징이

점에서 보면 이해할 만한 욕구다). 하지만 그러한 도전은 성공적으로 저지됐다(갈 2:1-10). 그런데 베드로와 바나바를 포함하는 대부분의 유대인 신자들은 유대인이 이방인과 분리되어 식사하는 것이 여전히 필요하다는 믿음에 기초하여 행동했다. 또한 정함과 부정함에 관한 율법도 여전히 꼭 지켜야 할 내용이었다(2:11-14).[100] 바울이 보기에 그러한 행태는 기본적인 원칙을 위반하는 것이었다. 정함과

다"(58). 또한 R. B. Hays, *The HarperCollins Study Bible*, ed. W. A. Meeks, et al. [New York: HarperCollins, 1993] 2185에서 표현됐다: "'율법의 행위들'은 주로 유대 민족의 정체성을 뚜렷하게 표시하는 율법에 의해 명령되는 관습(할례, 음식법, 안식일 준수)을 가리키며, **이는 율법의 언약적 의무에 대한 포괄적인 순종을 상징한다**"(D. Garlington, *In Defense of the New Perspective on Paul* [Eugene, OR: Wipf & Stock, 2005] 39에 의해 인용됐다). 'Yet Once More' 101에서, 나는 기독교의 역사 속에서 더 큰 원칙들이 종종 특정한 쟁점들에 초점을 맞추곤 했다는 사실에 주목했다. 예를 들면, 교황의 무오성, 성직자의 자격으로서 남성성, 신자의 세례, 성서 무류설 등은 모두 그리스도에 대한 믿음에 더해서 상호 간의 인식과 협동을 위한 필수적인 조건으로 간주될 수 있다.

100. 'The Incident at Antioch'에서 나는 베드로가 유대인과 이방인이 섞여 있는 식탁 교제에서 자신을 '분리하려는' 동기를 제공한 모든 요소들을 참작해 보려고 시도했다; 좀 더 최근의 진술을 보려면 나의 *Galatians* 119-24을 참고하라; 추가적인 자료로는 Lohse, *Paulus* 92-3; Martyn, *Galatians* 241-3; Schäfer, *Paulus bis zum Apostelkonzil* 236-8. Rapa는 바울의 질책을 유발한 태도를 요약해 주지만, 그러한 태도를 가졌던 실체를 갈라디아 교회 안의 '유대주의자'(judaizers)에게 돌린다: "'율법의 행위들'은 이러한 유대주의자들이 '기독교인'이 된다는 것의 본질적인 의미라고 주장했던 유대 율법과 관련된 율법주의적(nomistic) 율법 준수다"(138-9). 나는 좀 더 복잡한 상황을 '정함과 부정함의 율법'을 지칭하는 것으로 요약했다. 왜냐하면 기본적인 동기를 제공하는 요인이 그와 관련된 조항들로 보이기 때문이다(더 자세한 것은 본서 #2.3을 보라).

부정함에 대한 율법이 여전히 유대인 신자들에게 구속력을 가진다고 주장하는 것은 곧 예수 그리스도에 대한 믿음에 추가하여 율법의 행위들을 요구하는 것이기 때문이다. 닐스 달(Nils Dahl)은 그에 관해 이렇게 표현했다: "바울에게, 베드로와 바나바의 행동은 곧 이신칭의 교리를 거부하는 것으로 여겨졌다."[101] 역으로, 베드로를 위시한 사람들의 일차적인 관심사에 관하여 우리가 추론할 수 있는 사실은, 일단은 그들의 관심사가 단순히 그러한 율법 준수를 통해 공적을 쌓으려는 것은 아니었다는 사실이다. 오히려 이러한 특정한 규칙들이 여전히 모든 유대인에게 구속력이 있으며, 하나님께 신실하기 위해서는 하나님께서 그의 백성과 맺으신 (정함과 부정함에 관한 율법을 포함한) 계약 조항들에 그들이 계속해서 신실해야 한다는 것이 그들의 관심사였다.[102]

'율법의 행위들'에 대해 이야기하면서 할례와 음식 규정에만

---

101. Dahl, 'Doctrine of Justification' 109; "16절에서 바울은 식탁 교제의 거부로부터 어떤 중대한 결과가 초래되는지를 분명히 한다"(Lohse, *Paulus* 94).

102. 나의 *Theology of Galatians* 75-9을 보라. 또한 *Theology of Paul* 360 n. 104을 보라. Kim은 '율법의 행위들'을 '인간의 업적 혹은 하나님의 호의를 얻기 위해 행해지는 선한 행위'로 읽을 것을 주장한다(*Paul and the New Perspective* 59-60). 이러한 주장은 안디옥 사건에서 베드로에게 중요했을 것임에 틀림없는 관심사를 전혀 제대로 다루지 못한다. 다음과 같은 좀 더 동조하는 논의와 대조해 보라: I.-G. Hong, *The Law in Galatians* (JSNTSupp 81; Sheffield: JSOT Press, 1993) 133-48, Kruse, *Paul* 41-2, 186. Schnelle는 (일반적인 율법과 특별한 어떤 율법 사이의) 그러한 차이가 바울에게서는 전혀 발견되지 않는다고 생각한다(*Paul* 281 n. 52); 그렇다면 고린도전서 7:19은 어떠한가?

초점을 맞추는 것이 여전히 너무 편협한 것으로 보일 수도 있겠다. 그렇다면 그 대신 이 등식 안에 존재하는 제3의 요소인 '유대인처럼 사는 것(living like a Jew)/유대인 풍습대로 사는 것'(judaizing, *ioudaizein*—2:14)에 대해 살펴볼 수 있다. 바울의 시각에서 보면, 베드로를 위시한 유대인 신자들의 행동은 사실상 이방인 신자들도 '음식 규정을 준수해야 한다' = '유대인의 풍습을 지켜야 한다'(judaize) = '율법의 행위들을 행해야 한다'고 주장하는 셈이었다. 다른 말로 하면 '율법의 행위들'은 그저 그들의 언약 백성이라는 자격 덕분에 언약 구성원들이 마땅히 행해야 하는 것들을 기술하는 방식에 그치지 않았다('언약적 율법주의').[103] 그뿐 아니라 '율법의 행위들'은 다른 민족과 구별되는 독특한 유대적인 삶의 방식을 포함하는 유대적인 삶의 방식을 가리키는 말이기도 했다(그렇기 때문에 바울은 갈라디아서 5:3에서 이를 반대한다).[104] '유대인처럼 사는 것'(*iou-*

---

103. 참조, Westerholm, *Perspectives* 367-70: "할례를 옹호하는 유대 기독교인들에게는, 자연히 유대의 언약과 율법은 여전히 하나님의 백성이 그 안에서 살아야 하는 틀을 제공했다"(368).

104. 참조, J. B. Tyson, '"Works of Law" in Galatians', *JBL* 92 (1973) 423-31; Eskola: "… '율법의 행위들'은 모세의 율법 전체에 대한 순종과 봉사를 가리킨다. 이는 유대인의 정체성에서 핵심 부분이었다"(*Theodicy and Predestination* 220). F. J. Matera, 'Galatians in Perspective', *Interpretation* 54 (2000) 233-45은 나의 주장을 잘 표현하고 있다: "갈라디아서에서, 그것['율법의 행위들']은 만약 이 행위들을 갈라디아 교인들이 취한다면 그들이 유대적인 삶의 방식을 받아들인 것으로 인정될 율법의 어떤 특정한 행위들을 가리킨다"(237). Watson은 '율법의 행위들'이 '이스라엘과 맺은 하나님의 언약 안에 속한 사람들인 유대 민족의 삶의 방식'을 상징한다는 그의 초기의 발견을 반복한다(*Hermeneutics of Faith* 69 n. 79). 율법의 기능 중의 하나가 하나

daikōs zēn—2:14)은 율법에 따라 사는 것이며 율법이 명령하는 것('율법의 행위들')을 행하는 것을 의미한다.[105] 그렇다면 유대인과 이방인이 함께 식사하는 것에 관한 문제를 통해 좀 더 심오한 원칙(행위가 아니라 믿음)이 촉발되어야 한다고 해서 놀랄 이유는 전혀 없다.[106]

님의 백성을 표시하는 역할이었다는 사실은 *Paul and the Mosaic Law*에 관한 심포지엄에서 일반적으로 인정됐다(300); 예, R. B. Hays, 'Three Dramatic Roles: The Law in Romans 3-4': "율법은 유대 민족의 정체성을 정의한다"(151-4). Blocher는 이전 문맥에 속한 갈라디아서 2:16에 대한 나의 관찰이 "갈라디아서 3:21의 '율법'을 '의식적인 규정들'로 대체"하는 것과 같은 의미라고 제안했다(Blocher, 'Justification of the Ungodly' 487). 내가 보기에는 그 제안 자체가 '불합리'하다.

105. "… '율법의 행위들'은 '유대인처럼 사는 것'과 같다"; "율법이 요구하는 것을 행하는 것은 유대적인 삶의 방식 … 유대적인 삶의 양식을 유지시키는 … '율법의 행위들'을 채택한다는 표시다"; "바울이 갈라디아서에서 '율법의 행위들'에 반대하는 이유는 그 행위들이 이방인 회심자들에게 유대적인 삶의 양식을 강요한다는 것을 대변하기 때문이다"(J. M. G. Barclay, *Obeying the Truth: A Study of Paul's Ethics in Galatians* [Edinburgh: T&T Clark, 1988] 78, 82, 239 [= 『진리에 대한 복종: 갈라디아서에 나타난 바울의 윤리학』, 감은사, 2020]); "*ioudaizein*이란 유대적 삶의 방식을 가리킨다. … 유대인처럼 사는 것, 유대적 삶의 방식[*ioudaikōs zēn*], 그것의 법적인 개념[*notae iusti*]은 '율법의 행위'[*ex ergōn nomou*]에서 규정된다"(Bergmeier, *Gesetz* 42). 유사하게 R. Liebers, *Das Gesetz als Evangelium: Untersuchingen zur Gesetzeskritik des Paulus* (Zürich: Theologischer, 1989) 54; M. Bachmann, *Sünder oder Übertreter: Studien zur Argumentation in Gal 2.15ff.* (WUNT 59; Tübingen: Mohr Siebeck, 1992) 93-4. *Partings* 133에 있는 나의 초기 표현을 보라.

106. 이 점에서 나의 의견이 Westerholm, *Perspectives* 383-4와 유사하다는 사실이 기쁘다: "바울은 행위에 관한 펠라기우스 논쟁이나 16세기의 논쟁에 대해 이야기하고 있는 것이 아니다. 오히려 그는 이방인이 할례를 받아야 한다는 주장에 맞서 어떻게 인간이 그들의 죄에도 불구하고 하나님의 마음에 드는

간단히 이야기해서, 나는 '율법의 행위들'을 경계에 관한 쟁점 정도로 축소하고 싶지 않다.[107] 오히려, **모든** 율법의 행위들이 준수되어야 한다고 주장하는 관점은 자연히 논란의 소지가 있는 율법들도 **어느 것이나** 그 논란에도 불구하고 준수**되어야 한다**고 주장할 것으로 보는 것이 자연스럽다. 그리고 오직 믿음으로 얻는 칭의라는 위대한 원칙을 처음으로 진술하도록 만들었던 쟁점은 여전히, 유대교가 (다른) 민족들로부터 자신을 구별하고 분리해 주는 수단이었던 율법의 행위들에 관한 것이었다는 사실은 변하지 않

삶을 경험할 수 있는지와 같은 근본적인 문제를 취하여 대응하고 있다" (384; 더 자세한 내용은 그의 마지막 장 440-5을 보라).

107. 나는 'The New Perspective'에서 다양한 용어를 사용했지만—'윤곽을 정해 주는 경계선'(defining boundaries), '경계 표지'(boundary markers)(192-4)뿐 아니라 '정체성 표지'(identity marker), '언약 구성원 명찰'(badges of covenant membership)(192)—이러한 초기의 논문들에서는 더 폭넓은 함의들을 충분히 분명하게 드러내지 않았다. Wright는 할례가 지닌 동일한 이미지를 '민족적 정체성을 보여 주는 명찰'로 사용한다('History' 65). 그리고 그러한 이야기를 *The Climax of the Covenant: Christ and the Law in Pauline Theology* (Edinburgh: T&T Clark, 1991) 240-4에서 발전시킨다. 유사하게 *What Saint Paul Really Said* 130-2. 그리고 또한 W. S. Campbell, *Paul's Gospel in an Intercultural Context* (Frankfurt: Peter Lang, 1991) 126-7도 비슷하다. Zahl ('Mistakes' 9-10)은 '경계 표지'에 대한 이러한 이야기들이 이전의 '의식법' 대 '도덕법' 논란의 반복에 불과하다고 해석하는 가운데, 그 용어가 강조하는 사회적이고 인종적인 차원을 고려하는 데 완전히 실패하고 있다(본서 #2.3을 보라). 그리고 할례를 일종의 '보디 피어싱' 정도로 설명하는 것(Zahl 9을 따라서 George, 'Modernizing Luther' 457)은 할례가 가장 중요한 이스라엘의 경계 표지로서 기능을 가지고 있었다는 사실(*hē peritomē* = 유대인)을 모른다는 개탄할 만한 실상을 드러낼 뿐이다.

는다.[108] 이는 설명이 필요한 세 번째 내용으로 이어진다.

2.3 잘못된 태도/오해?

이방인에 대한 유대인의 '태도'는 어느 정도까지 이 문제의 핵심에 해당될까?[109] 칭의라는 핵심 교리를 (단순히!) 인종 간의 좋은 관계 정도로 바라보는 것은 칭의와 율법의 저주에 대한 바울의 가

---

108. M. A. Seifrid, 'Blind Alleys in the Controversy over the Paul of History', *TynBul* 45 (1994) 73-95 (here 77-85)은 다른 비판들보다 좀 더 미묘하다(본서 각주 94번): "할례를 받은 사람들이 수행해야 하는 *erga* (*nomou*)는 의인들과 불의한 사람들 사이의 차이를 규정 짓는다. … 구원의 보증으로서 *erga nomou*를 거부하면서 바울은 율법 준수를 통해 얻을 수 있는 도덕적인 우월성을 거부하고 있다"(84-5). 이러한 설명은 더 풍부한 종합을 위한 기초를 제공할 수 있는 유익한 중도적 방식('둘 다')으로 보인다. Byrne 또한 평화적인 방법으로 나의 설명에 근접했다('The Problem of Nomos' 299-301); M. Silva, 'Faith Versus Works of Law in Galatians', in Carson, et al., *Justification and Variegated Nomism Vol. 2* 217-48 (here 221-2)도 대체로 그렇다. 그리고 Haacker, 'Merits and Limits' 284-5을 보라. 반대로, V. M. Smiles, *The Gospel and the Law in Galatia: Paul's Response to Jewish-Christian Separatism and the Threat of Galatian Apostasy* (Collegeville: Liturgical, Glazier, 1998)가 "바울은 **전 세계**에 대한 율법의 주장에 이의를 제기해야 하며 … 바울은 **모든 인류**에 대해 하나님-인간의 관계의 기반을 결정한다는 율법 자체의 근본적인 주장을 폭로해야 한다"라고 주장한 것은 이 주제에 혼란을 더할 뿐이다(126-8).

109. Räisänen (본서 각주 69번)은 'Works of the Law' 231에서 사용된 나의 언어들을 사용한다—유대인을 이방인으로부터 분리하며 또한 이방인으로부터의 분리를 요구하는 율법 준수 및 행위를 필요로 하는 율법에 대한 태도. 바울의 복음에서 이방인의 포함의 중요성을 강조했다는 측면에서 Stendahl은 실질적으로 새 관점의 아버지라 할 수 있다(본서 각주 31번).

르침을 하찮게 취급하는 것이 아닐까?[110] 내가 칭의에 관한 바울의
가르침을 '새로운 선교 전략 개념'이나[111] 단순한 사회학적 범주로
축소한 것은 아닌가?[112] 내가 바울의 언어 배후에 있는 사회적, 민

---

110. R. Y. K. Fung, *Galatians* (NICNT; Grand Rapids: Eerdmans, 1988)는 나의
     덜 유쾌한 구절 중 하나('율법을 오해한 것의 저주'—'Works of the Law'
     229)에 대해 "그리스도가 저주를 짊어졌다는 사상에 어울리지 않는다"(148
     n. 60)고 논평했다—그에 대한 나의 초기 반응은 *Jesus, Paul and the Law*,
     237을 보라. Cranfield는 유사하게 로마서 3:21-26이 '단순히 유대 민족의 자
     기 이해에 미친 결과를 기술하기 위한 것'이라는 생각은 '받아들일 수 없는
     결론'임을 알아챘다; Dunn의 관점은 "실질적으로 바울의 논의를 오해에 대
     한 변론 정도로 축소시키는 것이다"('Works of the Law' 8-9, 13). 유사한 의
     견으로는 Das, *Paul, the Law and the Covenant* 160 ("단순한 민족주의적 오
     해로부터의 구출"), 그리고 Kim, *Paul and the New Perspective* 133-4.
     Westerholm, *Perspectives* 317-9은 훨씬 더 비판적이다: "속죄에 대한 너무
     제한적인 관점이어서 가장 독단적인 TULIP 신학자도 깜짝 놀랄 것이
     다"(317-8). R. B. Matlock, 'Sins of the Flesh and Suspicious Minds: Dunn's
     New Theology of Paul', *JSNT* 72 (1998) 67-90은 나의 *Theology of Paul*에 대
     한 비평에서 '오해'라는 용어를 과도하게 중시하는 모습을 보였다; 그에 대
     한 나의 반응은 'Whatever Happened to Exegesis? In Response to the
     Reviews by R. B. Matlock and D. A. Campbell', *JSNT* 72 (1998) 113-20 (here
     115-6)을 보라.

111. E. Lohse, 'Theologie der Rechtfertigung im kritischen Disput: zu einigen
     neueren Perspektiven in der Interpretation der Theologie des Apostels
     Paulus', *Göttingische Gelehrte Anziegen* 249 (1997) 66-81 (here 76); 또한
     Römer 140-5; F. W. Horn and R. Penna, in Bachmann, ed., *Lutherische und
     Neue Perspective* 37-8, 및 268-9에서 반향됐다; 나는 394-5 및 410-2에서 응
     답했다. Schreiner는 J. G. Machen의 관찰, 즉 "바울이 이신칭의에 심혈을 기
     울인 이유는 그것이 이방인 선교를 가능케 하기 때문이 아니라 그것이 진리
     이기 때문"이라는 관찰에 의존한다(*Paul* 195). 하지만 그 두 가지를 상호 배
     타적인 내용으로 보기는 거의 불가능하다. 또한 본서 각주 156번을 보라.

112. R. S. Smith, *Justification and Eschatology: A dialogue with 'The New*

족적 역학 관계를 과도하게 강조한 반면, 인간의 철저하게 무력한 상태에 대한 바울의 분석과 개인 구원에 대한 그의 관심을 지나치게 소홀히 취급한 것은 아닐까?[113] 내 입장을 말하자면, 나는 바울

Perspective on Paul', Reformed Theological Review Supplement Series #1 (2001)은 칭의가 '신학적인 교리(즉, 어떻게 개인이 하나님의 존전에 서는가의 문제)가 아니라 사회학적인 교리(즉, 어떻게 유대인과 이방인 각자와 함께 존재하는가의 문제)'라는 관점이 나에게서 유래했다고 주장한다(9). 그렇지 않다! 핵심 쟁점은 '**이방인**이 **하나님**의 존전에 유대인과 **함께** 설 수 있는지? 그렇다면 어떤 조건으로인지?'이다. 이러한 그릇된 인식들에서 두드러지는 것은 '사회학적' 해석과 '신학적' 해석을 대립시키는 것의 위험성으로서, 다수가 그러한 위험에 빠져들고 말았다(Smiles, *The Gospel and the Law* 125-8; Thurén, *Derhetorizing Paul* 139-40. 참조, 150 n. 57; Marguerat, 'Paul et la Loi' 265, 270-1). 하지만 Smith는 차후에 '이신칭의에 관한 바울의 가르침이 민족적인 (유대인의) 제한성에 대한 공격, 그리고 유대 (기독교인의) 분리에 대한 질책, 두 가지 모두로서 기능한다'는 사실을 인식하면서 '새 관점'의 관심사를 인정한 바 있다(89-90).

113. Silva, 'The Law and Christianity: Dunn's New Synthesis', 351-2; Moo, 'Israel and the Law' 192-5; Byrne, 'Interpreting Romans Theologically' 231-2. S. Westerholm, 'Paul and the Law in Romans 9-11', in J. D. G. Dunn ed., *Paul and the Mosaic Law* (WUNT 89; Tübingen: J. C. B. Mohr, 1996; Grand Rapids: Eerdmans, 2001) 215-37: "바울이 '믿음'과 '율법' 사이를 대조하는 것을 부인하거나, 혹은 그 범위를 유대교의 특수주의에 대한 변론 정도로 한정하는 것은 따라서 바울의 종교적 관점이 지닌 하나님 중심적인 초점, 그리고 바울이 인간의 딜레마와 하나님의 구속을 바라보는 철저성 두 가지 모두를 제대로 인식하지 못하는 것이다"(236). "(루터가 그랬듯이) 인간의 곤경에 대한 바울의 비전이 지닌 힘을 제대로 인식한 사람은 그 주제가 유대인-이방인 쟁점으로 인해 퇴색됐다고는 좀처럼 상상하지 못할 것이다"(Blocher, 'Justification of the Ungodly' 485-8). S. J. Gathercole, 'Justified by Faith, Justified by His Blood: The Evidence of Romans 3:21-4:25', in Carson, et al., *Justification and Variegated Nomism Vol .2* 147-84은 '이신칭의 교리가 이방인의 포함과 관련될 때, 그 주제의 중요성을 과도하게 평가하

이 특히 로마서 1:18-3:20의 대단히 충격적인 분석에서 보여주었
듯이 인류를 향해 제기한 고발의 심각성을 약화하려는 의도가 **전
혀 없다**. 이 사실이 나의 초기 글들을 통해 분명해졌기를 바란다.[114]
그리고 나는 너무 편협한 개인주의적 강조, 즉 내 생각으로는 불
트만(Rudolf Bultmann)의 실존주의와 빌리 그레이엄(Billy Graham)의
복음주의 모두가 공히 조장했을 수 있는 흐름에 내가 과잉 반응한
것일 수 있다는 위험성을 인식하고 있다. 나는 로마서 5:1-5과 갈
라디아서 2:19-20과 같은 대단히 개인적인 내용들을 어떤 식으로
든 경시할 생각은 없다.[115] 내가 원하는 바는 이 문제에 관심이 있
는 사람들에게 복음에 대한 바울 자신의 이해와 표현 속에 사회적
이고 인종적인 차원 **또한** 존재한다는 사실을 상기시키는 것이다.

　　율법의 행위가 아닌 믿음으로 얻는 칭의에 대한 진술을 바울
이 정식으로 제기했을 때, 이는 그가 사도로서 자신의 이방인 사
역을 고려한 결과로서, 또한 동료 유대인들에게 도전을 받고 있었
던 복음에 대한 그의 이해의 결과로서 나타났다는 것은 여전히 사
실이다(갈 2:2-4; 행 15:1, 5). 이방인이 하나님께 받아들여질 수 있는지
여부와 그 방법에 관한 논란은 바울 신학의 핵심이다. 하나님의
의의 복음은 유대인뿐만 아니라 이방인을 포함한 **모든** 믿는 자를

는’ 사람들을 비판한다(148).

114. 특별히 나의 *Theology of Paul* 79-127 (#4와 #5)을 보라.

115. 하지만 나는 갈라디아서 2:20을 “생명의 연합이 아니라, 법정적인 표현으로
　　이해해야 한다”는 Blocher의 주장을 도저히 이해할 수가 없다(‘Justification
　　of the Ungodly’ 499).

위한 것(롬 1:16-17)이라는 바울의 확신의 핵심부에 그 논란이 자리 잡고 있다.[116] 그 논란이 일어난 이유가, 이스라엘은 자신을 이방인으로부터 분리해야 하며, 이방인은 이스라엘의 거룩을 유지하는 데 위협적인 존재이며, 이스라엘이 하나님**께** 구별되기 위해서는 (다른) 나라들**로부터** 구별되어야 한다고 배워왔기 때문이라는 것은 자명한 사실이다.[117] 레위기 20:22-26만큼 이 사실을 분명하게

---

116. Niebuhr, 'paulinische Rechtfertigungslehre' 124-6. Bird는 "율법주의적 반대자들과 맞서는 것은 바울이 다룬 가장 폭발적인 문제가 아니었다"라고까지 말한다. 오히려 바울의 사역에서 가장 시급한 문제는 이방인을 이방인**으로서** 받아들이고 유대인 그리스도인들**과** 교제하도록 하는 것이었다'(*Saving Righteousness* 108).

117. 이 점과 관련하여 발람의 신탁은 큰 영향력을 미쳤다—이스라엘을 '홀로 살 것이며, 자신을 여러 민족 중의 하나로 여기지 않을 민족'으로 이야기한다 (민 23:9)—이는 Philo이 자세히 설명한 것과 같다: "홀로 살 것이며, 여러 민족 사이에 있는 것으로 여기지 않을" 민족이 해를 당하지 않는 것은 "차별화된 그들의 특수한 관습 덕분에 그들이 다른 민족들과 혼합되지 않음으로써 그들의 조상들의 길에서 떠났기 때문이다"(*Mos.* 1.278). Eskola, *Theodicy and Predestination* 218은 (이스라엘을 자신의 소유로 지키시려는) 하나님의 질투(jealousy)와 이스라엘이 다른 민족, 우상을 숭배하는 나라들과 혼합되는 것을 막으려는 (비느하스의) 열심(zeal) 사이의 연결점을 놓치고 있다(본서 각주 42번을 보라). 추가적인 내용은 F. Avemarie, *Tora und Leben: Untersuchungen zur Heilsbedeutung der Tora in der frühen rabbinischen Literatur* (Tübingen: Mohr Siebeck, 1996) 501-10. 나는 Watson이 '이스라엘의 분리됨을 확고히 하는 데 있어 율법이 수행하는 사회적 기능'(내가 그렇게 규정했다)을 '거룩의 본래 개념이 타락한 결과로 나타난 이차적인 개념'이라고 생각하는 이유가 납득이 되지 않는다(*Hermeneutics of Faith* 328-9). 그는 연속적인 분석과 연속적인 목표 혹은 결과 사이를 혼동하고 있는 것 같다. 나의 주장은 하나님**에게로** 구별됨, 곧 거룩이 불가피하게 다른 사람들**로부터의** 구별됨을 수반한다는 것이다—이 둘은 동전의 양면이다.

보여주는 구약 본문은 없다. 곧, 정함을 부정함으로부터 구분하는 율법은 다른 나라들로부터 이스라엘이 분리됐다는 증표로서, 또한 그러한 분리를 강화하는 방식으로서 주어졌다(이는 『희년서』 22:16에서 더욱더 강력하게 주장된다).[118] **이것이 바로 베드로가 안디옥의 이방인 신자들로부터 자신을 '분리'한 행위의 배후에 있는 신학적인 근거임이 분명하다**(갈 2:12).[119]

유사하게 사도행전 10-11장에서 베드로가 이방인 백부장인 고넬료에게 나아간 사건에 대한 누가의 설명의 핵심도 바로 정함과 부정함에 관한 신학이 더 이상 유효할 수 없다는 인식이었다. 누가에 따르면, 베드로는 그전에는 결코 정함과 부정함에 관한 율법에 의문을 가지지 않았다(10:14, 11:18). 그 규정들은 유대인의 사고방식의 일부였다. 하지만 베드로는 그에게 부정한 고기를 먹으라고

---

118. Hong은 신명기 7:1-11과 에스라 10:11을 언급한다(*Law in Galatians* 147). 랍비 전통에서 레위기 20:26의 중요성에 관해서는 Avemarie, *Tora und Leben* 193-5, 446-7, 449-50, 503, 510-11을 보라.

119. I. H. Marshall, *New Testament Theology* (Downers Grove, IL: InterVarsity, 2004) 211은 이 점을 인식한다. 더 자세한 내용은 나의 '4QMMT and Galatians' 147-8을 보라. 안디옥에서 베드로와 다른 유대 기독교인들이 이방인 신자들과 함께 식사를 한 것에 대한 정확한 용어가 무엇이든지—이에 대해서는 J. G. Crossley, *The Date of Mark's Gospel: Insight from the Law in Earliest Christianity* (JSNTS 266; London: T&T Clark International, 2004) 141-54를 보라—유대 기독교인들에게 결정적인 중요성을 지녔던 것은 이스라엘의 '구별됨'에 관한 논리였음이 분명하다. (다수의 혹은 전형적인) 디아스포라 유대인들이 이스라엘의 영토 밖에서 정함/부정함에 관한 율법을 준수할 필요가 있다고 믿었다는 사실은 로마서 14:14, Juvenal, *Satires* 14.96-106, 그리고 Tacitus, *Hist.* 5.5.2와 같은 구절로 볼 때 분명하다.

요구한 환상으로부터 중요한 교훈을 배웠다(10:11-16, 11:5-10). 그 교
훈은 그가 식사 관습을 바꿔야 한다는 것뿐만 아니라, 그가 더 이
상 특정 부류의 **사람**을 속되거나 부정하다고 해서는 안 된다는 것
이었다(10:28). 누가의 설명을 통해 우리는 바울이 봉착했던 문제가
무엇인지, 그리고 무엇이 바울로 하여금 안디옥에서 바로 그 베드
로(!)에 반대하는 위치에 서게 했는지 확인할 수 있다. 갈라디아서
2:15-17이 분명하게 암시하고 있듯이, **이방인 '죄인들'에 대한 유
대의 '태도'는 복음, 즉 이신칭의의 복음의 성패를 좌우하는 쟁
점이었다.**[120]

바울이 이신칭의의 복음을 지켜내기 위해서 반드시 이의를 제
기해야 한다고 믿었던 것은[121] 바로 율법에 대한 유대교의 '태도',
혹은 율법에 기반을 둔 이방인에 대한 유대교의 '태도'였다.[122] 바

---

120. 이방인들 **자체를** '죄인들'로 경멸하는 것에 대해서는 본서 각주 49, 50번을
보라. H. Merklein, '"Nicht aus Werken des Gesetzes …": Eine Auslegung
von Gal 2.15-21', *Studien zu Jesus und Paulus II* (WUNT 105; Tübingen:
Mohr Siebeck, 1998) 303-15: "그들[유대인 기독교인들]은 '본성상 유대인'
이므로 당연히 이방인처럼 죄인이 **아니다**"(304).

121. Gager (*Reinventing Paul* 49) 및 Kim (*Paul and the New Perspective* 61 n.
212)은 새 관점이 (영혼 없는 율법주의로서의) 유대교에 대한 왜곡된 그림을
동일하게 왜곡된 캐리커처, 곧 인종차별적, 민족주의적 종교로서의 유대교
로 대체한다고 생각한다. 그러나 바울이 직면한 문제는 민족주의 종교(유대
교 = 유대인의 종교)의 메시아 종파가 이스라엘 전통 종교의 비민족주의적
방식 안에서 비유대인들을 개종시키고 완전히 받아들이려는 선교 종파가 됐
다는 점이다.

122. 이방인에 대한 유대의 '태도'에 관해서는 다음을 보라. 나의 'Pharisees,
Sinners, and Jesus' 73-4; 또한 'Incident at Antioch' 142; H. D. Betz,

울의 관점에서 이 태도는 진정 '오해'였다. 그런데 그 오해는 '율법이 오기 전'(갈 3:23), 즉 오직 이스라엘만을 고려했던 시기에 율법이 담당했던 역할에 대한 '오해'가 아니라, **이제 믿음이 왔을 때**, 즉 이제 복음이 유대인뿐만 아니라 이방인의 것으로도 간주되는 시기에 **율법이 담당하는 역할**에 대한 '오해'였다.[123] 그 오해는 유대인들에게 당연히 기대할 만한 일을 하나님께 받아들여지는 조건으로서 이방인에게도 요구해야 한다는 것이었다—이로써 믿음에 추가하여 다른 무언가를 요구하는 기본적인 실수가 드러났

Galatians (Hermeneia; Philadelphia: Fortress, 1979) 115; Longenecker, *Galatians* 83. 바울이 이 위기의 원인을 '할례자들,' 즉 '그들의 인종적 (유대적) 유산으로부터 기본적인 정체성을 찾는 사람들'에 대한 두려움(갈 2:12)으로 돌린다는 사실은(Martyn, *Galatians* 234), 유대인/이방인의 구분이 핵심 문제임을 강조한다. 할례가 구별됨을 표시하는 역할도 했다는 사실을 잊어서는 안 된다. 예컨대, 요세푸스에 따르면, 하나님이 아브라함에게 할례를 행하게 하신 "의도는 그의 후세들이 다른 민족과 혼합되는 것을 막는 것이었다"(*Ant.* 1.192); 또한 『희년서』 15:26, 34; Tacitus, *Hist.* 5.5.2를 보라. 더 자세한 내용은 'Neither Circumcision' 82-92을 보라.

123. 더 자세한 내용은 나의 *Theology of Paul* 137-50; 'Noch einmal' 277-9을 보라. 바울이 두 번의 위기, 즉 예루살렘에서 디도에 관한 사건, 그리고 안디옥에서 벌어진 식탁 교제와 관련된 사건을 모두 동일한 성격의 사건으로 보고 있음에 주목하라. 두 경우 모두에 유대인들이 이방인에게 유대인의 독특성에 동화될 것을 '강요함'으로써(갈 2:3, 14) '복음의 진리'(갈 2:5, 14)가 위협당하고 있었다. 참조, G. Strecker, *Theology of the New Testament* (New York: de Gruyter, 2000): 갈라디아의 바울의 대적자들의 의도는 "할례받기를 요구해서 유대교 율법을 갈라디아의 그리스도인 공동체 속에 자리매김하게 하고, 또 사도의 선포를 통해 야기된 유대인 됨과 경건의 일치에 대한 문제제기를 무효화하려는 것이었다"(141).

다.[124]

바울에게 복음은 유대인과 이방인 사이를 가로막던 (특별히 율법의) 장벽을 무너뜨리는 데에서 나타난 하나님의 능력이었다. 바울 학계는 복음이 지닌 이러한 중요성을 결코 약화시켜서는 안 된다. 복음은 그처럼 다양한 사람들이 같은 식탁에 앉아 식사를 함께 할 수 있게 하고, 또한 그렇게 되기를 기대했다. 이 사실은 바울에게 본질적이고 핵심적인 사안이었다. '복음의 진리'가 걸려 있는 문제였다는 말이다(갈 2:11-21).[125] 안디옥에서 바울의 분노를 불러일으켰던 원인은 무엇인가? 바울이 이신칭의라는 근본적인 진리에 대한 위협으로 보았던 실체는 무엇인가?―그것을 정확하게 이야기하면, 한 기독교인 집단이 다른 기독교인 집단을 온전히 용납하기를 거부한 일이었다! 바울이 안디옥 사건(2:16)에 뒤이어 표현한 칭의에 관한 진술 속에는 적어도, 칭의란 당신과 다르고 당신과 의견을 달리하는 다른 신자들을 온전하게 수용함을 의미한다는 메시지가 포함되어 있었다.[126] 두 차원, 즉 수직적인 차원(하나님

---

124. 따라서 "행위들에 대한 바울의 언급에서 문제가 되는 것은 유대인들이 잘못 해석한 율법이 아니라 행동들을 요구하는 율법이다"(*Perspectives* 315)라는 Westerholm의 의견은 '모두 다'(both-and)로 더 낫게 표현할 수 있었던 내용을 '양자택일'(either-or)로 제기한 것이다.

125. 더 자세한 내용은 나의 *Theology of Paul's Letter to the Galatians* 25-8을 보라. 거기서 나는 이 쟁점 안에 있는 종말론적 차원에 대해서도 주목했다(46-52); 본서 각주 128번도 참고하라.

126. Smith는 갈라디아서 2:11-17의 주장을 역전시킨다. 그는 갈라디아서 4:21-31에 기초하여 "바울에게, 믿음으로 의롭다 함을 얻은 사람들은 다른 어떤 것을 기초로 의롭다 함 얻기를 추구하는 사람들과 교제를 나눌 수 없다"는 결

께 받아들여짐)과 수평적인 차원(타인을 받아들임)이 불가분하게 연관
되어 있다는 것이 명백하다. 조너선 색스(Jonathan Sacks)는 이런 태
도를 '차이의 존중'(the dignity of difference)이라 칭했다. 우리가 이런
태도를 높이 평가하고 수용하기를 거절하면서 하나님과 좋은 관
계를 유지하는 것은 불가능하다.[127]

따라서 바울의 가장 위대한 서신인 로마서가 바로 이 주제에
관한 논의로 마무리되며(롬 14:1-15:6), 그 논의가 "그리스도께서 우
리를 받으신 것처럼 너희도 서로 받으라"(15:7)로 요약된다는 사실
은 우연으로 치부할 수 없다. 또한 이 편지의 절정 부분에 율법과
예언자, 그리고 시편 저자들이 증언한 바, 이방인들이 하나님의 옛
백성들과 더불어 하나님께 예배하고 영광을 돌리는 것에 대한 비
전(15:9-12)이 등장하는 것 또한 우연이 아니다. 이 비전이 바로 바
울 자신의 선교를 통해서 성취되고 있지 않은가! 나아가 우리는
바울이 이 비전을 그 위대한 '신비'로 간주했다는 사실을 잊어서

론을 내린다(*Justification and Eschatology* 131).

127. J. Sacks, *The Dignity of Difference* (London: Continuum, 2002). 안타깝게도,
바울이 직면한 문제는 오늘날에도 아브라함에게 땅을 주겠다는 약속(창
13:15, 17:8 등)을 팔레스타인 영토 정착 정책의 정당화로 이용하는 이스라엘
인들(그리고 기독교인들) 사이에서 여전히 존재한다. 그들은 원주민을 추방
하고, 토지를 몰수하고, 올리브 과수원과 재산을 파괴하고, 물 공급을 통제하
고, 일상생활에 대한 제한을 철폐함으로써 약속된 땅을 다시 점유하려고 한
다. (언약 비준의 신성한 순간을 포함하여) 족장들과의 일부 언약에서 그들
에게 '이집트 강에서 큰 강 유브라데 강까지의 땅'을 약속하고 있다는 사실
이 쉽게 잊혀졌다(15:18; 신 1:7-8; 11:24; 수 1:3-4); 온 땅(!)을 포용하겠다는
약속의 확장에 대해서는 로마서 4:13과 나의 *Romans* 213을 보라.

는 안 된다. 그 신비는 영세 전부터 감추어져 있었지만, 이제 복음 안에서 나타났다. 즉, 오래전부터 하나님은 자신의 백성에 이방인을 포함하려는 목적을 갖고 계셨다.[128] 에베소서는 특별히 이 내용을 대대로 내려온 신비의 절정으로 이해하며, 그 실체는 바울이 위임받은 사명을 드러내고 실행하는 것, 즉 '이방인이 함께 상속자가 되고, 같은 몸의 지체가 되는 것'(엡 3:6)에 있다. 그리스도가 죽으신 것은 벽을 무너뜨리기 위해서였다. 즉 유대인을 이방인으로부터 구분했던 벽인 율법의 계명과 조문들을 해체하려는 것이

---

128. 롬 11:25; (16:25-27); 엡 1:9-10; 3:3-6; 골 1:26-27; 2:2; 4:3. 나는 R. W. Yarbrough, 'Paul and Salvation History', in Carson, et al., *Justification and Variegated Nomism Vol. 2* 297-342에서 내가 바울에 대한 구원 역사적 관점에 적대적이며, 그 관점을 '무시하거나' '헐뜯는다'고 비난하는 것에 좌절감을 느꼈다(307-8, 324, 342). 특별히 Yarbrough는 '구원 역사'를 '인류의 역사 안에서 하나님 자신의 영원한 구원 계획이 실제로 효력을 발휘하도록 행하는 하나님의 인격적인 구속 행위'라고 정의하면서 그런 비난을 퍼붓는다 (297). 그와 반대로, 나는 로마서와 갈라디아서의 초점이, 이방인에 대한 복음이 하나님의 구원 목적의 절정이자 성취라는 주장이라고 본다. 나는 오히려 이스라엘에게 주어진 그리고 이스라엘을 통한 하나님의 계시와 바울 사이의 **연속성**을 강조했다는 면에 대해 비판을 받는 데 더 익숙하다! Carson의 좀 더 미묘한 비판('Mystery and Fulfilment' 434-5)과 그와 나 사이에 공명하는 더 많은 내용들을 비교해 보라. 나는 바울의 사상 속에서의 구원 역사와 묵시 사이의 긴장에 대해 나의 'How New was Paul's Gospel? The Problem of Continuity and Discontinuity', in L. A. Jervis & P. Richardson, eds., *Gospel in Paul: Studies on Corinthians, Galatians and Romans*, R. N. Longenecker FS (JSNTS 108; Sheffield: Sheffield Academic, 1994) 367-88에서 가장 충분하게 다루었다; 그 밖에도 'Neither Circumcision' 104-6을 참조하라.

었다(엡 2:14-16).[129] 그 안에서 둘이 하나가 됐고, 교회는 이제 **분리된 백성들이 하나로 통일되는 장소**로서 존재한다(엡 2:17-22).[130] 이 해 묵은 적대감이 극복되는 것은 단순히 복음의 부산물 정도가 아니 라 **복음의 성취 중에서도 절정**으로서, 태초부터 내려온 하나님의 계획의 완성이다.[131]

---

129. 이것이 언급하는 대상은 아마도 틀림없이 예루살렘의 성전 지대 안에 존재했던 벽일 것이다. 이 벽은 이를 위반하면 죽음이 따른다고 위협하며 안뜰 (inner courts)로 이방인이 들어오는 것을 막았다; 예, R. Schnackenburg, *Der Brief an die Epheser* (EKKNT 10; Zürich: Benziger, 1982) 113-4에 나열된 목록을 보라. 벽이 지닌 심상과 관련해서는 앞서 인용된(본서 32-33쪽) 『아리스테아스의 편지』 139, 142을 참고하라.

130. 이 모든 내용에 대한 바울의 관심을 '보편주의'(universalism)라는 용어로 요약하는 것은 적절치 않다. 물론 J. M. G. Barclay, '"Neither Jew Nor Greek": Multiculturalism and the New Perspective on Paul', in M. G. Brett, ed., *Ethnicity and the Bible* (Leiden: Brill, 1996) 197-214은 '기독교의 보편주의' 와 '유대교의 특수주의'에 관해 Baur가 세워 놓은 반제가 새 관점 안에서 메아리치고 있다고 경고한 것은 정당하며(197, 200, 202, 204), 그가 D. Boyarin, *A Radical Jew: Paul and the Politics of Identity* (Berkeley: University of California, 1994)와 대화를 벌이면서 '바울과 다문화주의'에 대해 고심한 내용은 통찰력이 있고 굉장히 가치 있는 이야기다(209-14). 또한 나의 'Was Judaism Particular or Universalist?', in ed. J. Neusner & A. J. Avery-Peck, *Judaism in Late Antiquity*, Part III: *Where We Stand: Issues and Debates in Ancient Judaism*, Vol. 2 (Handbuch der Orientalisk; Leiden: Brill, 1999) 57-73을 보라.

131. 그래서 나는 Standahl이 그의 논문 'Introspective Conscience'에 대한 Käsemann의 비판에 응답한 내용을 계속해서 떠올린다('Justification and Salvation History', *Perspectives on Paul* [London: SCM, 1971] 60-78). 거기에서 그는 "바울에게는 이신칭의라는 그 주장이 바로 전 세계를 위한 하나님의 계획에 대한 깊은 사상 안에서 작용하고 있었다"고 주장했다(*Paul* 131). Wright가 바울의 신학화 작업에서 내러티브 맥락을 크게 강조한 것은 이 주

민족과 인종 사이에 놓인 장벽을 유지하고, 타인을 경멸하여 하나님 앞에서 덜 중요한 존재로 취급하고, 관점을 달리하는 타인을 존중하기를 거부하는 그러한 '태도들', 그러한 '오해들'이 존재한다. 이러한 태도들에 우리가 이의를 제기하지 않는다면, 이신칭의의 가르침이 훼손될 뿐만 아니라 기독교를 불구로 만들 것이다. 실제로는 파괴할지도 모른다. 그리고 작금의 기독교인들은 복음에 대한 동일한 도전에 직면한 상황에서, 주저 없이 바울에게서 동일한 교훈을 이끌어내야 한다. 즉, 타인을 나 자신 혹은 내 집단의 위치(혹은 권리/특권)를 본질적으로 위협하는 존재로 바라보는 태도는 언제나 공동체를 파괴하며 상호 수용을 가로막기 마련이다. 타인이 우리 동족이 가진 충성심을 공유하고, 우리가 인정하는 언어로 신앙을 고백하고, 우리가 인정하는 방식으로 신앙을 행동으로 나타내는 경우에만 그들을 존중하고 수용할 수 있다고 주장한다면, 그것은 하나님의 은혜와 복음의 진리의 범위를 축소시키는 행태로서, 바울이 안디옥에서 경험했던 것과 동일한 고뇌와 분노를 초래할 것이다. 이와 관련된 한쪽 극단에서 우리는 그와 동일한 모습들을 본다. 일부 기독교인들은 다른 기독교인들과 같은 식

제에 대한 그의 중대한 공헌에 해당된다. 이 경우에 그 내러티브의 내용은 전 세계를 향한 하나님의 계획과 그것을 수행하는 것이다. 이에 대해서는 신중하게 고려해야 할 부분도 있지만, 나는 기본적으로 그러한 관점을 받아들인다; 나의 'The Narrative Approach to Paul: Whose Story?', in B. W. Longenecker, ed., *Narrative Dynamics in Paul: A Critical Assessment* (Louisville/London: Westminster John Knox, 2002) 217-30을 보라.

탁(바로 **주님의** 식탁)에서 함께 식사하는 것을 거부한다.[132] 다른 기독
교인들이 오직 그리스도 안에서 믿음으로 얻는 칭의가 복음에 대
한 **불충분한** 진술이라고 주장한다는 이유로 그들을 인정하고 그
들과 협력하는 것을 거부해야 한다고 주장하는 일부 기독교인들
의 모습을 본다! 아이러니하게도 '행위가 아닌 믿음으로 얻는 칭
의'에 관한 교리를 주장하는 것 자체가 일종의 '행위'를 더하는 의
미가 되어 버렸고, 그로 인해 오직 믿음에 의한 칭의의 복음이 위
협을 받고 오염되어 버렸다![133] 또 다른 극단은, 다양한 사례들을
살펴보는 것만으로도 확인할 수 있다. 아파르트헤이트, 미국 북부
지역의 인종 차별, 북부 아일랜드의 긴장 사태, 르완다의 대학살
사건, 구 유고 내전 등 이 모든 사태에 기독교인이 연루되어 있
다![134] 유대교의 분리주의가 이제는 기독교의 반(反)-유대주의와 대

---

132. 나의 'Should Paul Once Again Oppose Peter to his Face?', *The Heythrop Journal* 34 (1993) 58-65. Wright는 동일한 주장과 간청을 한다: 칭의는 "인종의 장벽을 가로질러 교회의 연합을 위한 기초이며, 바울은 바로 이 연합을 위해 그렇게 애써 분투했다"('Romans and the Theology of Paul', in D. M. Hay & E. E. Johnson, eds., *Pauline Theology, Volume III: Romans* [Minneapolis: Fortress, 1995] 30-67 [here 66]); "칭의 교리는 사실상 위대한 **교회 연합과 일치를 위한**(ecumenical) 교리다"(*What Saint Paul Really Said* 158-9).

133. Tom Wright는 Richard Hooker가 말한 내용을 나에게 일러줬다: "사람은 이 신칭의를 믿음으로 의롭다 함을 얻는 것이 아니라, 예수 그리스도를 믿는 믿음으로 의롭다 함을 얻는다."

134. Timothy George는 이 점을 받아들이지만 오해하는 부분도 있다: "어떤 문화에서 일어난 어떤 종류의 인종 차별 정책도 복음의 진리와 양립할 수 없다. 그 이유는 인종 차별이 사회적 배타주의로 이어지기 때문이 아니라, 그것이

체신학(supersessionism)에 끔찍할 정도로 압도당해서 '형세가 역전 됐다'는 사실은 두말할 나위도 없다.[135] 성경 본문을 타인에 대한 부당한 대우를 정당화하기 위해 사용하고, 하나님의 은총을 일부 종파적인 교리로 축소시키고, '이방인'을 비하하는 정책이나 관행 을 하나님의 명령이라고 주장하거나, 사랑을 통해 역사하는 믿음 (갈 5:6)에 우선하여 특정 정책이나 관행을 기독교인으로 수용되기 위한 조건으로 요구하는 모든 근본주의에 반대한다고 역설하고 있는 것이 바로 이신칭의 교리다.[136]

하나님께서 만들어 가고 계시는 '새 창조', 즉 계급, 피부색, 성별, 사회적 환 경과 무관하게 오직 은혜에 기초하여 세워지는 그리스도의 몸에 반대하는 입장이기 때문이다"('Modernizing Luther' 458). 나의 주장은 '사회적 배타 주의'가 '새 창조'와 '오직 은혜'의 복음을 거부한다는 것이다. 바울이 그토록 격렬하게 사회적 배타주의에 반대한 이유가 바로 그 때문이다.

135. Barry Matlock은 이 사실을 민감하게 감지하여 "우리 현대인들의 전형적인 모습은 죄나 죄책감에도 그리 관심이 없지만, 공동체라는 개념에는 더더욱 관심이 없는데, 그러한 특성은 우리의 신학적 분위기에도 반영되어 있다"고 언급했고, "과연 루터의 바울은 자신이 1세기보다 21세기의 상황에 더 적실 하지 못한 것에 대해서 근심을 할지" 궁금해했다('Almost Cultural Studies?' 439, 443); 참조, Barclay, 'Neither Jew Nor Greek' 204-6. 나는 '루터파의' 바울이 16세기의 관심사에 대해 이야기했듯이, '새 관점의' 바울이 20세기와 21세기의 현안에 대한 이야기한다는 사실을 쾌히 인정하는 바다. 나의 요점 은 오히려 두 시대의 관심사가 바울서신 독자들이 그동안 무시되거나 잘못 인식됐던 칭의에 관한 바울의 가르침의 차원에 더 민감하게 반응하게 만들 었다는 것이다.

136. 이 부분에 대해 나는 종종 나 자신이 F. W. Faber의 위대한 찬양, "하나님의 자비는 광대하시도다"(There's a wideness in God's mercy)를 반영하고 있 다는 걸 발견한다. 그중에서도 특별히 5절이 그렇다:

        나의 속 좁은 마음 때문에

　　재차 이야기하면, 핵심은 '타자', '외부인'을 향한 하나님의 관심에 대한 그러한 '태도들', 그러한 '오해들'에 바울이 도전을 던진 방식이 바로 다른 어떤 조건들(인종, 피부색, 민족, 계급, 신조, 종파)과도 무관하게 믿는 **모든** 사람들에게 주어지는 바울의 칭의의 복음, 하나님의 용납의 복음이었다는 사실이다. 새 관점을 적절하게 평가하려면 반드시 이 사실이 인식되어야 한다. 바울의 오직 믿음을 통한 칭의 교리가 지닌 이러한 측면이 무시되지 않는 것이 건강한 교회를 위해 중요하다. 하지만 이러한 측면은 기독교의 역사 가운데 종종 간과됐으며, 오늘날에도 '서구 기독교'의 상당 부분에서 여전히 무시되고 있다. 인류가 하나님 앞에 서야 한다는 보다 근본적인 필요성을 강조하는 데 많은 주석가들이 힘껏 노력해 왔다. 하지만 그 핵심 내용이 실제로 바울에게 있어 모든 노력을 쏟아부을 만큼 핵심적인 관련성을 지닌 의미를 지니도록 부각시켰던 그 사안의 심각성을 무시하거나 폄하해 왔다는 사실은 참 아이러니하다.

　　다시 한번 말하지만, 이것이 바로 나에게 있어 '새 관점'이 의미하는 바다. 새 관점은 이신칭의에 대한 이러한 이해를 믿음에 의한 개인의 칭의와 대립되는 내용으로 내세우지 **않는다**. 또한 전통적인 개혁주의의 칭의 교리에 반하지도 **않는다**. 그저 사회적이

　　　그분의 사랑마저 줄여버리고
　　　그는 인정치 않을 열의를 내서
　　　그분을 엄격한 존재로 만들어 버렸네.

고 인종적인 차원이 이 교리가 처음 모양새를 갖출 때부터 그 일부였다는 사실, 그리고 실제로는 그 교리에 대해 최초로 기록된 해설과 변증(먼저는 유대인에게요 그리고 헬라인에게로다)에서도 필수적인 요소였다는 사실을 이야기했을 뿐이다. 이러한 내용들이 바로 우리가 바울의 복음을 요약할 때 사용해야 할 슬로건들이다—"모든 믿는 자에게, 먼저는 유대인에게요 그리고 헬라인에게로다", "유대인이나 헬라인이나 그를 부르는 모든 사람에게 차별이 없음이라"(롬 1:16; 10:12). 이는 논리적으로 독단적인 '곤경에서 해결책으로'도 아니며, 더더욱 샌더스가 다소 억지로 만들어낸 반대말인 '해결책에서 곤경으로'는 더더욱 아니다.[137] 이는 전통 교리를 약화시키기 위해서가 **아니라**, 성경적인 기초로부터 그 교리를 더욱더 풍성하게 하고, 그 주제에 대한 바울의 가르침의 총체를 복원하기 위해서 다시 한번 신선하게 조명될 필요가 있는 이 교리의 잃어버린 차원이다.[138]

2.4 차후에 발전된 것인가?

(김세윤이 주장하듯이)[139] 바울이 행위가 아닌 믿음을 통한 칭의 교리에 도달한 시기는 안디옥 사건, 말하자면 그가 회심한 지 많은

---

137. Zahl은 '해결책에서 곤경으로'가 '새 관점의 핵심'이라고 생각했지만('Mistakes' 6, 10), '새 관점'에 대한 내 설명 방식의 특색은 아니다.

138. 나는 앞서 본서 각주 110번에서 보여준 비판들에 대한 나의 응답을 본서 ##3.1-3로 유보하려 한다.

139. 본서 각주 70번을 보라.

해가 지나서, 그가 선교와 복음 전파 사역을 시작하고 나서도 최소한 몇 년은 지나서라는 주장이나 암시를 내가 했는가? 이러한 비판 속에도 역시 해소해야 할 몇 가지 오해들이 있다.

문제는 갈라디아서 2:15 이하에 나오는 안디옥 사건에 이르는 기간에, 그리고 안디옥 사건에 대한 그의 반응을 포함해서 이신칭의에 대한 바울의 이해와 표현에, 어떤 발전이 있었는지의 여부다. 간단히 말해서, 그에 대한 나의 대답은 믿음으로 얻는 칭의에 대한 바울의 이해는 처음부터 확고하고 분명했을 터이지만, '**율법의 행위로부터가 아닌** 믿음으로'라는 대조되는 내용을 담은 **정식화**는 예루살렘과 안디옥에서 일어난 그의 동료 유대인 신자들과의 갈등(갈 2:1-16)을 통해 나타난 결과라는 것이다. 나는 바울로 하여금 하나님께서 복음을 믿는 사람 **모두**를 받아들이신다는 결론에 이르게 한 것이 갈라디아 교회의 위기라고는 생각하지 **않았다.**[140]

---

140. Strecker에게는 실례지만: "갈라디아 교회의 위기가 계기가 되어 바울의 칭의 복음이 갈라디아서에서 최초로 개진됐다"(*Theology* 139); Schnelle, *Paul* 135-7, 278-9: "바울은 갈라디아서 2:16에서 예루살렘 공의회의 결정과 안디옥에서의 충돌을 넘어서는 결정적인 발걸음을 내딛는다"(278); 또한 다소간 Martyn도 그렇게 생각한다. 그는 2:16의 바울의 정식화된 표현을 다른 선교사들(그의 용어로는 '교사들')이 갈라디아 신자들에게 가져온, 복음에 대한 율법주의적(nomistic) 해석에 대한 비판적 반응으로서, 칭의라는 일반적인 복음을 바울이 해석해 낸 것으로 본다(*Galatians* 268-75); 어느 정도까지는 Westerholm조차도 그렇게 본다: "바울이 처음으로 이스라엘의 율법과 교회의 믿음 사이의 관계를 명확하게 표현한 것은 그의 갈라디아 성도들이 할례를 받고 모세의 율법에 따라야 한다는 이야기를 들었을 때였다"(*Perspectives* 442).

그에 관한 나의 추론은 여전히 변함이 없다. 내가 이해하는 한, 하나님의 의를 구원하는 의로 이해하는 바울의 사상은 로마서 1:16-17이 암시하듯이 그의 유대교/구약성경이 물려준 유산의 일부다. 주로 논란이 됐던 문제는 은혜의 사역이 이방인까지 포함하는 모든 사람에게로, 즉 유대인뿐만 아니라 이방인에게도 확장되는지의 여부였다(롬 1:16-17). 바울이 기독교 이전에 가졌던 '열심'은 유대교의 '흠이 없음'을 유지하는 것을 향했는데, 거기에는 다른 민족들과의 접촉을 피함으로써 흠이 없는 상태를 유지하는 거룩도 포함되어 있었다. 또한 그 '열심'은 그러한 거룩한 구분됨을 위협하는 자들을 핍박하는 행동으로 향하기도 했다(빌 3:4-6).[141] 바울은 자신의 회심을 회상할 때, 하나님의 아들, 예수 그리스도를 통하여 이방인도 이제 하나님의 구원하는 은혜의 대상이라는 사실을 깨닫도록 자신의 눈이 뜨인 사건이라고 말한다(갈 1:12-16). 나는 바울이 기독교인으로서 **처음 복음 전파 사역을 시작할 때부터**, 또한 그때로부터 줄곧,[142] 그가 하나님의 구원하는 의는 유대인뿐만 아

---

141. 본서 각주 42번을 보라. 더 자세한 내용은 본서 #2.3을 보라.

142. Kim이 추론한 것처럼(*Paul and the New Perspective* 46), 바울은 이미 아라비아에서부터 복음을 전파했을까(갈 1:17)? 예, 나의 *Galatians* 69-70의 간단한 논의; M. Hengel & A. M. Schwemer, *Paul between Damascus and Antioch* (London: SCM, 1997) 106-113을 보라. 갈라디아서 1:17로부터의 정확한 추론이 무엇이건, 핵심은 바울의 복음 전파 사역이 안디옥 사건보다 이른 시기에 시작됐다는 것이다(갈 1:21-23; 2:7-9). 갈라디아서 5:11이 바울이 '할례를 전파했던' 그의 (기독교) 선교의 한 시기를 가리킨다는 개연성 없는 주장에 대해서는 T. L. Donaldson, *Paul and the Gentiles: Remapping the Apostle's Convictional World* (Minneapolis: Fortress, 1997) 278-84; Martyn,

니라 이방인도 포함하는 모든 사람을 위한 것, 즉 이방인들에게 개종자가 될 것을 요구하지 않고 있는 모습 그대로의 이방인을 위한 것이라는 좋은 소식을 선포했을 것이라고 추정한다.[143]

최초에 이방인에 대한 복음 전파가 진행되는 과정을 보면, 매우 흥미로운 질문이 생겨난다. 바울과 다른 사도들이 처음부터 할례를 요구하지 않았다면, 어째서 할례에 관한 논란이 40년대 후반까지는 일어나지 않다가, 예루살렘 '공의회'에서야 처음으로 제기

Galatians 166-8을 보라.

143. Kim은 자신의 주장을 지지하는 견해로 Hengel & Schwemer, *Paul Between Damascus and Antioch* 95-8을 전체적으로 공정하게 인용한다(*Paul and the New Perspective* 52). 하지만 Hengel 자신의 견해는 Kim보다 더 미묘한 뉘앙스를 지니고 있다: "구원은 하나님의 전적인 은혜로 말미암는다거나 오직 믿음으로 죄인이 의롭다 함을 얻는다는 바울의 가르침이 바울의 회심 시에 이미 완전하고 전체적인 개념 발전을 이루었다고 생각하는 건 무리다. 그가 각각의 세부 사항들을 언제 어떻게 완성했는가에 대해서 우리는 다만 추측할 수 있을 뿐이다"(101; 비슷하게 105). Hengel의 더 짧은 논문은 그러한 뉘앙스를 생략한다—'The Attitude of Paul to the Law in the Unknown Years between Damascus and Antioch', in J. D. G. Dunn, ed., *Paul and the Mosaic Law* (Grand Rapids: Eerdmans, 2001) 25-51 (here 33-5, 47, 51) = 'The Stance of the Apostle Paul Toward the Law in the Unknown Years Between Damascus and Antioch', in Carson, et al., *Justification and Variegated Nomism Vol. 2* 75-103 (here 84-6, 98, 102). 하지만, 갈라디아서 2:16이 '다소 우발적으로(*zufällig*)'로 정식화됐다고 설명하는 것(34)은 베드로와의 대립이 지닌 중요성을 불공정하게 약화시키는 것이다. Lohse는 바울이 그가 전한 복음을 '간결하게'(*knappen*) 표현했다고 제안한다(*Paulus* 94; 더 자세한 내용은 209-14); 그리고 Hahn은 바울의 칭의에 대한 가르침이 '좀 더 전개된' 것이지 '변경'(*Wandlung*)되거나 '발전'(*Entwicklung*)된 것은 아니라고 인정한다(*Theologie* 1.245-6). 더 자세한 논의는 Burchard, 'Nicht aus Werken des Gesetzes gerecht'를 보라.

되어 공식적으로 해결됐을까(갈 2:1-10; 행 15장)? 나는 전에 이 질문에 대한 대답을 제시하려고 시도한 적이 있지만,[144] 그 제안이 김세윤의 마음에는 거의 와닿지 않은 모양이다. 내 주장의 개요만 다시 제시해 보겠다. 내 추측으로, 처음에 이방인 신자들은 이방인 하나님 경외자들(God-fearers)처럼 애매한 상태로 간주됐을 것이다. 하나님 경외자들은 지역의 회당들을 추종하면서 일부 유대교의 신앙과 관습을 수용했지만, 할례는 받아들이지 않은 사람들을 말한다.[145] 무언가 잘못됐다고 생각하기 시작하게 된 것은 이방인 회심자의 수가 유대인 신자의 수보다 많아졌을 때였다. 말하자면, 예외(할례를 받지 않은 하나님 경외자들)가 법칙(이방인 신자들)이 되어가고 있었다. 바울이 예루살렘 방문에서 맞붙어 씨름했고, 결과적으로 만족스럽게 해결했던 쟁점이 바로 이것이었다(갈 2:1-10). 하지만 유대인 신자들에게 기대되는 토라 준수의 수준, 특히 이방인 신자들과의 관계에서 토라 준수의 수준이라는 또 다른 분명한 문제가, 예루살렘 방문에서는 아직 충분하게 인식되지 못했거나 혹은 해

---

144. 나의 *Partings* 124-35; 또한 'The Theology of Galatians' (125-46); 또한 간단히 'In Serach of Common Ground', in Dunn ed., *Paul and the Mosaic Law* 309-34 (here 315-7)을 보라.

145. 충분한 구체적인 설명은 나의 *Romans* x1vii-x1viii, 그리고 *Partings* 125에 나온다. 더 자세한 내용은 F. W. Horn, 'Der Verzicht auf die Beschneidung im frühen Christentum', *NTS* 42 (1996) 479-505을 보라. '하나님 경외자들'에 대해서는 B. Wander, *Gottesfürchtige und Sympathisanten: Studien zum heidnischen Umfeld von Diasporasynagogen* (WUNT 104; Tübingen: Mohr Siebeck, 1998)을 보라.

결되지 않은 채 모호하게 남겨졌다.[146] 그 결과 유대인 신자들이 이방인 신자들과 함께 식탁 교제를 나누는 것을 불가능하게 할 정도의 (더 높은 수준의) 토라 준수를 주장하고 나섰을 때, 안디옥에서 그 사건이 발생했다(2:11-14).

김세윤은 나의 역사적 재구성 시도에 대해 '믿을 수 없다'(in-credible)고 조롱했다.[147] '바울이 그렇게 오랜 기간 동안 그의 이방인 회심자들에게 할례와 음식법이 문제가 될 것을 인식하지 못했다니 믿을 수 없다. 율법에 그렇게 열성적이었던 과거 바리새인인 바울이 처음부터 그 문제를 인식하지도 못했고, 전도 사역을 시작하면서도 그 문제를 해소하지 못했다니 믿을 수 없다.' 그렇게 무시하는 반응을 보이지만, 김세윤은 여기에 중요한 질문이 놓여 있음을 알아채지 못했다. 곧, 할례의 문제, 그리고 그 사건의 경우에는 식탁 교제 문제가 그렇게 오랫동안 제기되지 않은 이유는 무엇이며, 또 왜 그런 방식으로 제기됐을까? 김세윤은 할례 문제, 그리고 정함과 부정함에 관한 규례에 대한 의문을 제기한 주체가 바울이 아닌 **그의 동료 유대인 신자들**이라는 사실을 무시하고 있다. 그 사실에 대한 이유를 설명하자면 짐작컨대, 핍박자 사울에게는

---

146. "율법이 언급되지 않는 이유는 율법의 지속되는 타당성이 당연한 것으로 간주되기 때문이다"(Martyn, *Galatians* 267-8). 또한 C. K. Barrett, 'Christocentricity at Antioch', *On Paul: Essays on His Life, Work and Influence in the Early Church* (London: T&T Clark, 2003) 37-54 (here 49-53)을 보라.

147. 이 단어(incredible, "믿을 수 없는")는 Kim, *Paul and the New Perspective* 13-35에서 반복되어 사용된다.

할례라는 경계 표지를 위반하는 사안이 관건이었겠지만, 사도 바울에게는 문제가 **아니었기** 때문인 것 같다. 바울은 그 사안을 문제로 여기는 관점**으로부터** 전향했다는 말이다. 나의 주장을 간단히 표현하면, 바울이 자신의 신학적인 근거를 진술하게 된 계기는, 바로 그 문제가 제기됐기 때문이다. 마크 사이프리드(Mark Seifrid)가 의견을 표명했듯이, "바울의 이방인 선교의 동역자였던 바나바가 만약 바울이 갈라디아서에서 벌이고 있는 그 격렬한 논쟁[나는 여기에 '신학'을 추가하고 싶다]에 충분히 노출됐던 적이 있었다면 안디옥에서 그렇게 흔들리는 일은 없었을 것이다."[148] 바울이 그만큼 큰 도전을 받았기 때문에, 자신의 복음이 이방인 신자들뿐만 아니라 유대인들에게 의미하는 바가 무엇인지에 대한 문제를 분명하게 정식화하게 됐다는 이야기다.[149]

　이 점은 안디옥에서 보인 베드로의 행동으로도 훌륭하게 설명된다. 곧, 베드로에게도 역시 이전까지는 이 문제가 관심의 대상이 되지 못했다. '야고보로부터 온 사람들'이 도착했을 때에야 비로소 문제가 됐다(갈 2:12).[150] 논문 "바울에 관한 새 관점"(*The New*

---

148. *Justification* 180.
149. 나는 아마도 다시 한번 다음과 같이 첨언해야겠다. 내가 이 가설을 개진한 이유는 일부의 상상처럼 바울의 칭의에 대한 가르침이 지닌 근본적인 특성에 대한 나의 반감 때문이 아니라, 오직 책임감 있는 주석가의 행위로서 본문이 가진 자료들을 가장 의미가 통하는 방식으로 해석하려는 시도 때문이다.
150. S. J. Gathercole, 'The Petrine and Pauline *Sola Fide* in Galatians 2', in Bachmann, ed., *Lutherische und Neue Paulusperspektive* 309-27은 식탁 교제

Perspective)에서 나는 갈라디아서 2:15-16("우리 유대인은 …를 안다")로
부터 명백하게 알 수 있는 내용에 대해 이야기했다. 그것은 바울
이 그리스도를 믿음을 통해 얻는 이신칭의의 복음을 그의 동료 유
대인 신자들과의 공통적인 기반으로 이해했다는 것이다.[151] 또한
나는 갈라디아서 2:16의 '에안 메'(*ean mē*)가 베드로의 태도에 대한
항의를 가리킨다고 주장했다. 베드로는 칭의가 그리스도를 믿는
믿음에 의한다는 생각, **그리고** 유대교 신자들이 율법의 행위들(당
시의 경우에는 음식법)을 지키는 것이 여전히 필요하다는 생각, 이러
한 **두 가지 생각 모두**를 고수할 수 있었음이 분명하다.[152] 여러 비
판들에도 불구하고, 그리고 '에안 메'("제외한" 혹은 "하지만")의 정확
한 의미가 무엇이건,[153] 핵심 내용은 변하지 않는다. 즉, 베드로는

문제가 예루살렘 공의회에서 인지됐고 또한 이미 해결됐어야 했다고 주장하
는데 이는 개연성이 거의 없다(315, 319); 그러나 Bachmann 417-22에 나오
는 나의 응답을 보라.

151. 'A consensus statement of Antiochene theology' (Becker, *Paul* 96); "바울
과 게바가 공히 고수했던 중요한 교리"(Kruse, *Paul* 109-10); "표준적인 유대
교의 관점"(Westerholm, *Perspectives* 370); 더 자세한 내용은 M. Theobald,
'Der Kanon von der Rechtfertigung (Gal 2.16; Röm 3.28)', *Studien zum
Römerbrief* (WUNT 136; Tübingen: Mohr Siebeck, 2001) 164-225 (here
182-92); Schäfer, *Paulus bis zum Apostelkonzil* 253-65.

152. 'New Perspective' 189-91 및 n. 25, 195-8. "많은 유대 그리스도인들은 메시
아 예수를 추종하는 것이 율법을 따라 사는 삶에 대한 구원론적 대안이라고
결코 생각하지 않았을 것이다"(Merklein, '"Nicht aus Werken'" 306). 더 자
세한 내용은 Martyn, *Galatians* 264-8. Silva는 놀랍게도 이것이 '흥미로운
해석'이라고 말한다('Faith Versus Works' 217 n. 3).

153. 나는 이전의 비판에 대해서는 'The New Perspective'에 붙인 '추기'에서 응
답한 바 있다(207-9, 212). A. A. Das, 'Another Look at *ean mē* in Galatians

이미 칭의가 그리스도를 믿는 믿음에 의한다는 신앙에 동의했지만, 안디옥에서는 (유대인) 신자들이 (핵심적이고 특정한) 율법의 행위들을 준수하는 게 여전히 필요하다고 암시하는 방식으로 행동했다.[154] 베드로의 이런 행동을 본 바울은 이 부분에 복음의 성패가 달려 있다는 사실을 확신했다. 그는 갈라디아서 2:16의 내용을 그 쟁점에 맞춰, 아마도 예리한 대립적인 표현—믿음에 행위를 더한 것도 **아니고**, 믿음과 행위 둘 모두로도 **아니고**, **오직** 믿음으로—을 사용하여 정식으로 선언했다.[155]

2:16', *JBL* 119 (2000) 529-39은 나를 지지한다(이 정식화의 모호함은 의도적이다; 또한 그의 *Paul and the Jews* 31-2을 보라). 하지만 그는 2:16a에 묘사된 믿음이 베드로와 다른 유대인 기독교인들이 안디옥에서 실천했을 믿음으로 보인다는 점을 유념할 필요가 있다. 에딘버러에서 열린 영국신약학회(2004년 9월)의 'Galatians 2:15-16'라는 논문에서, M. C. de Boer는 곧 발행될 그의 NTL(New Testament Library) 주석 시리즈(Westminster John Knox)의 갈라디아서를 소개했다. 거기에서 그는 바울이 2:15-16a의 모호한 어구인 *ean mē*가 그와 의견을 달리하는 사람들의 공감을 얻기 위해서 의도적으로 배치한 '캅타티오 베네볼렌티아에'(*captatio benevolentiae*, "찬사를 보내는 말")라는 비슷한 주장을 펼친다. Eckstein은 사실상 '캅타티오'(*captatio*), 수사학적인 '콘케시오'(*concessio*)의 효력을 2:15까지로 제한한다(*Verheissung* 7-9).

154. 다시 한번 F. Mussner, *Der Galaterbrief* (HTKNT 9; Freiburg: Herder, ³1977): "유대인들은 바울의 '믿음'과 '율법 행위'의 대립을 자연스레 용납할 수 없었다. 유대인들에게 그것은 부자연스런 일이었다"(170).

155. 시편 143:2(142:2 LXX)을 암시적으로 인용하면서 *ex ergōn nomou*를 첨가한 사람은 바로 바울이다(갈 2:16; 롬 3:20; 더 자세한 내용은 나의 *Romans* 153-4을 보라). 이 본문은 바울과 베드로 사이의 공통 기반이었던 것 같다('우리는 …를 안다'); 바울에게 있어서 초점을 좀 더 좁히는 일(*ex ergōn nomou*)은 좀 더 근본적인 공통 원칙에서 나온 피할 수 없는 당연한 귀결이

이 같은 **믿음 대 율법**이라는 쟁점은 이방인 선교가 시작되고 나서 한동안은 나타나지 않은 것 같다. 예수 그리스도를 믿는 믿음에 의한 칭의가 어떤 방식 혹은 어떤 정도로 율법의 행위 혹은 율법의 행위들을 행하는 것 혹은 특정한 유대적인 생활 양식을 수용하는 것에 의존하는지에 대한 질문이 차츰 쟁점화되기 시작한 이유는, 그동안의 이방인 선교가 명백히 성공을 거두었기 때문이다.[156] 내가 보기에 그 본문이 입증하는 전개 과정이나 쟁점이 표면화된 계기는 최소한 일부 핵심 율법들을 여전히 지킬 의무가 있다

었다. 또한 Schäfer, *Paulus bis zum Apostelkonzil* 253-65, 483-4을 보라.

156. 따라서 나는 Stendahl이 Wrede와 Schweitzer의 칭의에 대한 초기의 관점과 비슷하지만 더한 방식으로 던졌던 도전, P. Stuhlmacher가 "유대화주의자들 (Judaizers)을 반대해서 정식화된 격렬한 논쟁적 교리"(Stuhlmacher, *Revisiting* 10)라고 요약한 그 방식을 인정한다. 바울의 정식화는 이방인 선교로부터 나타난 것이었으나, 그 교리의 적합성은 그 선교에만 제한되지 않는다. 사실, 나는 Stuhlmacher의 정식화에 동의한다: "갈라디아서와 빌립보서를 보면 사도의 유대인과 유대 그리스도인 반대자들이 실제로 바울의 칭의 교리 형성에 중요한 역할을 했다는 것이 분명하다"(29). 새 관점이, "이신칭의는 바울 신학의 중심이 아니며, 대신 이방인 선교를 용이하게 하려는 실용적인 전략에 해당한다"는 주장을 옹호한다고 설명하는 것(D. A. Hagner, 'Paul and Judaism: Testing the New Perspective', in Stuhlmacher, *Revisiting* 75-105 [here 77]) 역시 내가 그 주제에 대해 이야기해 온 바를 묘사한다고 하기에는 편향되어 있으며 또한 불만족스럽다. O'Brien도 비슷한 말로 나를 비판한다: "Dunn은 여전히 그 교리의 중심성을 옹호한다고 말하지만, 실제로 이신칭의 교리는 바울의 가르침의 변두리로 밀려나 버렸다"('Was Paul a Covenantal Nomist?' 274, 282). 내 관점에서는, 바울의 이방인 선교에 대한 논란이 오히려 이신칭의의 중심성과 특징에 대해 좀 더 명확하고 예리하게 설명할 수 있도록 바울을 이끌었다고 말하는 것이 더 정확한 것으로 보인다. 더 자세한 내용은 본서 #2.3을 보라.

는 전통주의 유대교 신자들의 주장 때문이었다. 할례 문제는 충분히 원만하게 해결된 상태였다.[157] 안디옥에서 믿음이 율법의 행위들로 혹은 율법의 행위들 중 어떤 조항들로 보충될 필요가 있는지에 관한 논란이 벌어진 이유는 정함과 부정함에 관한 규례를 지켜야 한다는 주장이 있었기 때문이다. 다른 말로 하면, 갈라디아서 2:16에 나타난 칭의에 대한 바울의 정식 선언은 문맥이 암시하듯이 안디옥의 위기 상황에서 나온 반응이었다. 예수 그리스도를 믿는 믿음에서 칭의가 온다는 신앙은 공통 기반이었다. 바울은 안디옥 사건을 통해서 칭의에 대한 그의 가르침이 좀 더 예리해질 필요가 있다는 점을 깨달았다. 바울은 사람이 의롭게 되는 것은 **율법의 행위로 말미암지 않고** 오직 예수 그리스도를 믿음으로 말미암는다는 사실을 확실히 강조해야 했다.[158]

---

157. 물론 갈라디아서 2:4에 나오는 '거짓 형제들'과 갈라디아 교회를 공격한 말썽꾼들에게는 그렇지 않았겠지만, 바울은 '복음의 진리'(2:5, 14)를 '할례받은 자들을 위한 복음'에 표현된 것으로—즉, 이방인들이 '유대인답게 사는 것'(2:14), 말하자면 사실상 개종자가 되는 것을 요구하거나 거기에 의존하지 않는 것으로—표현했다.

158. 유사한 주장은 Niebuhr, 'paulinische Rechtfertigungslehre' 113-4, 128; 참조, Martyn의 완성된 주장(*Galatians* 263-75)과 Theobald의 'Kanon'에 실린 논문.

제3장
논의의 진전

새 관점에 대한 또다른 비판은 주해의 측면에서 제기되어 상당한 쟁점을 불러 일으켰다. 이로 인해 단순히 같은 주장의 되풀이가 아닌 더 진전된 고찰이 요구됐다. 이 단락에서 나는 과거 10년 동안 학자들과의 대화에서 큰 도움을 받았다는 사실과 그러한 도움을 통해 바울에 관한 주요 내용을 더 예리하고 민감하게 평가하게 됐다는 사실을 인정하려 한다. 이와 관련하여 논평이 필요한 쟁점이 네 가지 더 있다. (5) 갈라디아서 3:10-14에 대한 나의 주해에 심각한 이의가 제기됐다.[159] (6) 갈라디아서 2:16이 그 문맥에서 지니는 의미와 무관하게, 로마서 3:20; 4:4-5; 9:11-12은 '행위에

---

159. Wright, *Climax of the Covenant* 153에 따르면 내 주석은 "억지스럽고 개연성이 없다"; B. W. Longenecker, *The Triumph of Abraham's God* (Edinburgh: T&T Clark, 1998) 136.

의한 의'가 여전히 근본적인 쟁점**이었다**는 사실을 보여준다.[160] (7) 내가 바울의 율법과의 단절을 충분히 심각하게 다루지 않았다.[161] (8) 후대의 바울서신, 특별히 에베소서 2:8-10, 또한 디모데후서 1:9-10과 디도서 3:5-6은 칭의에 관한 바울의 가르침에 대한 전통적인 해석이 바울 자신이 의도했던 해석이었음을 입증한다.[162]

3.1 (5) 다시 갈라디아서로

나는 이 시점에서 갈라디아서 3:10-14에 관한 나의 주해의 모든 내용을 변호하려는 의도가 없다. 단지 여전히 나에게는 3:10을 해석하는 열쇠가 (1) 율법을 **행하는** 사람을 묘사하는 것처럼 보이는 구절("율법 행위에 속한 자들")과 (2) 그러한 사람들이 율법의 책에 기록된 모든 것을 **행하지 못했다**는 고발, 이 두 가지 내용 사이의 긴장을 해소하는 데 있는 것으로 보인다는 사실을 변호하고 싶다.[163] 바울이 맞서고 있던 상황에 대한 나의 판단에 따르면 이 긴

---

160. Cranfield, 'Works of the Law' 5-14; Moo, *Romans* 211-7, 581-2; Waters, *Justification* 161-2.

161. "율법에 대한 바울의 비판은 Dunn이 인정한 것보다 훨씬 더 철저하다. … 우리는 그가 유대교로부터 '단절'됐다고 말하는 것을 꺼려서는 안 된다"(Räisänen, 'Galatians 2.16' 114-5).

162. 특히 I. H. Marshall, 'Salvation, Grace and Works in the Later Writings in the Pauline Corpus', *NTS* 42 (1996) 339-358; 또한 *New Testament Theology* 447-8을 보라.

163. *The New Perspective on Paul* 제3장, 225-6과 'Noch einmal' 282-3을 보라. 참조, Stuhlmacher: "바울에게 있어서 죄는 계명을 개별적으로 범하는 것뿐만 아니라 그 계명에 대한 경건한 열심도 포함될 수 있었다"(*Revisiting* 25).

장을 해소하는 가장 효과적인 방법은, 삶의 전체적인 방식이 율법
에 의해 결정되고 자신의 정체성을 그들 나름의 (언약적) 율법주의
적인 생활 양식('유대인답게 사는 것', 2:14)에서 확인하고 있지만[164] 그
럼에도 바울이 핵심적이라고 여기는 내용—칭의는 (오직) 믿음으
로 된다—은 이해하지 못하고 있는 사람들(혹은 집단/종파)과 관련해
서 찾아야 한다. 이렇게 표현해도 좋다면, '율법 행위에 속한 자들'
은 자신의 종교적 정체성을 너무나 편협하게 레위기 18:5(갈 3:12)

Watson은 율법을 '행하는 것'(doing)을 너무 많이 강조하는 것에 대한 나의
이의 제기에 반대한다(*Hermeneutics of Faith* 329). 하지만 나의 이의 제기가
내 *Galatians* 176에 언급된 주석가들을 향하고 있다는 사실(자기 업적으로서
의 '행하는 것')을 제대로 인식하지 못한 것 같다. 갈라디아서 3:10에 대한 그
의 관점은 *Hermeneutics of Faith* 434을 보라.

164. "율법 준수에서 자신의 정체성을 찾는 사람들"(Martyn, *Galatians* 307); J. R.
Wisdom, *Blessing for the Nations and the Curse of the Law: Paul's Citation of
Genesis and Deuteronomy in Gal. 3.8-10* (WUNT 2.133; Tübingen: Mohr
Siebeck, 2001) 160-4; Silva, 'Faith Versus Works' 223-6; 또한 본서 각주
105번을 보라. Laato는 계속해서 갈라디아서 3:10의 의미를 5:3에 비추어
'율법의 행위들에 의존하는 모든 사람은 가장 구체적인 내용까지 (예외 없
이!) 모든 명령을 완수해야 한다'는 바울의 관점을 가리키는 것으로 해석한
다. 하지만 '율법 전체'(*holos ho nomos*, 5:3)가 유대인이 지켜야 할 의무가 있
는 '각각의 명령과 금지 조항의 총합'을 가리키며(불가능한 일), 기독교인이
완수할 수 있는 '율법 전체'(*ho pas nomos*, 5:15)와는 다르다는 주장('Paul's
Anthropological Considerations' 356-8)은, (5:14이 언급하는) 사랑에 관한
명령에 대해 마태복음이 '율법 전체'(*holos ho nomos*)를 요약하는 것으로 설
명한다는 사실을 무시한 것이다. 본서 각주 216번과 나의 *Galatians* 170-2,
265-7, 288-91을 보라. 또한 M. Cranford, 'The Possibility of Perfect
Obedience: Paul and an Implied Premise in Galatians 3:10 and 5:3', *NovT*
36 (1994) 242-58을 보라.

의 '삶'(zēsetai)에서 취한 반면, '(아브라함의) 믿음에 속한 자들'은 자신의 종교적 정체성을 하박국 2:4(갈 3:11)의 '삶'(zēsetai)에서 취한다.[165] 만약 내가 옳다면, 이러한 내용이 갈라디아서 3장의 후반부의 주장에 반영되어 있을 것이다. 즉, 이러한 연관성 속에서, 율법의 역할은 그리스도가 오시기 이전 율법이 이스라엘의 몽학선생(paidagōgos) 역할을 했던 시기로만 제한된다. 반면 그리스도가 오신 후로 그리스도를 믿는 믿음의 가능성은 더 이상 이스라엘 민족으로만 제한되지 않는다(3:23-29).[166] 결과적으로 '율법 행위에 속한 자들'은 '시대에 뒤떨어진' 자들일 뿐이다(4:1-10). 하지만 나의 갈라디아서 주석에 제시된 주해를 더 폭넓은 주장과 관련하여 변호하고 발전시키는 일은 이 책에서 하기에는 너무 거대한 작업이다.[167]

---

165. 당연히 바울의 대적자들에게는 각각의 경우 zēsetai의 의미는 동일했을 것이다. 그것을 구분한 사람이 바로 바울이다.

166. 로마서 9:30 이하의 내용에 대해 논평하면서, Gathercole은 새 관점이 '이스라엘이 율법을 오용했기 때문에 하나님께서 토라 부분에 대한 계획을 바꾸었다는 생각에 기초한 임기응변식 신학'(ad hoc theology)을 바울의 탓으로 돌렸다고 비판한다(Where is Boasting? 229). 하지만 그는 바울이 갈라디아서 3장에서 제시한 하나님의 계획이 지닌 명료성을 무시하고 있다.

167. 하지만 Theology of Paul's Letter to the Galatians 83-92을 보라; 그리고 좀 더 최근의 진술을 보고 싶다면, 'Paul et la Torah' 231-6을 보라. Kuula는 Martyn이 Galatians에서 제시한 주요한 논지 중 하나에 기초하여 바울의 기독론 및 묵시론적 관점이 쉽게 없어지지 않는 구원 역사적 관점을 집어삼킨다고 주장하지만(Law 1 제3장), 나는 그 주장이 여전히 납득이 되지 않는다. '약속', '아브라함의 씨', '유산'의 연속성은 갈라디아의 대적자들과 벌인 인신공격성 논쟁보다 바울의 복음에서 훨씬 더 중요한 요소라는 것이 명백하다(갈 3:29-4:7); 만약 그렇지 않다면, 바울이 그리스도의 사역과 성령의 선물만을 전적으로 강조하고 그러한 언어들을 완전히 무시하는 것이 더 이치에 맞다.

내가 지금 간단하게 주장하고 싶은 내용은 3:10-14이 그 문맥 안에서 이 장의 전반부(3:1-14)로부터 진행되는 주장의 한 부분으로 이해되어야 한다는 것이다.[168] 그 단락의 구조를 보면, 갈라디아의 이방인 신자들이 이미 하나님께 받아들여졌고, 이를 보여주는 증거는 그들이 '율법의 행위들로'가 아닌 '믿음을 들음으로' 성령을 받았다는 사실이라는 것과 그 중요성을 강조하려는 것이 분명하다(3:2, 5, 14). 더 폭넓은 논의를 위한 핵심 주장은 아브라함과 마찬가지로 이방인 신자들도 그들의 믿음에 의해서 '아브라함의 자손'이 됐다는 것이다(갈 3:6-9).[169] 하지만 이 단락의 마지막 문단(3:10-14)

본서 각주 128번 또한 참조하라.

168. 예를 들면, Kim, *Paul and the New Perspective* 20-1은 이를 무시하고 있다.

169. 갈라디아서에 관해서는, 현재 북미와 다른 지역에서 유행하고 있는 *pistis Christou* = '그리스도의 믿음'이라는 주장의 취약성을 증명하는 것이 바로 3:6-9을 시작하는 이 창세기 15:6에 대한 상술이다. 여기에서는 최소한 3:7-9에서 말하는 그 '믿음'(*pistis*)이 도입 본문(3:6) 안에 있는 아브라함의 믿음(*episteusen*)의 관점에서 이해되어야 한다는 사실을 분명하게 할 필요가 있다; 유사하게, Schreiner, *Paul* 212-6. 그 결론은 자연스럽게 이후의 구절들에서 언급되는 *pistis*에도 영향을 미친다. 이와 관련된 논란에 대해서는, R. B. Hays, 'PISTIS and Pauline Christology: What is at Stake?'와 J. D. G. Dunn, 'Once More, PISTIS CHRISTOU', in E. E. Johnson & D. M. Hays, eds., *Pauline Theology. Vol. IV: Looking Back, Pressing On* (Atlanta: Georgia, 1997) 35-60, 61-81을 보라. 이 두 논문은 각각 R. B. Hays, *The Faith of Jesus Christ: The Narrative Substructure of Galatians 3:1-4:11* (Grand Rapids: Eerdmans, ²2002) 272-97과 249-71로 재출간됐다. 또한 나의 'In Search of Common Ground' 316-8을 보라; 그리고 Richard Hays FS, *'EK PÍSTEOS: A Key to the Meaning of PISTIS CHRISTOU'* (forthcoming)에 실린 나의 기고 글을 보라. Moisés Silva에 의해 이루어진 가장 최근의 논의는 분별력 있는 글이다('Faith Versus Works' 227-34; 또한 234-6); 로마서에 등장하는 이 구

을 그러한 주장과 연결시켜 주는 매개체는 축복(3:8, 14)과 저주
(3:10, 13)—아브라함에게 약속된 축복(창 12:3, 18:18)과 언약적 율법주
의의 절정을 이루는 신명기의 저주(신 27-28장)—에 관한 언어유희
다.[170] 바울의 관심사는 자신의 독자들이 성령을 받음으로써 아브
라함에게 혹은 아브라함을 통해 약속된 축복을 이미 경험했다는
사실을 확증해 주는 데 있었다(3:8-9, 14). 논증의 흐름을 볼 때 그것
은 분명 신명기의 위협인 저주의 제거와 관련되거나 거기에 의존
하고 있었는데, 이는 그리스도가 십자가 위에서 완수한 일이다
(3:13).[171] 따라서 축복이 이방인에게 미치는 것을 방해한 것은 (줄임
말로 표현하자면) 언약적 율법주의의 저주였다는 의미가 내포되어
있다.[172]

절에 관한 논의는 Watson, *Hermeneutics of Faith*, 73-6을 보라; 그리고 가장
최근에, 완전히 다루고 있는 K. F. Ulrichs, *Christusglaube: Studien zum
Syntagma* pistis Christou *und zum paulinischen Verständnis von Glaube und
Rechtfertigung* (WUNT 2.227; Tübingen: Mohr Siebeck, 2007)을 보라.

170. 특별히 Wisdom, *Blessing for the Nations*; 그리고 Watson, *Hermeneutics of
Faith* 185-93을 보라.

171. 갈라디아서 3:10-13은 "이방인이 믿음을 통해 아브라함의 축복에 참여한다
는 약속을 포함하는 3:8과, 성령의 선물 안에서 그 약속이 성취됐음을 말하
는 3:14 사이의 가교 역할을 한다. 다른 말로 하면, 이 구절은 어떻게 아브라
함의 축복이, 말하자면 이신칭의가 이방인의 것이 됐는지를 설명한다"
(Hong, *Law in Galatians* 133에서는 Sanders, *Paul, the Law and the Jewish
People* 22을 언급하고 있다). 갈라디아서 3:13에 대한 나 자신의 제안(*Gala-
tians* 176-8)은 이 논의에 그렇게 큰 소용이 없었다; 하지만 이제 Schäfer,
Paulus bis zum Apostelkonzil 116-20을 보라.

172. 참조, T. L. Donaldson, 'The "Curse of the Law" and the Inclusion of the
Gentiles: Galatians 3.13-14', *NTS* 32 (1986) 94-112.

그렇다면 안디옥 사건이 생생하게 보여주었고 이제 반대편 선교사들이 증명하고 있듯이, 열성적인 핍박자 바울, 그리고 2:4의 '거짓 형제들', 그리고 갈라디아 교회를 그토록 교란했던 유대교 선교사들이 추종했던 언약적 율법주의 그 자체가 아브라함의 축복이 이방인에게로 확장되는 것을 막는 주된 방해물이었다는 주장으로 한 발 더 나아간다면, 과도한 추론인가?[173] 그렇지 않다면, 아마도 우리는 한 단계 더 나아가, 율법을 행해야 한다는 유대인 신자들('율법 행위에 속한 자들')의 주장은 이방인 범법자들을 포함하여 율법을 위반하는 모든 사람에 대한 율법의 저주를 불러일으키는 것과 다를 바 없다는 의미가 바울의 논의 속에 함축되어 있음을 발견할 수 있을 것이다(2:17에 있는 바울의 논리는 '죄인'에 대한 율법의 '저주'라는 관점에서 다시 표현됐다). 당연히, 이 내용은 '율법의 행위들'을 주장하는 것은 그 자체로 토라에 기록된 모든 것(특히, 모든 열방에 내려지는 축복에 대한 창세기의 약속)을 준수하는 데 실패한 것이라는 나의 원래 주장에 반영되어 있다.

하지만 이 구절들과 관련된 모든 주해상의 난제를 풀어내는 것과 무관하게, 여기에서 나의 기본적인 주장은 유지된다. 곧, 바울이 2:16에서 처음으로 그 원칙들을 상술했을 때 그 핵심은 이방인 신자들이 유대적인 삶의 방식('율법의 행위들')을 수용할 필요 없

---

173. 나는 이미 갈라디아서를 대적자들의 '언약적 율법주의'에 대한 바울의 비판으로 본다고 명시한 바 있다(본서 각주 96번); 유사한 주장으로는 Kruse, *Paul* 111-2.

이 어떻게 약속된 칭의의 축복을 정당하게 받을 수 있었는지에 관한 것이었다.

3.2 (6) 로마서 이해하기

갈라디아서 2:16의 율법의 행위들이 특별히 할례와 음식법이라는 경계 표지와 관련된 쟁점을 가리키는 것으로 보인다는 사실을 받아들일 수 있다고 치자. 그렇다 해도 그와 동등한 중요성을 지닌 로마서의 언급들, 즉 율법의 행위들에 대한 3:20의 최초의 언급과 9:11-12의 차후의 언급 역시 그렇게 제한된 내용으로 축소할 수 있다는 주장에 고개를 끄덕거리는 사람은 거의 없다. 그리고 대다수의 사람들에게, 로마서 4:4-5이 명백하게 가리키는 내용은 행위를 통한 의, 행위로 의를 획득하는 것으로 이해하는 사고방식이다.[174] 다시 한번 나는 여기에서 이 본문들에서 바울이 명확히 밝히는 원칙과 관련된 기초적 진술에 의문을 제기하는 것이 아니다. 오히려 다시금 내가 의문을 갖게 되는 부분은 바울이 행위를 통한 의를 추종하는 태도에, 그 당시 유대인들이 간직하고 있던 그러한 태도에 공격을 가하고 있다는 결론이 과연 대체로 생각하듯이 정말로 타당한 기초를 지니고 있는지, 그리고 바울의 공격이 좀 더 폭넓은 대상을 겨냥하고 있는가에 관한 것이다.

---

174. 특히 S. Westerholm, *Israel's Law and the Church's Faith* (Grand Rapids: Eerdmans, 1988). 나는 그에 대해 *Jesus, Paul and the Law* 237-40에서 이미 대응한 바 있다; T. Laato, *Paulus und das Judentum: Anthropologische Erwägungen* (Abo 1991)—'자기중심적 율법주의'(egocentric legalism, 248).

먼저 3:19-20을 보자. 우선, 이 구절에서 바울의 고발은 '율법 아래에 있는 자들'을 향하고 있으며, 헬라인뿐만 아니라 유대인도 포함하여 **모든 사람**이 죄의 권세 아래 있다(3:9)는 사실을 입증하려는 그의 시도의 절정에 해당한다. 하지만 이 사실을 인식하는 사람이 여전히 거의 없는 것처럼 보인다.[175] 아무도 율법의 행위들로는 의롭다 함을 얻을 수 없다는 이야기를 들어야 했던 사람은 특별히 바울의 동료 유대인들이었다.[176] 그리고 이 율법의 행위들은 과연 무엇인가? 3장에 나오는 바울의 고발은 어쨌든 로마서의 더 앞부분에서 제기했던 고발의 요약이자 절정으로 보인다. 만약 이 3장의 고발 안에, 앞서 나온 고발 내용을 되돌아보는 부분이 존재한다면, 바울은 '율법의 행위들'을 언급함으로써 어떤 내용을

---

175. Gager는 3:19가 이방인들만을 향하고 있다고 주장하지만(*Reinventing Paul* 119-20), '율법 (내)에 있는 자들'은 율법과 관련하여 자신을 정의하고 율법에 의존하며 율법 안에 지식과 진리의 구현이 있다고 주장하고 율법을 자랑하는 사람들 외에 다른 이들을 지칭하기 어렵다(2:17, 20, 23); 더 자세한 것은 본서 각주 208번을 보라.

176. 'Yet Once More' 105-9. "바울에게 있어서 *ex ergōn nomou*라는 용어는 특히 *en nomō*에 있는 사람들을 위한 것이다"(Bergmeier, *Gestez* 55-6). Rapa (*Meaning* 243-5), Gathercole (*Where is Boasting?* 213-4; 'Justified by Faith' 150), 그리고 Watson (*Hermeneutics of Faith* 65-6)은 거기에 동의했다. "바울의 동료 유대인들은 그들의 도덕적인 노력을 통해 구원을 얻으려는 원시-펠라기우스주의자가 아니었다. 그보다는 그들은 이스라엘을 언약 백성이 되도록 선택하고 부르셨으며, 언약 구성원이라는 증표로서 그리고 언약을 실현하는 수단으로서 그 두 가지 모두의 의미로 율법을 이스라엘에게 주신 하나님에 대한 감사로 응답하고 있었다"(Wright, 'Romans' 459-61).

요약하려고 한 것일까?[177] 일단 그것은 2:21-24에 등장하고, 2:25, 27에도 언급되는 율법을 **위반한 행위**의 목록이 될 수는 없다. 율법을 어기는 행위는 결코 '율법의 행위들'이라는 표현으로 기술될 수 없으며, '율법의 행위들'이란 율법이 요구하는 바를 행하는 것이기 때문이다.[178] 또한 아마도 그와 같은 이유로, 이스라엘의 불충

---

177. 바울이 3:20에서 '율법의 행위들'에 대해 굉장히 요약적으로 언급한다는 사실을 Cranfield가 쟁점으로 삼지 않고 그냥 무시한다는 점이 흥미롭다 ('Works of the Law' 5-6). 그는 그 어구를 2:15의 '율법의 행위[단수]', 그리고 2:13, 14, 25, 26에서 예상하는 율법의 행동과 동일시하는 데까지 나아간다('Works of the Law' 6-7). 하지만 그로 인해 필연적으로 발생하는 3:20과의 혼동을 해소하려는 시도는 하지 않는다(2:13에 따르면 그러한 '율법의 행위자'가 의롭다 함을 얻을 것이다!). Gathercole 또한 로마서 2장에서 바울이 죄를 정죄하고 있음을 정당하게 강조하면서도 3:20에서 '율법의 행위들'이 급작스럽게 언급되는 것에 대한 적절한 설명을 제시하지는 못한다(*Where is Boasting?* 203-5).

178. 몇몇 주석가들은 3:20에 언급되는 '율법의 행위들'을 '유대인'이 심판을 면할 수 없게 만드는 율법에 대한 **불순종**과 동일시하는 것 같다─Bell, *No One Seeks for God* 228-35: "3:20에 언급되는 율법의 행위들은 아무도 수행하지 못하는 율법 준수를 가리킨다"(본서 각주 368번을 보라). Das: "(말하자면) 바울이 규정하는 '율법의 행위들'은 유대인의 편에서는 도덕적인 실패에 해당된다"(*Paul, the Law and the Covenant* 190); Schreiner: "사람들이 율법의 행위들을 통해 정죄를 받는 이유는 그들이 율법을 지키는 데 실패했기 때문이다"(*Paul* 113); Westerholm: "사람들을 의롭다 하지 못하는 '율법의 행위들'은 충족되지 **못한** 율법의 요구들이다"; "사람들을 의로 이끌지 못하는 '율법의 행위들'은 죄인들이 행하지 **못한** 의의 행실들이다"(*Perspectives* 316, 445─강조는 내가 한 것이다). 그렇지 않다! (정의상!) 율법의 행위들은 율법이 요구하는 바를 '**행하는 것**'이지만, 사람들은 하나님이 그들의 행위에 의존해서 그들을 용납하는 게 아니란 걸 깨닫지 못했다. 이 말로 나는 Matlock의 비판에 응답하는 바다('Sins' 78, Westerholm, *Perspective* 314 n. 49에 언급됐다).

성과 사악함(3:3-5), 혹은 3:10-18의 죄의 목록에 대한 언급일 수도
없을 것이다.[179] 가능한 유일한 명백한 지시 대상은 2:17-20, 23에
나오는 이스라엘의 자랑에 대한 비판이다: 그들은 하나님의 뜻을
알며 따라서 그 뜻을 행할 수 있다. 또한 율법은 하나님께 정말로
중요한 것이 무엇인지를 알려주며, 할례는 율법에 순종하겠다는
그들의 헌신을 표현한다(2:25).[180] 나는 이것이 바로 바울이 '행위들'

---

179. 물론, 나는 바울의 불평불만이, 율법을 지키는 데 있어서 이스라엘의 실패를
향하고 있다는 주장에 이의를 제기하지 않는다('Yet Once More' 106); 오히
려 여기에서 쟁점이 되는 것은 '율법의 행위들'이 지칭하는 바다. *Paul and
the Mosaic Law*에 관한 심포지엄에서 일치된 의견은 로마서 2장에 나오는
바울의 고발이 '유대인'의 특권의식과 실제 율법 위반 모두를 향하고 있다는
점이다('In Search of Common Ground' 320-1).

180. M. A. Seifrid, 'Unrighteous by Faith: Apostolic Proclamation in Romans
1:18-3:20', in Carson, et al., *Justification and Variegated Nomism Vol. 2* 106-
45는 이 부분에 대해 새 관점을 비판한다(130-2, 135). 하지만 관련된 문제가
'그들(유대인)이 하나님의 요구에 관한 특별한 지식을 소유하고 있다는 잘못
된 가정'(124), '일부 유대인들이 당연하게 여기고 있던 특권의식'(127-8), '현
재 인식되는 이점을 지니고 있다는 주장', '(이스라엘이) 율법을 소유한 것으
로 인한' 이점(134), 할례를 '율법에 의해 중재되는 구원에 대한 보증으로' 간
주하는 것(135)임을 인정한다. 나는 '자기 민족 중심주의'(ethnocentrism)라
는 용어에 큰 가치를 부여하지 않는데, 이러한 면이 Seifrid와 확실히 다른 점
이다; 개인적으로 볼 때 바울의 비판은 (로마서 2장의 핵심 주장인) 유대인
의 **추정**(presumption)을 향하고 있다. 즉, 유대인의 특권을 겨냥한 것이 아니
라(141) 그 특권의 **남용**을 겨냥한 것이다(Seifrid는 이 부분에서 '새 관점'을
오해하고 있는 것 같다). 나는 Seifrid가 이어서 하는 말은 즐거이 듣는다: 바
울은 "율법이 지혜와 의를 인류에게 전해준다고 가정하는 거짓된 안정감을
부정할 뿐이다"; 3:27의 '행위들'이라는 용어는 "바울이 로마서 2:17, 23에서
율법을 언급할 때 사용하는 용어인 '자랑'"과 연관되어 있으며 … '율법의 행
위들'은 하나님의 호의를 보장하거나 확증하는 것으로 생각됐던 율법의 요

이라는 용어를 도입하면서 염두에 두었던 내용이라고 생각한다. 이 사실을 확증해 주는 증거는 내 생각에, 바울이 하나님의 의롭다 하는 의가 무엇인지에 대한 간략한 진술을 완결하고 나서(3:21-26) 곧바로 이 '자랑'이라는 주제로 복귀한다는 사실에 있다(3:27). 하나님의 의에 대한 상세한 해설을 통해 바울은 유대인의 자랑을 결정적으로 약화시킨다. 또한 그렇다면, 자랑을 막는 것이 아니라(3:27) 오히려 자랑의 근거를 제공하는 것처럼 보이는(4:2) 그 행위들은 곧 최소한 2:17-29에서 자랑의 근거를 제공했던 내용들을 지시해야만 한다.[181]

구들에 대한 순종의 행위들이다"(141). S. Grindheim, *The Crux of Election: Paul's Critique of the Jewish Confidence in the Election of Israel* (WUNT 2.202; Tübingen: Mohr Siebeck, 2005)은 '새 관점'과 거리를 두려고 하지만 (198-200), 자신의 입장은 거기에 매우 가깝다: "바울의 비판은 유대인들이 스스로에게 종교적 이점을 부여함으로써 자기들이 선택받았다는 확신에 관한 것[이다]"; "바울은 혈통과 유대 민족의 일원이라는 지위에 대한 눈에 보이는 주장이 하나님과의 바른 관계의 증거로 여겨질 때 그런 태도를 예언자적으로 강렬하게 비판했다"; 바울에게 있어서 "하나님의 선택은 시종일관 가치의 반전을 이루는 것으로 이해된다"(195-7; 또한 본서 각주 384번을 보라); Grindheim 역시 고린도후서 11:18을 그 주제—'육체를 따라' 자랑하는 것(특히 105-8)—에 적용한다.

181. 'Yet Once More' 110-1; 또한 본서 각주 38번을 보라. 참조, Westerholm: "경계 표지라는 쟁점으로 인해 바울이, 사람이 율법의 행위들이 아니라 예수 그리스도를 믿는 믿음에 의해 의롭다 하심을 얻는다는 그 논지를 형성했다는 사실은 최근 학계에서는 전체적으로 적절한 강조로 받아들여진다"; "유일하게 율법을 소유하고 있다는 사실은 율법의 명령에 순종함으로써 하나님을 기쁘게 할 수 있는 독특한 위치에 있다는 믿음으로 쉽게 이어진다"(*Perspectives* 389, 391 n. 112).

간단히 말해서, 나는 로마서 3:20에 정당하게 부여된 신학적인 중요성에 의문을 제기할 생각이 없다: "율법의 행위로 하나님 앞에 의롭다 하심을 얻을 **육체는 없다**." 하지만 이 중요한 신학 용어를 탄생하게 만든 특정 상황을 망각하지 않는 것이 나에게는 여전히 중요하다. 곧, 그 신학 용어는 이스라엘이 율법의 행위들을 통해 (다른) 나라들과 비교하여 입증되고 유지되는 신분, 그들의 특권적인 위치에 대한 그들의 자랑에 의해 촉발되어 탄생한 것이며, 그 안에는 그러한 자랑에 대한 언급이 포함되어 있다.[182] 바울의 응답은 간결하다. 즉, (마지막) 칭의를 보증하는 역할은 율법이 담당한 역할이 아니며, 그와 관련된 율법의 기능은 죄를 깨닫게 하는 데 있다.

로마서 4:4-5에 관해서는, 나는 여전히 바울이 과연 이 구절을 그의 동료 유대인들에 대한 고발로서 혹은 (3:30에서처럼) 그들이 앞장서서 인정했을 어떤 원칙에 대한 호소로서 의도한 것인지 자문하고 있다.[183] 먼저 주목해야 할 내용은, 바울이 그가 핵심 본문으

---

182. Wright 역시 그렇다. 'Romans' 461. "일부러 도발적인 방식으로 그[바울]는 율법을 선택받은 유대 민족의 특권적인 위치와 연관시키는 확고한 태도를 뒤흔들려고 시도하고 있다"(Hays, 'Three Dramatic Roles' 157-8). 그 요점은 또한 Haacker, *Römer* 83-4, 그리고 Byrne, 'The Problem of Nomos' 302도 인식하고 있다. 하지만 Byrne는 내가 '이스라엘의 죄악'이 지닌 '민족적 자랑'의 측면을 지나치게 강조했다고 비판한다.

183. 'In Search of Common Ground' 311-3; 또한 *Theology of Paul* 366-7; 또한 더 초기의 글인 'Yet Once More' 112-3을 보라; 참조, Yinger, *Paul, Judaism and Judgement* 182-7. "로마서 4장에서 바울이 공로가 아닌 은혜의 원리를 강조할 때, 우리는 그가 새로운 사상을 소개하려고 노력하고 있다고 당연하

로 생각하는 창세기 15:6—"아브라함이 하나님을 믿으매 그것이 그에게 의로 여겨진 바 됐느니라"(롬 4:3)—을 자세히 설명하면서 첫 단계로 내세우는 주장이 바로 4:4-5이라는 사실이다. 이제 우리는 바울 당시에 창세기 15:6이 어떤 식으로 해석됐는지 알고 있다. 마카비1서 2:52; 야고보서 2:23은 그에 대한 명확하고 충분한 증거다.[184] 그 본문은 (아들 이삭을 제물로 바치라는 명령에도 불구하고) 하나님의 명령에 순종하는 행위를 통해 드러난 아브라함의 **신실함**을 가리키는 것으로 간주됐다.[185] 유대교 사상에 친숙한 사람이라면 바울이 '행위들'이라는 용어를 사용하여 직전에 언급된 '율법의 행위들'을 줄여서 가리키고 있을 것이라는 사실을 아무도 의심

게 생각할 수 있을까? 그가 초기 기독교와 고대 유대교 모두에 의해 확립된 신념에 호소하고 있다는 것이 더욱 그럴듯하지 않겠는가?"(Haacker, 'Merits and Limits' 282). O. Hofius, '"Rechtfertigung des Gottlosen" als Thema biblischer Theologie', *Paulusstudien* (WUNT 51; Tübingen: Mohr Siebeck, 1989, ²1994) 121-47은 바울 신학의 주제인 불의한 자를 의롭다 하심 (*iustificatio impii*)이 구약에 깊이 뿌리 두고 있음을 보여준다.

184. 나의 *Romans* 200-2을 보라.

185. 더 자세한 내용은 B. Ego, 'Abraham als Urbild der Toratreue Israels, Traditionsgeschichtliche Überlegungen zu einem Aspekt des biblischen Abrahambildes', in F. Avemarie & H. Lichtenberger, eds., *Bund und Tora: Zur theologischen Begriffsgeschichte in alttestamentlicher, frühjüdischer und urchristlicher Tradition* (WUNT 92; Tübingen: Mohr Siebeck, 1996) 25-40; Gathercole, *Where is Boasting?* 235-8, 242-3; Watson, *Hermeneutics of Faith* ch.5. 사적인 대화에서 Kevin Bywater는 Gathercole이 『아브라함의 유언』 10:13을 '모든 행위에 있어서 아브라함의 완전함'(238)을 말하고 있는 것으로 너무 강하게 밀어붙이는데 아브라함의 죄와 용서에 대해 말하는 9:3과 14:11-14 역시도 고려해야 한다고 언급한 바 있다.

하지 않을 것이다(롬 3:27-28).[186] 전형적인 유대교의 해석이 말하는 내용은 아브라함이 **칭의를 획득했다는 면**에 대한 것이 아니라, 그를 부르신 하나님께 **신실함을 유지했다는 면**에 대한 것이 다. 샌더스의 용어로 말하면, 그 사상은 '들어가기'(getting in)에 대한 것이 아니라 '머물기'(staying in)에 대한 것이다.[187] 하지만 이와 관련하여 바울에게 중요한 내용은 당시 유대교의 해석과 달랐다. 바울에게 중요한 내용은, 아브라함이 **최초**에 하나님께 받아들여졌을 때, 즉 창세기 15:6이 보여주는 이야기의 단계에서, 로마서 4:9-11이 분명하게 보여주듯이, 차후에 할례를 받기(창 17장) 이전에 **이미** 의로운 것으로 여겨졌다는 사실이다. 이 최초 칭의라는 문제를 다룸에 있어서, 유대교 전통처럼 차후의 아브라함의 순종까지 고려한다면(창 26:5), '이방인도 동일하게 하나님께 받아들여질 수 있다고 여겨지는지'라는 핵심 질문에서 본질적인 중심 논지를 흐리게 된다. 여기에서는 **최종** 칭의와 관련하여 고려되어야 할 요소들은 관심

---

186. Rapa, *Meaning* 252; Schreiner, *Romans* 217-8에게는 미안하다. 그가 215-7쪽 각주 184번에서 언급된 전통을 인식하고는 있지만 말이다. 마치 4QMMT B1-2(참조, 1QH 9(= 1).26; 12(= 4).31; 그리고 약 2:14-26)에 등장하는 '행위들'에 관한 논의가 당연히 토라에 표현된 하나님의 뜻에 순종하여 취한 행동으로 이해됐던 것처럼 말이다.

187. G. W. Hansen, *Abraham in Galatians: Epistolary and Rhetorical Contexts* (JSNTS 29; Sheffield: Sheffield Academic, 1989)는 "유대교 문헌에서 아브라함"(Abraham in Jewish Literature)에 관한 논평에서 결론을 내린다(175-99): "유대교 문헌에서 아브라함은 언약적 율법주의의 맥락에서 묘사된다"(199).

의 대상이 아니다.[188]

이렇듯 바울은 창세기 15:6에 대한 당대의 해석에 도전을 던지고 있었다. 이 사실을 인식했다면 이제 창세기 15:6에 대한 바울의 반대 해석을 이해하기 위한 첫 단계로 접어든 것이다. 로마서 4:4-5은 동사인 '여김'(reckoning)에 대한 설명으로 의도된 것이 분명하다.[189] 신실함과 경건함을 계산하지 않고 거저 주어지는 은혜의 선물과 대조하여, 일한 시간에 따라서 보수를 계산하는 주인 또는 관리인의 이미지가 묘사된다.[190] 따라서 배제되어야 할 대상은 '여김'(reckoning)/'계산'(calculation)과 같은 종류의 것이다.[191] 유대교 전통 내부에 아브라함의 신실함이 그가 의로운 것으로 여겨짐

---

188. 하나님께서 자신의 백성의 순종에 기초하여 그들을 최종적으로 변호하실 것이라는 제2성전기 유대교의 신학을 새 관점이 무시했다는 것이 *Where is Boasting?*에서 Gathercole이 새 관점에 던지는 비판의 주요한 내용이다(본서 #4.2 [10]를 보라). 하지만 바울이 창세기 15:6에 전념하면서 어떻게 아브라함이 처음에 오직 하나님의 약속을 받아들인 것에 기초하여 의롭다 함을 얻었는지 보여줄 때, 바울도 역시 그 사실을 무시했다거나, 그 사실을 고려 대상에서 제외하고 있었다고 말할 수 있을 것이다; 더 자세한 내용은 본서 #4.2 (10)를 보라.

189. *Romans* 197-8, 202-5; 참조, Moo, *Romans* 263.

190. 참조, 물론, 마 20:1-16!

191. M. Cranford, 'Abraham in Romans 4: The Father of All Who Believe', *NTS* 41 (1995) 71-88, 특별히 76-83: "바울이 일꾼 이미지를 가져온 것은, *erga* 용어를 전통적인 해석자들이 전형적으로 가정하듯이 설명하려는 것이 아니라, *logizesthai* 용어를 설명하려는 특수한 목적 때문이었다. … 핵심 논점은 믿음 대 행위가 아니라, 의무에 따른 계산 대 호의에 따른 계산이었다. … 4절의 일꾼 비유는 믿음/행위 대립 쌍이 미리 전제되면서 루터의 입장을 지지하는 증거가 됐다"(80-1).

에 있어서 무시되어서는 안 될 요소로 간주되는 식의 언급이 존재
했다고 치자.[192] 그에 대한 바울의 주장은 그 신실함이 아브라함의
최초 칭의에서 한 요소였다는 사실을 부정하는 것이었다. 창세기
15:6에 적용되는 것은 로마서 4:4-5의 격언에서 앞부분(4절)이 아
니라 뒷부분(5절)이다. 하나님은 신실한 아브라함과 약속을 맺으신
것이 아니라, 불경건한 우상 숭배자에서 개종한 사람의 원형인 아
브라함과 약속을 맺으셨다.[193] 바울의 이런 주장에 대해서 유대교
의 논적들이 바울이 비현실적인 방식으로 최초 칭의와 최종 칭의
를 분리하고 있다고 대응한 것은 당연한 일이었는데, 우리는 곧

192. Gathercole, *Where is Boasting?* 244-6. De Roo는 바울이, 다른 사람들이 칭
    의를 위한 아브라함의 선한 행동, 대리적 행위로서의 아브라함의 '율법의 행
    위들', 구원자 모습으로서 아브라함에 의존한 것에 반응하고 있다고 주장한
    다('*Works of the Law' at Qumran* 제6장; 또한 'God's Covenant with the
    Forefathers', in S. E. Porter & J. C. R. de Roo, eds., *The Concept of the
    Covenant in the Second Temple Period* [SSJSup 71; Leiden: Brill, 2003] 191-
    202). 그러나 그 증거는 너무 미미해서 그녀가 제시하는 주장을 뒷받침하기
    어렵고, 또한 그 모티프는 바울의 해설 안에서 해석되어야 한다.

193. Gathercole, *Where is Boasting?* 245은 바울의 해석 이면에 있는 아브라함 이
    야기에 대한 유대교 해석의 다른 흐름, 즉 아브라함이 우상으로부터 유일하
    신 참 하나님에게로 돌아선 개종자, 이방인의 전형으로 간주됐던 흐름을 무
    시하고 있다(『희년서』 12:1-21; Josephus, *Ant.* 1.155; 『아브라함의 묵시록』
    1-8장; 더 자세한 내용은 다음을 보라. *Romans* 1xix-1xx, 204-5; N. Calvert-
    Koyzis, *Paul, Monotheism and the People of God: The Significance of
    Abraham Traditions for Early Judaism and Christianity* [JSNTSupp 273;
    London: T&T Clark International, 2004] 123-36; 참조, de Roo, 'Works of
    the Law' at Qumran, 69, 142-4은 바울이 아브라함의 죄성을 강조한다고 생
    각했다). 따라서 어떻게 그가 처음에 하나님께 받아들여졌는지에 관한 질문
    은 바울의 칭의 및 선교 신학에 핵심이었다.

이 논점을 다룰 것이다(본서 #4.2 [10]). 하지만 이 부분에서 초점은 어떻게 아브라함이 최초에 하나님의 약속의 수혜자가 됐고 그 당시에 이미 의로운 것으로 여겨졌는가라는 질문이다—그리고 이것이 바로 어떻게 유대인뿐만 아니라 불경건한 이방인(롬 3:30)이 하나님께 받아들여지게 되는지를 설명하는 바울의 방식이다.

재차 말하지만 이렇게 말한다고 해서, 나에게 이 구절 안에 포함된 빛나는 심오한 복음의 진리를 부정하려는 의도가 있는 것은 절대 아니다.[194] 하지만 나는 얼마나 많은 유대인이, 심지어 바울의 논적들을 포함해서, 하나님께서 아브라함과 이스라엘을 선택하신 것과 관련하여 4절의 내용을 부인했을지 궁금하다. 특히 언약적 율법주의에 대한 전통적인 진술은 너무나 명백하게 이스라엘과의 언약이 신적인 은혜의 행위이지 그들이 획득한 내용이 절대로 아님을 보여준다는 사실을 고려하면 더더욱 그렇다(신 4:32-40; 6:10-12, 20-23; 7:6-8; 8:17-18 등등).[195] 그만큼이나 내가 궁금하게 생각하는 것은 적어도 부분적으로 비유대인을 '불경건한 자'로 간주함으로써 동기 부여된, 신실함에 반하는 주장이 충분히 공감을 샀을지의

---

194. 'In Search of Common Ground' 327, 331-2.

195. Grindheim이 지적한 바와 같이, "선택은 이스라엘이 역사상 가장 낮은 지점, 즉 이집트의 노예가 됐을 때를 전제로 한다. … 이스라엘의 선택의 이유는 본질적인 가치에서 찾을 수 있는 것이 아니라, 주님 자신에게서, 그분의 사랑과 약속에 대한 신실하심에서 찾을 수 있다"(*Crux of Election* 33). 선택에 대한 이스라엘의 확신을 특별히 세련되게 표현한 내용을 보려면 고린도전서 16:14-22 = 시편 105:7-15을 보라.

여부다.[196] 하지만 나는 이와 관련하여 더 많은 논의가 필요한 주제
가 있다는 사실을 충분히 인식하고 있다. 그것은 최초 칭의와 최
종 칭의의 관계다.[197]

---

196. 4:2의 '행위들'이 '경계 표지'와는 관련이 없다는 주장(Schreiner, *Romans*
     218-9; 또한 *Paul* 112; 유사하게 Watson, *Hermeneutics of Faith* 181-2 n. 20)
     은 표면적으로 매력적으로 보이지만, 창세기 15:6에 대한 설명은 로마서
     3:29-30의 내용을 따른 결론으로서, 아브라함을 '우리의 조상'으로 인용하
     며, 이미 할례의 문제를 상정하고 있다는 사실을 잊고 있다; 그 주장은 제2성
     전기 유대교에서 아브라함이 유일신론을 위해서 우상 숭배를 거부한 개종자
     들의 원형으로서 칭송됐다는 사실을 무시한다(Calvert-Koyzis, *Paul, Mono-
     theism* 125, 127, 129, 134-5; 본서 각주 193번을 보라). P. T. O'Brien, 'Was
     Paul Converted?', in Carson et al, *Justification and Variegated Nomism Vol.
     2* 361-91은 바울의 주장을 구분되는 두 개의 단락―구원론적 주장(3:27-28;
     4:1-8)과 구원-역사적 주장(3:29-30; 4:9-18)―으로 구분하기를 원하며, 각각
     의 경우에 이방인의 포함에 관한 내용이 후자의 주장이 시작되기 전까지는
     시야에 없다고 주장한다(378 n. 57; 이는 Gathercole, *Where is Boasting?*
     230-2, 245-7; 또한 'Justified by Faith', 특히 155-6, 160의 주장을 따른 것이
     다); 하지만 '자랑'(3:27)에 대한 언급, 그리고 아브라함을 '우리의 조상'으로
     언급한 것은 이 두 주제가 바울의 사고 안에서는 단순하게 구분될 수 없을
     정도로 단단히 묶여 있다는 사실을 보여준다; Cranford가 관찰했듯이 바울
     은 로마서 4장에서 아브라함이라는 인물을 하나님의 의도는 언제나 자신의
     백성 안에 이방인을 포함하는 것이었다는 그의 주장의 필수적인 요소로서
     사용한다('Abraham in Romans 4'); 더 자세한 내용은 본서 각주 198번을 보
     라. '불경건한 자들'이 언약 외부에 있는 사람을 가리킬 수 있음을 인정한다
     고 해서 '불경건한 자들'이 '하나님 앞의 죄인들'을 지시한다는 사실을 부인
     하는 것은 아니다(Waters, *Justification* 174에게는 미안하지만); 그리고 어떻
     게 Waters는 내가 '믿음'을 '신실함'으로 정의한다고 논할 수 있는지(188) 당
     황스럽기 그지없다.
197. Gathercole의 마지막 논평(*Where is Boasting?* 265-6)은 '최종 칭의(롬 2:13)
     와 현재-과거의 칭의(롬 4:3) 사이의 관계'에 관한 추가적인 논의의 필요성
     을 인식하고 있음을 보여준다. 하지만 로마서 4:1-5을 주해하면서 그 관계에

로마서 4:6-8도 유사하다. 여기에서도 중요한 사실은 핵심 동사인 '여겨지다'(reckoned, *logizesthai*)가 최종 칭의를 염두에 두지 않은 문맥에서, 전적으로 '행위들과는 별개로' 다윗의 칭의에 관하여 사용됐다는 것이다. 다윗의 죄가 그의 것으로 여겨지지 않는 과정에서 다윗의 율법 준수는 주된 요소가 아니었고, 무할례자들(4:9-12)과 '율법으로부터' 나지 않은 사람들(4:13-16)에 대한 의미는 바울에게 명백했다.[198]

로마서 9:11-12도 이러한 논의와 굉장히 관련이 깊다: "그 자식들[야곱과 에서]이 아직 나지도 아니하고 무슨 선이나 악을 행하지 아니한 때에, 택하심을 따라 되는 하나님의 뜻이 행위로 말미암지 않고 오직 부르시는 이로 말미암아 서게 하려 하사 …". 이 구절에

대해서 충분하게 숙고하지 않았다.

198. 더 자세한 내용은 나의 *Romans* 205-7을 보라. Gathercole은 '다윗의 죄들은 경계 표지 혹은 약속으로부터 이방인을 배제하는 것과 관계가 없는 것이 분명하다'는 의견을 말할 때 다소 솔직하지 못하다(*Where is Boasting?* 247; 'Justified by Faith' 159, 161). 왜냐하면 그 주장의 핵심은 할례자와 무할례자의 비교, '율법에 속한 자들'과 '(아브라함의) 믿음에 속한 자들'의 비교에 의해 꽤 많은 부분이 결정되기 때문이다. 유사하게, '다윗은 할례를 받았고, 안식일 준수자이며, 정결한 자임에도 불구하고, 그의 불순종 때문에 행위가 없는 것으로 묘사된다'(247)고 그가 강조한 것은 오해의 소지가 있다. 아브라함이 그랬던 것처럼(본서 각주 185번) 다윗에게는 행위들이 **있었다**(246); 하지만 이 경우에 다윗이 그 행위들에 의해―'행위들이 없이'가 아닌 *chōris ergōn*, '행위들과 별개로'(4:6: 개역개정은 '일한 것이 없이'로 번역―역주)―용서받은 것으로, 의로운 것으로 여겨진 것이 아니다. Schreiner는 다윗의 '행위들'을 4:7-8에 언급된 죄들과 동일시함으로써 문제를 혼동하고 있다(*Romans* 219).

서 자명해 보이는 해석 하나는 두 개의 부정적인 어구('무슨 선이나 악을 아직 행하지 아니한', '행위로 말미암지 않고')가 같은 의미이며, 이 내용이 동일한 용어로 반복됨으로써 강조된다는 것이다.[199] 하지만 다시 한번 나는 그 해석이 첫눈에 보이는 것만큼 자명한 것인지 질문을 던져야겠다. 최소한, 그 두 내용을 동등하게 보는 설명이 의문시되는 이유는 '선이나 악을 행하는 것'에 대한 이야기 때문이다. 왜냐하면 내가 아는 한, '행위들'에 대한 어떤 정의도 악한 행위를 통해 공로를 쌓을 수 있다고는 상상하지 않기 때문이다.[200] 좀 더 정확한 해석은 이 두 가지 부정적인 어구가 같은 의미라기보다는 상보적인 의미라고 보는 것이다. 첫 어구는 선택이 선택받은 사람들의 신분 또는 성취와 관련된다는 주장을 부정한다. 이는 신명기(앞서 두 문단에서 인용된 구절들)가 재차 반복해서 주장하는 내용이며, 바울도 4:4-5와 9:16에서 재확인한 내용이다. 반면에, 두 번째 어구는 신적인 부름이 순종과 '언약적 율법주의'가 내다보는 그런 종류의 순종과 삶의 방식('유대인답게 사는 것'—갈 2:14)을 예상하

---

199. 본서 각주 160번을 보라. Westerholm, 'Paul and the Law in Romans 9-11': 하나님의 호의가 사람들에게 베풀어질 때 분명하게 배제되는 것은 인간의 어떤 '행위들'에 대한 고려다(9:12): 여기에서 배제되는 내용에는 자연히 모세가 이른 특정한 '행위들'이 포함된다(228); 또한 *Perspectives* 320; Moo, 'Israel and the Law' 208-10.

200. 하지만 Schreiner는 9:11-12로부터 "행위들은 선한 것이든 악한 것이든 행위들을 수행하는 것으로 정의될 수 있다"(*The Law and its Fulfilment* 52)라고 결론을 내린다. 다른 본문들에서 '선이나 악을 행하는 것'이 기독교인에 대한 심판을 포함하여(고후 5:10) 최종 심판(요 5:29; 참조, 롬 2:6-10)의 핵심 기준이라는 사실은 언급할 가치가 있다. 또한 본서 각주 178번을 보라.

거나 그것에 의존해 이루어진다는 주장을 부정한다.[201] 다른 말로 하면, 바울은 하나님의 선택에 있어 그분의 주권적 '재량권'을 약화시킬 수도 있는 대안적 설명들을 **둘 다** 차단하고 있는 것이다. 즉, 하나님의 결정은 선하든 악하든 어떤 인간의 행위에도 의존하지 않으며, **또한** 인간의 편에서 언약적 신실함을 입증하는 것에도 의존하지 않는다. 로마서 11:6도 유사하다. '남은 자'의 변치 않는 충성은 '은혜의 선택'이 지니는 효력을 입증하는 증거다. 그것이 그들의 '행위'에 의존한다면, '은혜는 더 이상 은혜가 아니게 된다.'[202]

이 모든 내용 안에서, 이 본문들에 관한 논의 속에서 내가 찾고자 했던 바가 있다. 그것은 바울이 율법의 행위들에 관해 이야기할 때, 바울과 그의 유대교 논적들이 공히 일차적으로 염두에 두고 있던 내용은 율법이 요구하는 일을 행하는 것, 하나님의 선택이라는 언약 안에서 시내산에서 (그리고 그전에) 하나님께서 규정하신 규칙을 따라 사는 것을 생각하고 있었음을 인지하는 것이다.

---

201. 더 자세한 내용은 나의 *Romans* 543-4을 보라. Moo는 바울이 여기에서 '행위들'을 '율법의 행위들'에 대한 줄임말로 사용했다는 가정을 거부한다 (*Romans* 581-2). 아마도 그는 바울이 4:2에서도 '율법의 행위들'을 염두에 두고 줄임말을 사용했다는 사실을 잊고 있는 것 같다(예, Bell, *No One Seeks for God* 229, 264; 본서 각주 186번을 보라); Mijoga는 로마서 3:27, 4:2, 6, 그리고 9:12, 32의 *erga*가 좀 더 완전한 어구인 *erga nomou*(3:20, 28; 갈 2:16; 3:2, 5, 10)의 '축약된 형태'라는 것을 자명한 사실로 받아들인다(*Deeds of the Law* 1, 53, 146, 153, 155, 157).

202. 다시 한번, 나의 *Romans* 639을 보라; 참조, Kuula, *Law* 2.159.

선택받은 백성이 (차후에) 수행하는 '행위들'을 통해 '은혜로운 선택'을 **획득**한다는 생각은 이와는 거리가 멀다. 바울의 선교 활동에 가해진 도전은, 복음을 인정하고 성령을 받은 사람들도 언약의 율법이 규정한 행위를 행해야 하며, 이러한 행위를 행하지 않는다면 그것은 곧 하나님의 언약이 약속한 호의의 조건을 받아들이기를 거절하는 것과 같다는 주장이었다.[203] 쟁점이 됐던 문제가 바로 이것이었고, 바울은 그 주장을 거부했다. 하나님의 용납은 오직 믿음을 통해 은혜로 된다. 이 본문들을 넘어서 논의되어야 할 다른 논점들도 있다(본서 #4.2 [10]을 보라). 하지만 여기에서 핵심 내용은 논의 중인 본문들이 (다시 한번 언급해도 된다면) 모두 일차적으로는 (유대인의 생활 양식을 따라 살지 않는) 유대화되지 않은 이방인들이 어떻게 지금 여기에서 하나님께 용납되고 하나님의 교회의 구성원으로 여겨질 수 있는지에 대한 것이다.

3.3 (7) 바울은 율법과 '결별'했는가?

나는 지난 10년간 반복해서 이 문제를 정면으로 해결하려고 시도해 왔고, 따라서 여기에서는 이미 수행한 연구 결과를 간단히

---

203. 'In Search of Common Ground' 319에서, 그리고 더 완전하게는 'Did Paul have a Covenant Theology? Reflections on Romans 9.4 and 11.27', in S. E. Porter & J. C. R. de Roo, eds., *The Concept of the Covenant in the Second Temple Period* (Leiden: Brill, 2003) 287-307에서 나는 '언약'이 바울 자신의 신학화 작업 안에서는 중심적이거나 주요 범주가 아니었다고 언급했다(이는 다소간 Wright의 *Climax of the Covenant*의 핵심과는 반대되는 입장이다).

요약하려 한다. 나는 라스 하트만(Lars Hartman) 기념 논문집에 실린 글에서 갈라디아서와 로마서를 다루었다.[204] 『바울 신학』(*The Theology of Paul*)에서는 율법에 대한 바울의 논의가 지닌 복잡성을 풀어 설명해보려고 했고, 심지어는 그 복잡성을 정당하게 다루는 작업을 시작할 필요가 있다고 생각되어 별개의 세 장을 할애해서 이 주제를 광범위하게 다루었다(##6, 14, 23). 그리고 가장 최근에는 다시 한번 각 본문들(갈라디아서, 고린도서, 로마서)을 살펴보는 작업을 차례로 수행하면서, 바울이 이 논쟁적인 주제를 어떻게 생각했는지에 대한 나의 이해를 한층 더 명확히 하고 발전시키려 시도했다.[205] 율법에 대한 바울의 전체적인 태도를 요약하면 그가 율법과 '결별'했다는 결론이 타당하다는 주장이 있지만, 나의 이러한 연구들에 비추어보면 그 주장은 받아들일 수 없다.[206]

---

204. 'Was Paul against the Law? The Law in Galatians and Romans: A Test-Case of Text in Context' in *Texts and Contexts: Biblical Texts in Their Textual and Situational Contexts*, L. Hartman FS, ed. T. Fornberg & D. Hellholm (Oslo: Scandinavian University Press, 1995) 455-75; 또한 'In Search of Common Ground' 328-33을 보라.

205. 'Paul et la Torah'. 이 논문에서 나는 바울이 *nomos*를 사용한 유연한 방식에 주의를 기울였다.

206. 또한 Hahn, *Theologie* 1.234-42, 289-92을 보라. Witherington은 내가 '바울이 그 논쟁에서 특정한 핵심 용어로 나타내려 한 의미의 범위를 제한했다'고 비판한다(*Grace in Galatia* 351-5). 하지만 그 자신의 간략한 논의가 율법에 대한 바울의 논의의 한 흐름에만 제한되어 있으며, 바울이 그 주제에 대해 이야기해야만 했던 충분한 설명이 요구하는 내용들, 그리고 내가 이 단락에서 개략적으로 설명하려 시도한 미묘한 내용들을 무시하고 있다; 참조, 예를 들어, 그는 고린도전서 7:19의 '하나님의 계명을 지키는 것'이 단순히 '모세

하지만, 율법을 굉장히 부정적으로 언급하는 듯한 내용들, 율법에 대한 바울의 가장 신랄한 비난들을 어떻게 이해해야 할까?

갈라디아서에서 바울은 "내가 율법으로 말미암아 율법에 대하여 죽었다"(갈 2:19)라고 확언한다. 그런데 문맥을 통해 드러나는 사실을 고려해야 한다. 먼저, 이 내용은 율법에 대한 그들의 해석과, 그들이 율법 행함 때문에 자신은 '의로운' 자로 입증된다고 확신하는 사람들에 의해 '죄인'으로 규정되는 것과 연결되어 있다(2:17).[207] 그리고 바울 자신이 회심하기 전 추종했던 열광적인 율법주의적 삶의 양식을 다시 한번 받아들이는 것과 대조되는 내용이다(2:18). 그렇기 때문에 2:19에서 바울은 자신이 회심할 때 그러한 삶의 방식을 급진적으로 거부했다는 이야기를 언급하는 것 같다. 여기에서 염두에 두고 있는 죽음은 토라에 의해 철저하게 결정되는 삶(혹은 토라로부터 끌어낸 할라카의 판결들)에 대한 죽음이다. 바울의 삶에서 주된 동기요 목적은 이제 토라가 아니라 그리스도가 됐다는 이야기다.

이와 관련하여, '그런즉 율법은 무엇이냐?'(갈 3:19)라는 질문에 대한 바울의 답변을 어떻게 이해해야 할까? 많은 사람들과 대조적으로, 나는 여전히 그 답변은 율법이 지닌 본질적으로 긍정적인 역할을 그리스도가 오기 전 이스라엘을 위한 일종의 수호천사의

율법에 있는 계명'이 아니라[원문 그대로!] '그리스도의 율법의 일부인 계명'(!)을 가리킨다는 그의 믿을 수 없는 제안(370 n. 36).

207. 본서 각주 53번을 보라.

역할로 확정하는 내용이라고 확신하고 있다(3:19-22). 바울의 동료 유대인들은 그러한 역할이 이제 완료됐다는 사실을 인식하지 못했다(3:23-25; 4:1-5). 그래서 바울은 그들이 계속해서 율법에 종속되어 있는 상황을 그들이 세상의 초보적인 영들에게 종살이하고 있는 상황으로 비유했다(4:3, 8-10).[208] 이 말은 율법의 역할이 실질적으로 인간을 노예화하는 세력이라는 바울의 신랄한 분석을 약화시켜야 한다는 의미가 아니며, 더더욱 그 내용을 부정해야 한다는 말도 결코 아니다(4:9, 24; 5:1). 믿음과 성령의 도래가 우리에게 선사한 자유는 바로 이러한 세력으로부터의 자유였다(3:25-26; 4:4-7, 28-29; 5:13-26). 하지만 이 말은 우리에게 바울의 분석을 추동한 원인을 제공했고 또 바울의 분석이 언제나 초점을 맞추고 있던 대상인 갈라디아의 골칫거리들의 주장을 상기시켜 준다. 그들은 토라가 이스라엘에게 요구하는 그러한 삶의 방식(언약적 율법주의)이 유대인 신자들에게, 그리고 메시아 예수를 믿는 공동체 안에서 유대인

---

208. 더 자세한 내용은 'Was Paul against the Law?' 457-65, 'Paul et la Torah' 231-6을 보라; 참조, Esler, *Galatians* 194-203. D. A. Carson, 'Mystery and Fulfilment: Towards a More Comprehensive Paradigm of Paul's Understanding of the Old and the New', in Carson et al., *Justification and Variegated Nomism Vol. 2* 393-436: "갈라디아서 3장의 바울의 구원-역사적 논의는 일차적으로 율법의 경계 표지에 대한 주장에 관한 반응이 아니라, 하나님의 포괄적인 구원 목적 안에서 율법의 위치와 기능에 대한 잘못된 평가에 대한 반응이었다"(412, 435). 내 주장은 바울에게 이스라엘에 대한 율법의 역할이 이제 끝났다는 사실을 깨닫게 해준 것이 바로 그러한 경계 표지를 유지해야 한다는 (베드로와 다른 유대인 신자들의) 주장이었다는 것이다(갈 3:25).

신자들과 연합을 이루기 원하는 모든 이방인들에게 여전히 구속력을 발휘한다고 주장하고 있었다.[209]

고린도전서 15:56에서 율법을 '죄의 권능'으로 지칭한 것은 아마도 죄를 자극하는 율법의 효력('죄의 법'―롬 7:23, 25; 8:2)과 (롬 1:32에서처럼) 죄에게 사형을 언도하는 율법의 효력, 이 둘 다를 염두에 두고 있는 것 같다. 바울은 이후에 로마서에서 수행할 신학 작업을 이미 철저하게 숙고하고 있었던 것이다.[210] 고린도후서 3장에서는 바울이 토라가 아닌 '그람마'(gramma)에 대해 말한다는 사실에 좀 더 큰 비중을 둘 필요가 있다. 따라서 그의 굉장히 부정적인 진술['그람마'(gramma)가 죽음을 다루는 것으로 본다―3:6]의 요지가 겨냥하는 대상은 아주 편협하게 이해된 율법이지, 있는 그대로의 토라가

---

209. Gager는 바울이 갈라디아서에서 율법을 다룰 때 유대인이 아닌 이방인만을 염두에 두고 있다는 (주석적으로) 거의 불가능한 입장을 유지하려고 시도한다(*Reinventing Paul* 88-92; Gaston, *Paul and the Torah*을 따라). 그러나 누군가가 다음 구절이 이방인을 가리킨다고 말할 수 있다는 것은 나를 놀랍게 한다: 갈 3:10('율법 행위들에 의지하는 자'), 3:19([시내산] 율법은 범법함을 인하여 [아브라함에게 주신 약속에] 더하여진 것이라'), 3:23('율법 아래 갇혔느니라'), 4:4-5(그리스도는 '율법 아래 있는 자들을 구속하시려고 율법 아래서 나셨느니라'); 4:21에서 '율법 아래 있다'는 것은 분명히 할례를 염두에 두고 있는 사람들이 '원하는' 지위를 가리키는 말이다. 그리고 Gager (93-7)는 4:21-5:1을 다룰 때 하갈과 '현재 예루살렘'(4:25) 사이의 바울의 명백한 연관성을 완전히 무시한다. 이는 단순히 빈약한 해석이다. (이스라엘의!) 메시아인 예수가 바울에게 있어서 이스라엘의 구원과 무관하다는 사실도 믿을 수 없다. 참조. A. J. M. Wedderburn, 'Eine neuere Paulusperspektive?', in E.-M. Becker & P. Pilhofer, eds., Biographie und Persönlichkeit des Paulus (WUNT 187; Tübingen: Mohr Siebeck, 2006) 46-64 (here 54-5).

210. 더 자세한 내용은 'Paul et la Torah' 228 n. 5를 보라.

아니다.[211]

로마서에서 율법은 바울의 주제적 논술에서 중요한 하부 구조를 형성한다. 그는 율법이 이중 역할을 수행했고, 지금도 여전히(!) 그렇다는 입장을 밝힌다. 첫째로, 율법은 죄를 판단하고, 죄를 정의하고, 죄인들이 그들의 죄를 인식하게 하고, 죄가 판단받는 기준을 제공하는 역할을 수행했다. 바울이 이와 같은 이야기를 반복한다는 사실은 그것이 바울에게 자명했던 것이었음을 보여준다(롬 3:20; 4:15; 5:13; 7:13). 그렇기 때문에 로마서 2:12-16에서 율법의 관점에서 심판을 묘사한 것을 바울의 일탈이나 이제는 바울에게 과거의 것이 되어 버린 율법의 역할을 가리키는 것으로 간주될 수 없다.[212] 또한 로마서 3:21의 '코리스 노무'(chōris nomou, "율법 외에")라는 표현이 전체 과정에서 율법을 제거하거나 완전히 배제하는 암시로 간주되어서도 안 된다.[213] 오히려 "바울은 이제 나타난 하나님의 의를, 모세의 율법과 예언자들에게 증거를 받은 의라고 표현하면서, 율법과 긴밀히 연관시켜 설명한다."[214]

---

211. 더 자세한 내용은 'Paul et la Torah' 236-7을 보라. 또한 S. J. Hafemann, *Paul, Moses, and the History of Israel* (WUNT 81; Tübingen: Mohr Siebeck, 1995) 156-86을 보라.

212. 더 자세한 내용은 'Was Paul against the Law?' 466; 'Paul et la Torah' 238-9 을 보라.

213. Bergmeier, *Gesetz* 37.

214. Bergmeier, *Gesetz* 55은 F. Lang, 'Erwägungen zu Gesetz und Verheissung in Römer 10.4-13', in C. Landmesser, et al. eds., *Jesus Christus als die Mitte der Schrift*, O. Hofius FS (BZNW 86; Berlin: de Gruyter, 1997) 579-602 (here 582)을 인용한다. 또한 Friedrich Lang에게 헌정된 초기의 논문인 O.

두 번째, 하지만 바울은 율법이 위험하며, 죄와 죽음과 마찬가지로 부정적인 세력이라는 사실을 암시하려는 듯하다(5:20; 7:5).[215] 그러나 그것 역시도 율법이 죄와 동일시될 수 **없다**(7:7)는 사실을 오로지 **부정하기** 위함이었다. 이 내용이 바울의 의도에서 주요한 부분이며 율법에 대한 **변호**라는 점이 인식되지 않는 한, 로마서 7장은 제대로 이해되지 못할 것이다.[216] 이상과 같이 우리가 염두에 두고 잡아야 할 진짜 범인은 율법을 이용하고 오용하여 욕망/탐욕을 불러일으키고 하나님의 의지와 반대되는 일들을 양산하는 **죄**다(7:7-25).

이 모든 내용에서 분명해지는 사실은, 율법에 대한 바울의 태도 및 논의는 율법과 복음을 단순하게 대립시키는 관점이 인식하는 것보다 훨씬 더 조심스럽고 미묘하다는 점이다. 그리고 바울이 계속 율법에게 돌리는 긍정적인 역할을 추가한다면(롬 3:27-31; 8:1-4; 13:8-10 등등),[217] 그런 식으로 율법과 복음을 대립시키는 관점은 심

Hofius, 'Das Gesetz des Mose und das Gesetz Christi', *Paulusstudien* (WUNT 51; Tübingen: Mohr Siebeck, 1989, ²1994) 50-74, here 56-63.

215. 특별히 Hübner, *Law* 26-36을 보라.

216. 이 내용은 Kümmel, *Römer* 7이 반복해서 언급했던 것이다. 또한 *Paul and the Mosaic Law* 322-3에 관한 심포지엄에서 의견의 일치를 본 내용이다. 또한 나의 'Was Paul against the Law?' 467-9; *Theology of Paul* 156-9; Moo, *Romans* 423을 보라. Seifrid는 이에 반대한다: 로마서 7장에서 바울은 율법을 변호하고 있는 것이 아니라 '그의 청자들에게 하나님의 구원 계획으로부터 율법이 배제된 것의 유효성을 설득하려는 시도를 하고 있다'(*Justification* 227).

217. 더 자세한 내용은 나의 'Was Paul against the Law?' 469-73; *Theology of*

각한 오해를 불러일으킬 수 있음이 명백해진다. 자신의 모태였던

Paul #23; 또한 Das, *Paul and the Jews* 155-80을 보라. Hofius ('Gesetz des Mose' 66-9)는 바울이 율법의 제3의 용도(*tertius usus legis*), 즉 모세의 율법이 기독교인에게도 지속적으로 윤리적인 용도로 사용된다는 개념을 가지고 있었다는 주장을 부정한다. 하지만 그는 바울의 관점에서 기독교인의 행동이 토라의 요구 사항에 '부합해야' 한다는 점을 인정했다(롬 13:8-10). 그리고 그는 만약 자신(Hofius)이 옳다면, 왜 바울이 (로마서 15:5에서처럼) 단순히 그리스도의 모범을 따르거나 그리스도에게 순종하기보다는 '계명들을 지키는 것'(고전 7:19)의 중요성을 주장해야만 했는지를 좀처럼 설명하지 않는다. Kuula, *Law*는 갈라디아서의 율법에 대한 바울의 논의를 전체적으로 부정적인 것으로 해석해야 한다고 주장하지만, 이 부분에 대한 그의 주장(1.182-5)은 '전체 율법의 성취'(갈 5:14)라는 바울의 언어와, 예수를 율법을 '성취하고' 율법에 대한 완전한 순종을 요구하며, 사랑의 율법 안에서 '율법 전체'를 요약하는 것으로 소개하는 마태의 설명(마 5:17-20; 22:40) 사이의 연속성을 무시하고 있다. 유사하게, P. F. Esler는 로마서 13:8-10과 관련된 좀 더 최근의 논문 *Conflict and Identity in Romans: The Social Setting of Paul's Letter* (Minneapolis: Fortress, 2003, 333-5)에서 계속해서 그의 *Galatians* 203-4의 관점, 즉 율법의 '성취'(갈 5:14)가 율법과는 별개로 이루어진 하나님의 뜻의 완성을 의미한다(윤리적인 기준 혹은 율법의 기준은 … 그리스도를 믿는 사람과 관련해서는 더 이상의 목적이 없다)는 주장을 펼친다. 하지만 그는 동일한 공식이, '성취된 것'은 '율법의 의로운 요구'라는 내용을 포함하는 8:4에서 확장되어 있다는 사실을 가볍게 지나친다(244); 더 자세한 내용은 본서 각주 327번을 보라. Westerholm이 펼친 다소 억지스러운 주장에도 불구하고(*Perspectives* 321-30), 8:4, 갈라디아서 5:6 등은 말할 것도 없고 3:27-31, 9:32, 그리고 10:6-10에 대한 가장 확실한 해석은 '믿음의 율법'이라는 어구가 율법이 요구하는 바가 (오직) 믿음에 의해/믿음으로 성취됐다는 바울의 주장을 줄여서 표현한 그럴듯한 줄임말이라는 것이다[더 자세한 내용은 'Paul et la Torah' 240-2, 그리고 본서 #4.3 (11)을 보라]. 빌립보서 3:9과 로마서 10:3-5에서 그가 추론한 내용, 즉 '하나님의 율법의 의는 하나님의 의와 반대된다'(329)는 것은 (이 본문들이 실제로 사용하는 구절인) '율법으로부터 온 의'에 대한 바울의 비판을 과장한 것이다. 특히, 우상 숭배와 성적인 방종에 대한 바울의 지속되는 혐오는 오직 그의 신학과 행실에 미친 율법의 지

유대교에 대한 바울의 반응은 그것을 싸잡아 비난하는 것이 아니었다. 바울의 비난은 유대교 안에 존재했던, 구원의 과정에서 행위의 역할에 대한 오해, 그리고 그 과정에서 실질적으로 이방인을 배제한 언약적 율법주의를 겨냥한 것이었다. 이러한 내용을 가장 명백하게 보여주는 본문이 고린도전서 7:19이다. 거기에서 바울은 할례를 무관심한 태도로 바라보면서도, 곧장 (당대의 동료 유대인들이 할례를 하나님의 계명 중의 하나도 간주했음을 충분히 인지한 상태에서) 하나님의 계명을 지키는 것의 중요성을 주장한다.[218] 어떤 이유로든, **율법의 요구들 간의 차이를 분별해낼 수 있는 사람만이** 이와 같은 글을 쓸 수 있었을 것이다.[219] 명백히, 율법에 대한 바울의 반응은 할례라는 규례가 두드러지게 표현하고 있었던 율법의 그러한 측면 (육체에 할례를 받은 하나님의 백성과 거의 동일한 사람만을 하나님께서 받아들이신다는 주장)을 향한 것이었다.[220]

속적인 영향으로만 설명이 가능하다(다시 한번, 나의 *Theology of Paul* 690-2, 703-4을 보라); 본서 각주 362번을 보라.

218. 더 자세한 내용은 'Neither Circumcision' 106-10을 보라.

219. 'Paul et la Torah' 237-8.

220. P. J. Tomson, 'Paul's Jewish Background in View of His Law Teaching in 1 Cor 7', in Dunn, ed., *Paul and the Mosaic Law* 251-70은 '포피'와 '할례'의 이미지가 이방인이라는 것 혹은 유대인이라는 것에 대한 환유이며, '세속화된 유대인'에 대해 알지 못했던 고대 세계에서, 이는 각각 비유대인이라는 것 혹은 율법을 준수하는 유대인이라는 것을 의미했다고 말했다. 따라서 그는 고린도전서 7:19을 다음과 같이 풀어 쓴다: "율법을-준수하는 유대인인 것도 아무것도 아니요, 이방인처럼 사는 것도 아무것도 아니로되, 오직 하나님의 계명을 지킬 따름이니라"(267).

3.4 (8) 후기의 바울

초기의 새 관점이 바울 저작의 후기 문서들에는 거의 주의를 기울이지 않았다는 평가는 타당하다.[221] 그것은 아마도 바울의 가르침을 파악하려 한다면 바울서신의 저자 문제와 관련하여 논쟁의 여지가 없는 편지들에 집중해야 한다는 일반적인 이유 때문이었을 것이다. 에베소서와 목회서신의 저자 관련 문제가 해소됐는지와 무관하게, 이 편지들은 그 당시 계속 전수되던 바울 전승으로 설명될 수 있는 내용, 그리고 최소한으로 이야기해서 초기 바울 전승에 대한 가장 이른 시기의 해석으로 간주될 수 있는 내용을 확실하게 입증해 주는 자료다. 그렇다면 당연히 지금까지 우리가 지속적으로 주의를 기울여온 바로 그 전승에 대한 이야기도 된다.[222]

먼저 살펴볼 핵심 본문은 에베소서 2:8-10이다: "너희는 그 은혜에 의하여 믿음으로 말미암아 구원을 받았으니, 이것은 너희에게서 난 것이 아니요, 하나님의 선물이라. 행위에서 난 것이 아니니 이는 누구든지 자랑하지 못하게 함이라. 우리는 그가 만드신 바라. 그리스도 예수 안에서 선한 일을 위하여 지으심을 받은 자니, 이 일은 하나님이 전에 예비하사 우리로 그 가운데서 행하게

---

221. Marshall, 'Salvation, Grace and Works' 341 및 n. 9.

222. 계속되는 내용에서 나는 나의 'Whatever Happened to "Works of the Law"?', in *Epitoayto*: P. Pokorny FS (Prague: Mlyn, 1998) 107-20의 주제를 취하여 좀 더 다루었다.

하려 하심이니라." 여기에서 우리는 바울의 칭의 교리의 핵심 요소들—행위 및 자랑과 대립되는 은혜와 믿음—을 발견한다. 이 내용은 바로 바울이 로마서 4:2-5과 11:6 같은 본문에서 내세운 주장 및 대조와 똑같지 않은가?

하지만 이 본문이 지닌 두 가지 측면 때문에 우리는 잠시 멈추어 생각하게 된다. (1) 여기에서 구원은 완료된 행위('너희는 구원을 받았다')로 이야기되지만, 그보다 이른 시기에 바울은 구원을 미래의 것으로(롬 5:9-10; 13:11; 고전 3:15), 기독교인을 '구원을 받고 있는 존재'로(고전 1:18; 고후 2:15) 묘사했다. 거기서 '구원' 은유는 갱신과 마지막 구속의 전 과정을 포괄했다(롬 8:23). 하지만 여기서 구원은 그 과정의 출발점이라는 결정적인 성격을 나타낸다. 물론 바울은 가끔 '믿음으로 의롭다 함을 얻고 있는 중이다'(롬 5:1)라는 식으로 양쪽을 거의 동일하게 강조하는 표현을 사용하기도 한다. 하지만 그처럼 '이미 실현된' 의미로서 구원의 은유를 사용하는 사례는 다른 곳에서는 찾아볼 수 없다. 그의 구원론에서 동일하게 중요한 요소인 '아직 아닌'에 대한 강조들이 구원 은유 안에 둘러싸여 있는 사례는 아주 많다.[223] 이는 최소한 에베소서라는 글 배후에 상이한 혹은 변화 중인 관점이 존재함을 암시한다.

(2) '행위들'에 대한 초기의 논의는 거의 항상 **'율법의** 행위들'에 대한 것이었고, 그 행위들은 언약 백성인 이스라엘의 구성원으

---

223. 로마서 8:24-25은 예외가 아니다: 나의 *Romans* 475-6을 보라.

로서 유대인에게 부과된 의무였다.[224] 또한 주요한 질문은 이 행위
들이 이방인 신자에게도 (역시) 의무에 해당하는지의 여부였다. 그
에 대한 바울의 반응은 분명했다. 곧, 오직 믿음만이 필요조건이
다. 믿음에 더하여 율법의 행위들을 요구한다면, 그것은 오직 믿음
으로 얻는 칭의의 복음을 전복시키는 행위다(롬 3:28; 9:30-32; 갈
2:15-16). 하지만 여기서는 그 사상의 폭을 더 넓혀, 일반적인 인간
의 노력이 구원의 요구 조건으로서는 부적절한 요소로 언급된다.
구원은 오직 믿음을 통해서, 오직 믿음에 의해서만 달성될 수 있
다.[225] 최소한 이 내용이 암시하는 바는 바울의 칭의 신학에 대한
종교개혁의 이해를 이미 그 신학에 대한 첫 기독교 주해가들도 공
유하고 있었다는 것이다.

  하지만 문제는 약간 더 복잡하다. 왜냐하면 우리가 이제껏 살
펴보았듯이, 어떤 사람도 혹은 어떤 민족도 그/그녀/그들 자신의
노력으로는 하나님께 받아들여질 수 없다는 좀 더 심오한 신학 진
술은 로마서 4:4-5; 9:11, 16; 11:6에서 명백하게 주장되고 있기 때

---

224. 바울이 로마서 4:2, 6; 9:12, 32; 11:6에서 '율법의'를 추가하지 않고 '행위들'
    에 대해 말하고 있음에도 불구하고, 이 표현에 암시된 내용은, Marshall이 인
    정하듯이('Salvation, Grace and Works' 345) 그가 완전한 구절에 대한 줄임
    말로서 그 표현을 사용하고 있다는 것이다. 또한 본서 각주 201번을 보라.

225. (A. J. M. Wedderburn과 함께) A. T. Lincoln, *The Theology of the Later
    Pauline Letters* (Cambridge: Cambridge University, 1993) 135-6. "아우구스
    티누스와 루터보다 훨씬 이전에, 에베소서의 저자는 이미 '율법의 행위들'과
    '행위들'이라는 바울의 어구를 일반적인 인간의 업적이라는 측면으로 해석
    했다"(Das, *Paul, the Law and the Covenant* 272).

문이다(본서 #3.2 [6]을 보라). 이는 율법의 행위들이 칭의에 필수적인 것으로 요구되어서는 안 된다는 더욱 구체적인 주장을 뒷받침하는 신학적 근거가 된다. 또한 앞서 밝혔던 나의 주장 중 하나는, 하나님께서 인간과 관계를 맺으시는 방식에 대한 이러한 좀 더 심오한 이해가 이미 유대교 전통 안에서 제대로 인식되고 있었으며, 언약적 율법주의의 일차적인 교본이라 할 수 있는 '율법의 책' 신명기의 근간이 되는 신조였다는 것이다.[226] 그렇기 때문에 바울은 율법의 행위들이 근본적인 원칙에 위협이 된다는, 좀 더 구체적인 위협에 대처할 때 그 신학 진술에 호소할 수 있었던 것이다(그는 그것을 입증하기 위한 주장을 따로 펼칠 필요가 없었다).

따라서 에베소서 2장에 닥친 상황에 대한 나의 해석은 다소 다르다. 에베소서에서도 구원의 공동체 안에 이방인 신자들을 수용할 수 있는지에 관한 쟁점을 일으킨 사람들이 세상을 바라보는 통로는 여전히 유대인 특권이라는 전통적인 렌즈였다(2:11-12).[227] 하지만 더 이상 '율법의 행위들'이라는 측면에서 문제가 제기되지는 않았다. 오히려 그 문제는 '구분하는 장벽', '의문에 속한 계명의 율법'이라는 용어로 좀 더 노골적으로 표현되고 있다. 그 율법은 유대인과 이방인 사이에 적대감을 일으키는 효과를 나타냈다. 그

---

226. 이 역시 Marshall이 인정한 내용과 같다('Salvation, Grace and Works' 350-2, 357).

227. 더 자세한 내용은 T. L. Yee, *Jews, Gentiles and Ethnic Reconciliation: Paul's Jewish Identity and Ephesians* (SNTSMS 130; Cambridge: Cambridge University, 2005), 특히 제3장을 보라.

런데 이 장벽이 이제 그리스도에 의해 무너져 내렸고, 그 결과 구원 공동체라는 새로운 집합적 실체가 창조되고 화평이 이루어졌다(2:14-16). 그것은 사실상 바울이 율법의 행위들과는 별개로 믿음에 의해 칭의가 이루어진다고 주장했을 때 직면했던 쟁점과 동일하다. 하지만 에베소서의 저자는 이 쟁점을 (바울이 갈라디아 교회에 그토록 격렬한 감정을 담은 편지를 쓰도록 유발했던) 할례 의식, 그리고 정함과 부정함에 관한 규례와 같은 특정 율법의 행위들과 관련된 협소한 문제를 넘어서는 차원으로 이동시키면서, 이를 율법에 의해 그릇된 방식으로 보호된 유대인의 특권, 따라서 이제 그리스도 안에서 화평이 가능하게 됐는데도 유대인과 이방인 사이에 적대적인 상태를 지속시키게끔 만든 특권의 일부로서 더 선명하게, 더 명료하게 제시했다.

또한 그 말이 지닌 다른 함의는, 사람 자신의 노력으로는 구원을 얻을 수 없다는 인간의 전적 무능이라는 또 다른 심오한 쟁점이, 율법의 행위들이라는 구체적인 쟁점과 혼동될 위험 없이 터놓고 대담하게 진술할 수 있다는 것이다(2:8-10).[228] 그렇기 때문에 에베소서 저자는 율법의 행위들이 (최종) 구원을 위해서 여전히 필수적이라는 초기 유대교 신자들의 이제는 낡은 요구와 당시 관건이 됐던 행위들이 혼동될지도 모른다는 두려움 없이, '구원받은 사람

---

228. 같은 내용이 '자랑'(2:9)에 대한 비판에도 적용되는데, 이 부분의 비판은 (로마서 2:17-23에서처럼) 선민이라는 특권에 대한 좀 더 독특한 유대인의 자랑과 혼동됨 없이 고린도전서 1:29, 31에서의 자랑에 대한 좀 더 근본적인 비판으로 되돌아간다.

들'에게 선한 행위가 요구된다는 주장을 지속적으로 할 수 있었던
것이다.

요약하면, 새 관점을 둘러싼 논쟁은 에베소서에 아주 큰 빚을
지고 있다. 왜냐하면 에베소서는 바울이 (갈라디아의 상황에서 그에게
필요했던) '율법의 행위들'이라는 용어로 정식화하면서 혼란스러워
진 두 개의 쟁점(인간의 업적이 아닌 은혜로 얻는 칭의 및 개종자가 되는 것이
아닌 믿음으로 얻는 칭의)을 두 개의 구분된 신학 진술로 분리하고 있
기 때문이다. 에베소서는 바울의 구원론에 대한 새 관점의 도전을
가장 잘 설명하는 방식이 '루터적 관점 **아니면** 새 관점'으로 보는
것이 아니라, 오히려 '루터적 관점 **및** 새 관점'으로 조망하는 것이
라는 사실을 보여준다.

마샬(Marshall)이 인용하는 목회서신 속 두 구절은 결국 에베소
서 2장을 통해 명료해진 것에 그렇게 많은 내용을 추가하지는 않
았다.[229]

> 디모데후서 1:9-10: 하나님이 "우리를 구원하사 거룩하신 부르심
> 으로 부르심은 우리의 행위대로 하심이 아니요, 오직 자기 뜻과
> 영원 전부터 그리스도 예수 안에서 우리에게 주신 은혜대로 하심
> 이라."
> 디도서 3:5-7: 하나님이 "우리를 구원하시되 우리의 행한 바 의로
> 운 행위로 말미암지 아니하고, 오직 그의 긍휼하심을 좇아 하셨

---

229. 더 자세한 내용은 나의 'Whatever Happened?' 113-6을 보라.

나니 … 우리로 저의 은혜를 힘입어 의롭다 하심을 얻어 영생의 소망을 따라 후사가 되게 하려 하심이라."

여기서 대조되는 내용은 거의 같다. 즉, 은혜와 행위 간의 대조이다. 또한 강조되는 내용도 에베소서 2:8-9에서 명쾌하게 밝힌 내용과 같다. 부족한 내용이 있다면 이 구절이 속한 근접 문맥에서, 그리고 실제로는 목회서신 전체에서 두드러지게 드러나지 않는 내용으로서, 바울이 갈라디아서를 기록하게 한 원인이 됐고, 로마서에서도 여전히 큰 영향력을 행사하고 있었으며, 여전히 지속적인 위협으로 남아 있던 그 쟁점이다. 목회서신에서는 에베소서 2:11-22의 관심사조차 더 이상 분명하게 나타나지 않는다. '유대적인'이라는 특유의 의미로 기술될 수 있는 위협의 존재는 이제 오래된 논쟁의 메아리만 남긴 채 더 광범위한 경고 안에서는 거의 잊혀졌다. 그리고 '선한 행위'에 대한 요구도 정규적으로 나타나는데, 이는 '선한 행위들'이 '율법의 행위들'과 혼동될 가능성 역시 유사하게 먼 과거에 속한 이야기라는 것을 암시한다.[230] 한마디로 이야기하면, 목회서신은 "율법의 행위들로 그의 앞에 의롭다 하심을 얻을 육체가 없다"(롬 3:20)는 바울의 확언을 명료화하려는 우리

---

230. 더 자세한 내용은 the Deutero-Paulines in C. A. Evans & D. A. Hagner, eds., *Anti-Semitism and Early Christianity: Issues of Polemics and Faith* (Minneapolis: Fortress, 1993) 151-65 (here 160-4); in J. Barclay & J. Sweet, eds., *Early, Christian Thought in its Jewish Context* (Cambridge: Cambridge University, 1996) 130-44 (here 140-3)에 실린 나의 기고문을 보라.

의 시도에 더해 줄 내용이 없다.

이 장에서 나는 관련된 내용을 더욱더 명료화하고 더 자세하게 숙고하려고 노력했다. 이 모든 노력은 바울의 칭의 교리에 핵심적이었던 유대인/이방인 차원으로 부를 수 있는 내용을 재진술하고, '율법의 행위들'에 대한 '새 관점'의 해석이 갈라디아서와 로마서 모두에 포함된 최초 칭의 교리에 대한 바울의 설명을 해명하는 데 던져주는 실마리에 관심을 기울이려는 시도들이다. 내가 재차 반복한 것은 그러한 작업이지, 전통적인 칭의 교리의 강조점에 대한 **대안**을 제시하려고 한 것도 아니며, 더더욱 그것에 **반대**하려는 것도 아니다. 단지 그 교리를 우리 시대인 21세기의 상황에서 재진술함에 있어서, 그 교리가 지닌 사회적, 국제적, 교회일치적 관계에 대한 영향력을 인식해야 한다고 간청하려 했다. 모든 자랑, 그러니까 자기 업적을 자랑하는 것뿐만 아니라 인종적인 정체성과 종교적 전통을 자랑하는 것까지 포함하는 모든 자랑을 배제하는 것은, 그가 어떤 사람인지와 무관하게 모든 사람을 의롭다 하심에 있어서 하나님의 행위가 지닌 전적인 은혜로움이다.

제4장
좀 더 실질적인 쟁점들

나는 새 관점에 의해 촉발된 논의가 이제 좀 더 진전되기를 바란다. 현재 이 논의 가운데는 혼란과 오해, 논쟁을 벌일 때 즐겨 사용되는 그릇된 양극화, 그리고 결코 끝나지 않을 것만 같은 특정 본문에 대한 논란 등이 존재한다. 우리가 이러한 장애물들을 넘어설 수 있다면, 제2성전기 유대교에 대한 샌더스의 새 관점을 둘러싼 사반세기 동안의 심사숙고의 결과로 출현한 핵심 쟁점에 대한 작금의 논의를 좀 더 생산성 있는 방향으로 이끌어 갈 수 있을 것이다. 그리고 그러한 과정을 통해서 칭의 및 기독교인의 삶과 관련된 칭의의 함의에 대한 더 풍성하고 완전한 이해에 이르는 데 도움이 될 수 있을 것이다.

이와 관련하여 제기된 주요한 쟁점이 네 가지 정도 있다. (9) 바울에게는 사실 구원론의 '언약적' 측면/흐름이 그다지 일관되게 나타나지 않지만, 샌더스가 이를 과장한 것이 아닐까?[231] (10) 제2성전기 유대교의 구원론에는 (종말론적) 구원이 율법의 순종에 의존한다고 보는 측면/흐름도 존재하는데, 새 관점이 이를 충분히 인식했을까?[232] 반면에, 새 관점을 반대하는 진영은 '믿음의 순종' 에 대한 바울의 가르침과, 기독교인도 역시 그들의 행위에 따라 심판을 받을 것이라는 가르침에 정당한 비중을 두었는가?[233] (11) 바울이 기독교인에게 기대한 순종을 이스라엘에게 요구된 순종과

---

231. Avemarie의 *Tora und Leben*의 핵심 논지는, 랍비 사상 안에서 토라와 능동 적 순종은 Sanders가 기꺼이 인정한 '구원론적' 중요성보다 훨씬 더 큰 (그리 고 실제로는 직접적인) 중요성을 지니고 있었다는 것이다(특히 38-44, 291-4, 582-4을 보라; 하지만 또한 본서 각주 252번도 참고하라); Stuhlmacher, *Revisiting* 40-1과 Alexander, 'Torah and Salvation' 273이 이 내용을 주장한 다; Sander에 대한 비판은 또한 특별히 Westerholm, *Perspectives* 341-51; Waters, *Justification* 35-58, 152-3을 보라; Bird, *Saving Righteousness* 93-4 n. 14. Frankemölle은 '언약적 율법주의'를 '이상적인 관념화'(ideal abstraction) 라고 묘사했다('Völker-Verheissung' 302); 이에 대한 나의 반응은 같은 책에 나온다(415-6).

232. 특히, Gathercole, *Where is Boasting?*: "제2성전기 유대교 안에서 행위에 따 른 최종 심판에 대한 증거는 압도적이다. 새 관점 학자들 쪽에서 이 최종 심 판에 관련된 교리를 부정하거나 강조하지 않는 것은 부당하다"(223).

233. K. P. Donfried, 'Justification and Last Judgement in Paul', *ZNW* 67 (1976) 90-110. 이 논문은 그의 *Paul, Thessalonica and Early Christianity* (London: T&T Clark, 2002) 253-78에서 재출간됐고, 추가적인 논의도 더해졌다 ('Justification and Last Judgement in Paul — Twenty-Five Years Later', 279-92); K. R. Snodgrass, 'Justification by Grace — to the Doers: An Analysis of the Place of Romans 2 in the Theology of Paul', *NTS* 32 (1986) 72-93; Yinger, *Paul, Judaism and Judgement*; C. VanLandingham, *Judgment and Justification in Early Judaism and the Apostle Paul* (Peabody, MA: Hend-rickson, 2006) 제2-3장.

비교할 때, 그 종류나 특징(성령이 가능하게 한다는 특징) 면에서 차이
가 있는가?[234] (12) 여러 가지 측면에서 볼 때 무엇보다도 가장 예
리한 비판은 이것이다: 만약 제2성전기 유대교와 바울의 구원론
이 동일하게 '언약적 율법주의'라는 측면에서 정의될 수 있다면,
그리스도는 왜 필요한가? 새 관점은 그리스도의 필요성과 그의
사역에 충분한 비중을 두고 있는가(롬 8:33-34)?[235]

이러한 쟁점들은 좀 더 확장된 논의로 우리를 인도한다. 이 논
의와 관련하여 여기에서는, 이미 진행되고 있는 논의의 결과로서
어떤 식으로 바울에 대한 나의 이해와 평가가 점진적으로 발전되
고 있는지 보여주려 한다.

4.1 (9) 일관성에 관한 문제 제기

나는 일관성이라는 측면에서 샌더스에게 비판의 여지가 있다
는 아베마리에(Avemarie)의 말에 동의한다. 하지만 최소한 부분적

---

234. 예를 들면, C. H. Talbert, 'Paul, Judaism, and the Revisionists', *CBQ* 63
   (2001) 1-22을 보라.

235. P. Stuhlmacher, 'Christus Jesus ist hier, der gestorben ist, ja vielmehr, der
   auch auferweckt ist, der zur Rechten Gottes ist und uns vertritt', in F.
   Avemarie & H. Lichtenberger eds., *Auferstehung — Resurrection* (WUNT
   135; Tübingen: Mohr Siebeck, 2001) 351-61; 나의 'Response to Peter
   Stuhlmacher' (본서 각주 294번)는 그가 새 관점에 대해 제기한 일련의 질문
   들에 대한 응답이다. Das는 새 관점의 강점과 가치를 인정하면서도, '더 새로
   운 관점'을 요구한다: "바울은 언약, 선택, 희생 제사라는 은혜의 틀을 무효
   화하는데, 이는 그리스도를 중심에 둔 아주 상이한 틀을 내세우기 위해서였
   다"(*Paul, the Law and the Covenant* 268-71).

인 변호의 측면에서 세 가지 이야기를 할 수 있겠다.

　(a) 샌더스 당시의 신약 학계에는 제2성전기 유대교에 대한 불균형적인 인식이 만연했고, 그는 이러한 불균형을 교정하고 있었다는 사실을 상기할 필요가 있다. 나는 학생 때 수행한 연구로부터도 기독교 학파 내부에서 유대교에 대한 지배적인 관점이 매우 부정적이었다는 사실을 입증할 수 있다. 나는 앞서 샌더스의 『바울과 팔레스타인 유대교』(*Paul and Palestinian Judaism*)의 서문이 미친 유익한 영향을 언급한 바 있다(본서 #1). 1950년대와 1960년대에도 여전히 융성하고 있던 반(反)-유대주의의 흐름을 경험해 보지 못한 차후 세대들은 샌더스의 저항이 지닌 중요성을 과소평가해서는 안 된다. 이 내용을 설명하기 위해 내가 자주 드는 실례는, 제2성전기 유대교를 지칭하기 위해 사용됐던 용어인 말기 유대교(*Spät-judentum*)이다. 어떻게 1세기 유대교가 **말기** 유대교가 될 수 있는가? 다른 무엇보다도, 유대교는 그로부터 20세기가 지난 지금도 여전히 융성하지 않은가! '말기 유대교'라는 용어에 포함된 논리는 명백하다. 그 용어는 유대교의 유일한 존재 근거는 그리스도와 기독교의 길을 준비하는 데 있다는 믿음에 기초한다. 즉, 그리스도가 왔고, 기독교가 출현했다면, 이제는 더 이상 하나님의 계획 속에서 유대교를 위한 자리 혹은 유대교의 필요성은 존재하지 않는다. 따라서 1세기 유대교는 **마지막** 유대교이며 하나님이 인정한 유대교의 **끝**이었기 때문에, **말기** 유대교인 것이다![236] 내가 주장하

236. Niebuhr, 'paulinische Rechtfertigungslehre' 117-8.

고 싶은 바는 간단하다. 그와 같은 고도로 제한적인, 또한 유대교를 폄훼하는 부정적인 관점이 최근인 20세기 말까지도 독일에서 통용됐다는 사실이다. 샌더스의 저항은 필요했다.

(b) 샌더스의 핵심 형식 문구인 '언약적 율법주의'는 특히 거센 비판을 받아왔다(이 단락의 분량이 많은 이유가 그 때문이다). 하지만 오히려 내가 보기에 이 형식 문구는 이제껏 합당한 평가를 받지 못했고, 앞으로 더 합당한 평가를 받아야 한다. 이미 지적했듯이 이 문구는, 샌더스가 분명하게 확증한 것처럼, 하나님 편에서의 주도와 은혜(언약), 그리고 인간 편에서의 율법에 대한 순종([언약적] 율법주의) 사이의 필수적인 상호 관계를 암시한다. 샌더스의 진술 중 일부가 이 상호 관계 중 언약의 측면을 과장함으로써 균형을 잃었다는 지적도 있었다. 하지만 이제는 그의 이런 진술이 의심의 여지 없는 당연한 내용으로 받아들여진다.[237] 앞서 언급한 (a)의 불균형

---

237. Sanders는 탄나임 유대교(Tannaitic Judaism: 기원 전후에 활약한 힐렐과 샴마이 때부터 200년경 미쉬나 편찬 때까지—역주)의 해석자들과 같은 노선에 속한다. 그는 종종 Weber (*Ancient Judaism*의 저자—역주)의 견해를 의식적으로 거부하면서, 유대교의 '자유로운'(liberal) 면을 강조하는 경향이 있다 (Alexander, 'Torah and Salvation' 271; 더 자세한 내용은 272-3). 하지만 예를 들면 Sanders는 '언약 안에서 이스라엘은 가능한 한 완전하고 충분하게 율법을 준수하도록 요구받았으며', 개인이 언약으로부터 배제되는 방식으로 행동하는 것이 가능했다는 사실을 강조했다(*Paul and Palestinian Judaism* 81, 266). 이러한 강조로 미루어 볼 때, Sanders에게 '율법 준수는 **단지** 언약 안에 머무르는 방식이었을 뿐'이라는 Elliott의 무시하는 논평은 좀처럼 정당화되기 어렵다(*Survivors of Israel* 53, 굵은 글씨체는 나의 강조). Sanders는 또한 그 주제에 관해 랍비 유대교 안에 존재했던 긴장도 잘 인식하고 있었다 (87-101): "랍비들에게는 '행위를 통한 의'라는 바울/루터의 문제는 존재하

을 교정하려고 시도할 때, 특히 그 불균형을 교정하려는 이전의
시도들을 무시할 때에는, 종종 균형의 추가 기우는 일이 벌어지곤
할 것이다.[238] 하지만 내가 주장하려는 바는, 샌더스의 핵심 문구
인 '언약적 율법주의'가 이미 다음 **두 가지** 사실 모두를 표현하고
있다는 점이다: (i) 상호 관계의 **이편과 저편 모두**가 인식되어야
한다; (ii) 상호 관계가 지닌 더 전반적인 조건들, 즉 언약은 율법주
의(nomism)의 전제이지만[239] 언약은 여전히 중대한 의미에서 율법
주의(nomism)에 의존한다. 아베마리에의 말처럼 "율법에 대해 말
한다는 것은 곧 이스라엘의 율법에 대해 말한다는 것이다. 즉, 율
법은 어떤 한 사람에게 주어진 것이 아니라, 하나님의 한 백성에
게 주어진 것이다. … 율법은 이스라엘에 대한 하나님의 선물이며
또한 요구다."[240]

지 않았으며, 따라서 출애굽이 이미 획득됐다고 말하는 것에 전혀 당황하지
않았다"(100).

238. 본서 각주 20번을 보라. Sanders에 대한 초기 비판에서, D. A. Carson,
Divine Sovereignty and Human Responsibility (Atlanta, GA: John Knox,
1981)은 그 점을 인정한다(89). 그리고 그 이후에 검토할 대규모의 비판을 암
시하면서도(예, 106), '그 내용을 제하면 탁월한 작업'이라고 Sanders를 추켜
세우면서 그 내용에 동의를 표한다(121).

239. Westerholm은 그 취지를 이해했다: "유대교가 하나님의 은혜를 알고 그에
의존했으며, 행위에 의한 구원을 추구하여 자기-의를 조장하지 않았다는, 그
나름의 용어로 기술된 근본적인 진리"(*Perspectives* 444).

240. Avemarie, *Tora und Leben* 446, 448; 더 자세한 내용은 530-76. 또한 Ave-
marie, 'Erwählung und Vergeltung. Zur optionalen Struktur rabbinischer
Soteriologie', *NTS* 45 (1999) 108-26을 보라. 그는 랍비 신학에서 선택
(*Erwählung*)과 보상(*Vergeltung*), 이 둘이 대조적인 원칙들로 보임에도 불구

다스(Andrew Das)는 오랜 과정을 거쳐 초기 유대교 안의 이 상호 관계를 인식했다.[241] 하지만 그는 이스라엘 백성이 되려는 사람(개종자들) 또는 쿰란 같은 종파에 가입하려는 사람에게는 자연히 전심을 다한(100%) 헌신을 바칠 것이 기대됐다는 사실과, 이러한 내용이 과거의 영웅들을 언급하는 찬양시와 성인전(hagiography)에서 발견되는 요소라는 사실 모두를 인정할 필요가 있다. 카슨(D. A. Carson)과 오브라이언(P. T. O'Brien), 그리고 사이프리드(M. A. Seifrid)가 편집한 시리즈는 훨씬 구체적인 측면에서 (샌더스의 작품이 인정한) 그 상호 관계를 조사하는 일에 착수했다. 그리고 그 결과 대체로 의견 일치를 본 것 같다. 곧, 샌더스가 그러한 상호 관계를 다양한 부분에서 적절하게 진술하지 못한 면은 있지만, 그럼에도 그 관계 자체는 우리가 정말로 인식할 필요가 있다는 것이다. 실제로 나는 그 시리즈를 읽고 난 후, 그 시리즈의 현재 제목인 『칭의와 다채로운 율법주의』(*Justification and Variegated Nomism*) 대신 『칭의와 다채로운 언약적 율법주의』(*Justification and Variegated Covenantal Nomism*)라는

하고 두 가지 모두가 장차 올 세상에 참여하는 데 있어서 동등한 가치를 지닌 기준이었으며, 종종 서로 독립적으로 나타난다는 사실을 강조했다.

241. Das, *Paul, the Law, and the Covenant* 12-44; 하지만 "주후 70년대 초반 유대교 문헌 안에서 율법의 엄격한 요구를 점차 강조하게 된 것은, 은혜와 요구 사이에 유지되던 세심한 균형이 흔들리면서 나타난 **자연스러운 결과물**"(69, 굵은 글씨체는 나의 강조)이라는 차후의 주장에서 그가 암시하는 내용은, 제2성전기 유대교에서 균형이 무너지면서 잠재되어 있던 율법주의가 증대됐다는 것이다.

제목이 더 적절할 것 같다는 생각이 들었다![242] 그러한 관점에서 보면, 그 시리즈에 기고한 학자들의 연구 결과에 비추어 카슨이 마지막 글에서 내린 결론, 즉 '언약적 율법주의'라는 샌더스의 범주는 '환원주의적이고', '오해의 여지가 있으며', 때때로 '틀렸다'는 결론은[243] 이치에 맞지 않을 정도로 가혹한데다 지나치게 경멸

---

242. 예를 들면, 'Variegated Covenantal Nomism'에 적합한 다양한 단서들을 제시하면서, P. Enns는 제2성전기 유대교에 대한 Sanders의 이해를 에스드라1서(75), 다니엘서 추가분(79-80), 위-필론(92), 『희년서』(97)가 뒷받침한다고 말한다; R. Bauckham은 같은 증거를 『에녹1서』(148), 『스바냐의 묵시』(158-60)에서 찾는다; R. A. Kugler는 같은 증거를 『열두 족장의 유언』(190)에서 찾는다; D. E. Gowan은 같은 증거를 지혜 문헌(238-9)에서 찾는다; M. Bockmuehl의 경우에는 1QS(412-4)에서 같은 단서를 찾는다—Seifrid(435-8)는 1QS 11.2-3에 대한 이전의 주석을 단순히 반복하는 데 그친다. 이 주석은 그의 논의에서 핵심적이며, 그의 이전 주석에 대해서 Bockmuehl이 날카로운 비평을 가했음에도 말이다(398-9 n. 60). Alexander는 스스로 Avamarie와 근접한 입장이라고 주장하지만, 이러한 불일치가 해석되는 방식에 대해서는 주의하라고 권고한다: "Avemarie가 랍비 문헌에 존재하는 불일치를 강조한 것은 옳다. … 그 배후에 있는 동기가 단순히 성경에 대한 충성심인지는 의심스럽다. 그 충성심이라는 것도 그 점에 관한 랍비들의 의견과 마찬가지로 일관적이지 않을 수 있다"('Torah and Salvation' 273); 또한 '율법주의, 그리고 율법의 짐'(279-83), '자비로우신 하나님: 회개와 속죄' 그리고 '탄나임의 미드라쉬 안에서 토라와 구원'(286-97)에 대한 그의 논평에도 주목하라; "탄나임 유대교는 스스로 신명기 학파의 신학 사상과 근접하다고 주장한다. 대강 말해서, 후기 성서 시대의 유대교 초기에 신학이 존재했다면, 그것은 신명기의 신학이었다"(299). 또한 다음을 보라. E. M. Cook, 'Covenantal Nomism in the Psalms Targum', in S. E. Porter & J. C. R. de Roo, eds., *The Concept of the Covenant in the Second Temple Period* (SSJSup 71; Leiden: Brill, 2003) 203-20; Aune, *Rereading Paul Together* 215-7.

243. 'Summaries and Conclusions' 543-6; 그 뒤를 이어 O'Brien, 'Was Paul a

적이다.[244]

　　반면에, 웨스터홈(Westerholm)은 (그 내용만 아니면 설득력 있는 연구에서) 그릇된 전제를 상정한다. '언약에 속함'과 '마땅히 해야 할 바를 행함'을 어쨌든 서로 상반되는 입장으로 보는 관점에 자신이 응답하고 있다고 가정한다. 그러다 보니, '의'가 언약 구성원으로서 이스라엘에게 자연히 부과되는 의무를 이행하는 것을 의미하며 그 의의 척도는 율법이라는 것이 자명한 이치인데도, 그는 이 내용을 회피함으로써 핵심에서 크게 벗어나고 말았다.[245] 왓슨(Francis Watson)은 팔레스타인 유대교가 하나님의 은혜를 우선시했다는 샌더스의 '독단적인' 가정과, '언약적 율법주의'라는 문구 안에서 '언약'이 항상 '율법주의'(nomism)에 우선한다는 가정을 비판한다.[246] 하지만 (이 부분에서) 그는 그가 제시하는 주된 본문(특별히 신명기)에

Covenantal Nomist?' 252-5. Carson은 '언약적 율법주의'의 관점에서 제2성전 종교를 정의하는 것을 '교조적'인 것으로(548), 그리고 바울 해석에 대한 '패권'을 행사하려는 것('Mystery and Fulfilment' 394-5)으로 묘사할 필요성을 느꼈다고 하는데, 참 흥미로운 이야기다. 그런 표현들은 새 관점의 사고방식이 아니라 오히려 Carson 자신의 태도를 더 반영하는 것 같다; 참조, Kim은 '새 관점 학파'가 언약적 율법주의라는 '도그마'(원문 그대로)를 지니고 있다고 말한다(*Paul and the New Perspective* 83, 294-5).

244. 참조, Das, *Paul and the Jews* 11-12 n. 22의 간략한 비평.

245. Westerholm, *Perspectives* 287-9(어떤 이유에서인지, 그는 '미덕'이라는 비유대적인 범주를 도입한다—290); 유사하게 그는 '언약적 율법주의'의 관점에서 ('본래 유대인'과는 반대로—갈 2:15) 이방인은 단순히 언약 밖에 있고 언약의 율법을 지키지 않기 때문에 필연적으로 '죄인들'이라는 사실을 제대로 인식하지 못한다(290-1).

246. Watson, *Hermeneutics of Faith* 7-13, 323-8.

서 하나님께서 이스라엘에 간섭하시는 데 동기를 부여하는 요인
으로서 하나님의 '약속'이 자주 인용되고 있다는 사실을 부인한
다. 이 점은 그 자신이 이 내용을 강조한 사실을 고려하면 당황스
럽다.[247] 그는 또한 샌더스가 말한 '머물기'(staying in) 개념이 율법
이 명하는 모든 것을 행하는 것(율법주의[nomism])이자 하나님의 언
약 백성의 삶을 향유하기 위한 조건이라고 본 견해를 무시한다.[248]

사이프리드는 샌더스의 작품이 새 관점에 촉발시킨 언약에 대
한 새로운 강조에 강하게 반발한 인물이다.[249] 그는 히브리 성경 안
에 '처벌적인 하나님의 정의'와 관련된 어구가 나타나는 횟수(15회)
보다 '하나님의 구원하는 의'가 등장하는 횟수(64회)가 네 배 더 많
다는 사실을 인정하지만, '처벌적인 의'에 더 많은 주의를 기울여
야 한다고 주장한다. 이는 '관계'와 연관된 의로움을 강조하는 경
향에 대한 비판이 자연히 수반된다. 그는 샌더스가 '규준', '정당한
절차' 혹은 '도덕적으로 옳은 행위'로 측정되는 의로움에 충분한

---

247. Watson, *Hermeneutics of Faith* 15 n. 28.

248. C. L. Quarles, 'The New Perspective and Means of Atonement in Jewish
Literature of the Second Temple Period', *Criswell Theological Review* 2.2
(2005) 39-56은 성전에서 멀리 떨어져 있거나 성전을 떠난 유대인들이 '성
전 희생보다는 개인적인 의로운 행위를 통해 속죄를 구했다'(55)고 정당하게
관찰했다. 그러나 이 관찰은 '언약적 율법주의'에 있는 '언약적' 요소를 규정
해 주지만 이중적인 어구에 함축된 기본 균형에는 영향을 미치지 않는다.

249. M. A. Seifrid, 'Righteousness Language in the Hebrew Scripture and Early
Judaism', in Carson, et al., *Justification and Variegated Nomism Vol. 1* 415-
42 (참조, 416, 428); 그 뒤를 이어 O'Brien, 'Was Paul a Covenantal Nom-
ist?' 275-6, 287.

비중을 두지 않는다고 주장했다. 안타깝게도 그는 자신의 주장을
너무 강경하게 밀어붙였다. 또한 '언약'이라는 용어가 나타나야만
'언약적 맥락'을 확인할 수 있는 것은 아니다. "'언약'이라는 용어
가 등장하는 빈도가 상대적으로 적은 이유는 언약 개념이 근본 특
징이기 때문이다"라는[250] 샌더스의 주장에 좀 더 많은 비중을 두
어야 한다.[251] 이 점에서 언약 개념이 근본적이라는 주장을 비판하
기 위해서 언약이라는 단어의 희소성에 기대는 사람들에 비하면,
이 문제에 대한 아베마리에의 입장은 오히려 샌더스의 입장에 더
가깝다.[252] 또한 규범이 어떤 추상적인 이상('관계' 언어를 조롱하는 사

---

250. Sanders, *Paul and Palestinian Judaism* 420-1; Sanders는 그 시점에 랍비 문
  헌을 언급하지만, 사실 그 내용은 더 폭넓은 제2성전기 유대교 문헌에 적용
  된다.

251. 참조, D. A. Carson의 '그리스도의 의의 전가'에 대한 논의—'The Vindica-
  tion of Imputation', in M. Husbands & D. J. Trier, eds., *Justification: What's
  at Stake in the Current Debates* (Downers Grive, IL: InterVarsity Press,
  2004) 46-78. Seifrid는 이 내용을 수용한다; 그의 주장은 이렇다—의의 언어
  자체가 언약적 언어와 접촉하고는 있지만, 의의 언어가 언약적 사고의 영역
  에서 유래한 것은 아니다(사적인 편지 교환).

252. F. Avemarie, 'Bund als Gabe und Recht: Semantische Uberlegungen zu
  berît in der rabbinischen Literatur', in F. Avemarie & H. Lichtenberger,
  eds., *Bund und Tora: Zur Theologischen Begriffsgeschichte in alttestament-
  licher, frühjüdischer und urchristlicher Tradition* (Tübingen: Mohr Siebeck,
  1996) 163-216. 여기서 그는 다음과 같이 결론짓는다: "E. P. Sanders가 *Paul
  and Palestinian Judaism*에서 기술한 랍비 구원론의 모습은 우리의 개요 결
  과를 통해 놀랍게도 폭넓은 인정을 받았다. 그것이 놀라운 이유는 Sanders가
  언약의 범주를 설정했던, 확고한 개념적 중요성이 언뜻 보기에 랍비의 '언
  약'(*b^e rit*) 용례에서는 확인되지 않는 것처럼 보였기 때문이다. 그러나 여기에
  서 '언약'에 대한 랍비의 담론은 실제로 샌더스가 '언약적 율법주의'라는 이

람들이 반대했던 것)으로 간주되지 않고,[253] 관계(하나님과 피조 세계, 하나
님과 이스라엘, 언약 백성 안에서의 관계들) 안에서 **구체화된 규범으로서**
간주되는 한,[254] 그리고 그 관계의 특수성으로 인해 어떤 행동이
사회를 지배하는 규범을 어기는 것처럼 보일 때에도 '의롭다'고
판단될 수 있는 한(창세기 38:24, 26의 유다와 다말의 경우가 대표적인 예),
'규범'이라는 언어도 (하나님이 옳다고 결정한 규범이라는 의미에서) 매우
정당하다.[255]

름으로 요약한 몇 가지 기본적인 개념, 즉 이스라엘의 선택, 종말론적 구원을
위한 이스라엘의 운명, 토라의 성취, 자기 백성에 대한 하나님의 절대적 신실
하심 등을 표현하는 데 도움이 된다는 것이 밝혀졌다. … 조상들에게 주신
약속, 할례, 시내산 계시, 종말론적 구원, 그리고 하나님이 개입한 이스라엘
의 전체 역사 변화에 대해 랍비들이 생각하고 말한 것과 관련하여, 랍비의
'언약 신학'을 말하는 것은 전적으로 적절하다"(213-5). 이와 마찬가지로 다
음을 보라. *Tora und Leben* 584 n. 40.

253. Eichrodt, *Theology* 1.240-1; von Rad, *Theology* 1.371.

254. "현재 논의의 대상인 '규범'이 언약 안에서 하나님과 그의 백성의 관계로부
터 유래된 요구라는 Ziesler의 주장에 동의한다면, 어근 *sdq*의 기본적인 의미
가 '규범에 대한 순응'인지 아니면 '특별한 관계에서 발생하는 요구 사항들
에 대한 상호 충족'인지에 대한 오랜 논란을 극복할 수 있을 것이다"(Moo,
Romans 79-80. J. A. Ziesler, *The Meaning of Righteousness in Paul* [SNTSMS
20; Cambridge: Cambridge University, 1972] 36-9을 언급한다). Garlington
은 Seifrid의 글을 엄격하게 검토하고 그가 가진 '의에 관한 근시안적 개념'
을 비판한다(*Defense* 66-95).

255. Seifrid, 'Righteousness Language' 420. 유다/다말 사건에 대해서는 von
Rad, *Theology* 1.374을 보라. VanLandingham은 *dikaiosynē*가 법정적 용어가
아니며 결코 구원이나 칭의를 의미하는 것이 아니라 '질적인 의에 관한 구체
적이고 객관적인 실체'를 가리키며(*Judgment and Justification* 246, 252), 또
한 이 동사(*dikaioō*)는 '무죄를 선고하다'(acquit)를 의미하지 않고 '의롭게
만들다'(make righteous)를 의미한다고 주장한다(제4장). 그러나 그는 시편

사이프리드는『칭의와 다채로운 율법주의』제2편에 실린 후속 글에서 그의 주장을 요약하면서 그 타당성을 자세히 설명한다.[256] '의'에 관한 히브리적 개념을 '언약적 신실함'이나 '구원'으로 **축소하는 것**에 대한 그의 경고는 타당하다.[257] 자신이 창조한 백성을 향

143:2, 이사야 43:9, 26,『솔로몬의 시편』8:23, 9:2, 그리고 신약성경에서는 마태복음 12:37, 누가복음 18:14, 야고보서 2:21과 같은 본문들을 열심히 연구한다. 그는 로마서 5:19(많은 사람이 '의롭게 된다'[made righteous])을 분명히 언급할 수 있었지만 바울이 그때 *dikaioō*를 **사용하지 않는다는 점**은 그의 논지와 관련하여 중요하다. 그리고 *dikaioō*가 "의롭게 만들다"(즉, VanLandingham의 해석에 따르면, 실제적이고 질적인 의로움; 303, 308)를 의미한다는 것은 (그가 사실상 인정한 것처럼; 320) 자신의 핵심 본문 중 하나(롬 2:13)에서 사실상 의로운 자들이 의롭게 될 것이라고 말하는 것이 되는 셈이기에 부자연스러워진다. 무엇보다도 가장 놀라운 점은 그가 로마서 4:4-5에 주의를 거의 기울이지 않는다는 점이다. 로마서 4:4-5에서 법정적 배경은 '불경건한 자를 의롭다 하는' 심판의 법적 부당함을 암시하는 곳에서 분명하며(나의 *Romans* 204), 또한 거기서 나타나는 사고에 따르며 불의한 자에게 의로운 지위가 전적으로 부여된다.

256. M. A. Seifrid, 'Paul's Use of Righteousness Language Against its Hellenistic Background', in Carson et al., *Justification and Variegated Nomism Vol. 2* 39-74 (here 40-4); "히브리 성경에서 의와 관련된 언어는 … 대체로 억압받는 자들을 구원하는 정의를 수립하는 것을 중심으로 형성되어 있다"(45).

257. 또한 Seifrid, 'Paul's Use of Righteousness Language' 51-2을 보라; Schreiner, *Paul* 199도 보라. Schreiner의 표적은 Wright이다. Wright는 'Romans and the Theology of Paul'에서 반복해서 하나님의 의를 '하나님의 언약적 신실하심'으로 정의한다(33, 38-9, 43, 56, 65); 또한 *What Saint Paul Really Said* 제6장; 또한 *Paul: Fresh Perspectives* 25, 30, 32 등등도 마찬가지다. 또한 큰 영향력을 행사하고 있는 논문으로는 S. K. Williams, 'The "Righteousness of God" in Romans', *JBL* 99 (1980) 241-90 (here 265-71)이 있다. 나는 *Theology of Paul*에서 용어들의 의미가 서로 겹친다는 측면에 대해 이야기했다—하나님의 '의'는 하나님의 '신실하심'과 겹치는 면이 있다(342-4). 또한

한 하나님의 '의' 안에는 신실함과 구원에 더하여 진노와 심판도 포함된다는 사실이 로마서 1:16-18과 3:3-6에 차례로 함축되어 있음이 분명하다.[258] 하지만 그 사실과는 별개로 나는 사이프리드의 주장에 의해 '언약적 율법주의'라는 논제가 크게 방해받는다고 생각하지는 않는다.[259]

엘리엇(M. A. Elliott)은 다른 각도에서 샌더스의 '언약적 율법주의'에 접근한다. 과도하게 산만하고 장황한 엘리엇의 논의의 목적은 자신이 '선택 신학에 관한 언약적 민족주의적 관점'이라고 부른 내용을 재고하고 도전하려는 것이다. 그는 제2성전기 유대교의 문헌 속에 존재하는 것이 분명한 종파주의에 집중함으로써 그 작업을 수행한다. 엘리엇은 제2성전기 문헌들에서 분명하게 나타나

　Seifrid에 대한 Bird의 비판을 보라(*Saving Righteousness* 36-9).

258. 더 자세한 내용은 나의 *Romans* 42, 132-5; Seifrid, 'Paul's Use of Righteousness Language' 58-9을 보라. Blocher가 바울 저작에서 '의로운 심판'(롬 2:5)이 강조된다는 사실에 주목한 것은 타당하다('Justification of the Ungodly' 473-6).

259. 그는 그 시리즈의 제1편에 대한 나의 평가에 어느 정도 동의한다(본서 각주 242번): "많은 논문들에서 … 다양한 유대교 문헌 묶음이 '언약적 율법주의'라는 도식에 잘 맞아떨어진다는 사실을 확인했다"—그는 이미 "사도 바울이 당시의 유대교 안에 Sanders가 기술한 '언약적 율법주의'와 같은 것이 존재한다는 사실을 인식하고 있었다"고 결론지은 바 있다('Unrighteous by Faith' 144). 하지만 흥미롭게도, 그는 이전에 '율법의 행위들'에 대해 '하나님의 호의를 보장하거나 확정하는 역할을 한다고 간주되는 율법의 요구들에 대한 순종의 행위들'이라고 기술한 바 있음에도 불구하고(141), 바울이 말하는 '율법의 행위들'이 '[언약] "안에" 머무르는 조건이 **아니라** 그로 인한 결과'라고 주장한다(143, 굵은 글씨체는 나의 강조).

는 바, '이스라엘 민족에 초점을 맞춘 국가 정체성 개념에 대한 심오한 반동을 대표하고'('자신들을 **비-국수주의적** 관점에서 표현한 일종의 저항 운동'), '무조건적인 혹은 일방적인 언약 신학을 입증하는 것과는 거리가 멀며, … 언약에 대한 고도로 개인주의적이고 조건적인 관점을 보여주는 종파주의에 집중함으로써 그렇게 한다.'[260] 하지만 엘리엇이 '무조건적인 혹은 일방적인 언약 신학'이라는 정의를 샌더스에 대한 설명으로 의도했다면, 그는 표적을 잘못 겨냥한 셈이다. 왜냐하면 우리가 살펴보았듯이, 샌더스는 이스라엘이 언약 백성으로부터 배제될 가능성을 굉장히 실질적인 차원으로 보았기 때문이다.

　게다가 엘리엇은 종파주의적 사고방식 혹은 '당파주의'(factionalism: 내가 썼던 용어)를 오해한 것 같다. 나는 그러한 흐름이 제2성전기 유대교 문헌에서 매우 두드러진다는 사실에 동의한다.[261] 하지만 그러한 흐름을 '언약에 대한 고도로 개인주의적인 관점'을 위해 민족주의적 신학을 포기했다는 식으로 묘사한 것은 좋은 접근이 아니다. 오히려 **국가적 소망이 이스라엘 중 경건한 이들에게 집중된 것**으로 파악하는 게 더 낫다. 이는 의로운 사람들이 이스라엘을 포기할 것이라는 의미가 아니라, 오히려 신실하지 못한 이

---

260. Elliott, *Survivors of Israel* 113, 241, 353, 639으로부터 인용.

261. 나의 'Pharisees, Sinners, and Jesus' 71-7을 보라. 또한 'Jesus and Factionalism in Early Judaism', in *Hillel and Jesus: Comparisons of Two Major Religious Leaders*, ed. J. H. Charlesworth & L. L. Johns (Minneapolis: Fortress, 1997) 156-75. Elliott은 오로지 나의 *Partings* 103-6만을 언급한다.

스라엘 사람들은 이스라엘 신앙을 버리고, 오직 의로운 사람들만이 언약의 약속을 유업으로 받을 것이라는 생각, 즉 이스라엘의 언약에 신실한 우리만이 유일한 '이스라엘'이라는 생각이다.[262] 예를 들면, 쿰란 공동체의 경우 자신들을 '이스라엘 회중'이라고 생각했다(1Q28a/Sa 1.1). 이 생각이 **아무** 민족으로부터 온 개인들이 모여 그들 자신을 '이스라엘'로 확립한다는 의미가 아님은 당연한 사실이다. 오히려 그것은 **이스라엘 내부의** 한 집단에 관한 것이다. 즉, 하나님께서 이스라엘을 선택하셨고 이스라엘과 언약을 맺으셨다는 사실을 전제로 자기 정체성을 이해하며, 최초에 하나님의 선택된 백성으로서 이스라엘을 설립했던 그 언약에 (홀로) 신실함을 굳게 지키고 있는 (혹은 그 언약으로 돌아온) 한 집단에 관한 것이다.[263] 그러한 종파들, 확실하게는 쿰란 종파의 사상 및 실제에서 작용하고 있었을 시나리오는 바로 신명기 30장의 이야기로서,[264]

---

262. "'신실한 남은 자'는 하나님의 율법을 준수한 진실한 이스라엘이었다"(Eskola, *Theodicy and Predestination* 40). 당연히 실제로 바울은 유사한 방식으로 논의를 진행한다(롬 9:6-10:13).

263. *Paul and the Mosaic Law*에 관한 심포지엄에서 의견의 일치를 본 또 하나의 내용은 '우리가 제2성전기 유대교 안에서 구원에 대해 개인적 그리고 집합적인 면에서 말할 수 있는 반면, 개인의 신분에 대한 질문은 언약 백성의 자격이라는 주제에서 파생된 주제'라는 것이다(312; *The New Perspective on Paul* 288); 또한 *The New Perspective on Paul* 260을 보라.

264. Elliott, *Survivors of Israel* 278은 이 사실을 인식한다. 놀랍게도 Elliott은 제2성전기 유대교의 종말론 전반에 걸쳐 '지배적인 이야기'였던 내용이 '유배로부터 귀환'이었다는 Wright의 지속적인 주장에 전혀 관심을 쏟지 않는다; 특히 N. T. Wright, *The New Testament and the People of God* (London: SPCK, 1992) 268-71, 299-301 [=『신약성서와 하나님의 백성』, 크리스챤다이제스

이 이야기는 죄-유배-회복이라는 패턴의 기초를 제공했다. 이러한 사실은 『다마스쿠스 문서』 1.4-8이 분명하게 보여 주는 바다.

　　가장 충격적인 사실은, 훨씬 더 종파적인 내용을 담고 있는 문서조차도 국가적 회복의 소망에 대해 이야기하고 있다는 증거들이 존재하는데, 엘리엇이 이런 자료들을 다루는 데 어려움을 겪고 있다는 것이다. 국가로서 이스라엘과 맺은 언약이 종파주의자들에게 무시되거나 폐기 처분된 것이 아니라, 오히려 변절하고 흩어진 이스라엘이 장차 다시 귀환하여 그 민족의 온전함이 새롭게 실현될 것이라는 소망 안에서 확증되고 강화됐다는 사실을 확인하려면, 『에녹1서』 90:34-38, 『희년서』 1:15-25, 『솔로몬의 시편』 17:21-46과[265] 같은 본문들만 보아도 충분하다. 엘리엇은 이러한 본문들에서 염두에 두는 내용이 '회심한' 이스라엘에만 국한된다고 주장하면서 자신의 논지를 어떻게든 유지하려고 애쓴다. 하지만 그 주장은 당연한 이야기가 아닌가! '의로운', '경건한' 집단만이 언약의 의무에 신실하다고 할 수 있으며(언약적 **율법주의**), 이스라엘의 회복은 오직 변절한 '죄인들'이 그 의로운 집단/종파/파벌이 결국 옳았다는 사실을 인정할 때에만 일어날 것이라는 가정은, 신명기 30장에 함축된 내용이며 또한 종파주의의 특징과도 일치하

트, 2003]을 보라.
265. 이 내용은 Elliott, *Survivors of Israel* 521-6, 533-40, 555-61이 다루었다; 그는 '그 민족의 궁극적인 구원에 대해 이어져 온 희망'이 '어쩌면 놀라운 것'이라고 생각했다(573).

는 내용으로서 특별한 이야기가 아니다.[266] 사실상, 그의 온갖 노력에도 불구하고 엘리엇은 제2성전기 유대교의 종파들 가운데 비-민족주의적 구원론이 존재한다는 자신의 주장을 입증하지 못했으며,[267] 오히려 다양한, 그리고 그 시기 특유의 유대교의 구원론에서 샌더스의 요약(언약적 율법주의)에 포함된 **두 요소 모두**가 지니는 중요성을 강조한 셈이 됐다.

샌더스에 대한 가장 급진적인 도전은 반랜딩엄(Chris VanLandingham)의 최근의 연구, 『초기 유대교와 사도 바울에 나타난 심판과 칭의』(*Judgment and Justification in Early Judaism and the Apostle Paul*)이다. 첫 두 장은 팔레스타인 유대교에서 선택이나 최종 구원이 획득되는 것이 아니라 오직 하나님의 은혜와 자비에 달려 있다는 샌더스의 결론에 대한 직접적인 도전이다.[268] 이와는 대조적으로 반랜딩엄은 하나님의 '은혜'는 받을 자격이 없는 자에게 주어지거나 값

---

266. "현재의 신실한 남은 자들은 … 그 민족이 남은 자들에게 영예를 돌리고, 결국 그들의 대의명분에 가담할 때, 특히 … 바로 그 "선택된" 민족을 통해서, 저항의 메시지와 진실한 의에 대한 가르침이 결국에는 입증될 것이라고 굳게 확신했다"(Elliott, *Survivors of Israel* 637). 이 내용과 로마서 11:25-32과의 유사성이 무시되어서는 안 된다.

267. 그 논지는 랍비 유대교에는 더욱이 적용되지 않는다—Alexander: "미쉬나에서 구원은 다른 무엇보다도, 개인적이라기보다는 민족적인 특색을 띠는 것으로 보인다. … 미쉬나는 또한 구원에 대해 개인적인 면에서도 이야기한다. … 하지만 이 개인적인 구원은 민족적인 구원이라는 맥락 안에서 해석되어야 한다", "탄나임 시대 유대교에서 구원은 그 특징상 본질적인 면에서 민족적이었다"('Torah and Salvation' 274-5, 300).

268. Sanders, *Paul and Palestinian Judaism* 421-2.

없는 것이 아니며,[269] 자비가 논의되는 한 그것은 단지 하나님의 구원을 의미할 뿐이지 구원의 이유가 되는 것은 아니라고 주장한다.[270] "심판에서 유대 민족과 맺은 하나님의 언약은 사람의 영원한 운명을 결정하지 않는다. 오히려 그것은 사람의 행동에 달려 있다."[271]

제2장에서 반랜딩엄은, 제2성전기 유대교에서는 오직 의로운 자들만이 구원되기를 기대하거나 그렇게 기대할 수 있었다는 엘리엇의 주장과 같이, 구원을 얻으려면 순종이 필요하다는 제2성전기 유대교의 강조점을 강조함으로써 사실상 샌더스에 반대하는 주장을 강화한다.[272] 안타깝게도 그는 의로운 자들, 물론 **이스라엘**

---

269. VanLandingham, *Judgment and Justification* 55-60.

270. VanLandingham, *Judgment and Justification* 17, 144-5.

271. VanLandingham, *Judgment and Justification* 17.

272. 예, 『희년서』와 관련하여: "이 하늘의 기록과 보관[4:22-24; 30:21-24; 36:10]은 사람의 행동이 사람의 영원한 운명을 결정한다는 것을 보여준다" (*Judgment and Justification* 74); "하나님이 주시겠다고 약속하신 모든 복은 언약에 대한 순종에 달려있다"(79); 다니엘서에서 "의인은 받을 자격이 있기 때문에 하나님의 자비를 받는다"(85); 『에녹1서』 1-5장에서 "'선택된' 자들은 하나님에 의해 예정된 것이 아니며 '의로운' 자들은 그들의 행위와 별개로 그들에게 부여된 지위가 아니다"(89); 쿰란 문서와 관련하여: "언약이 그의 백성에 대한 하나님의 의무일 뿐만 아니라 또한 하나님에 대한 백성의 의무이기도 하다"(85; 더 자세한 것은 103-7을 보라)—이것이 우리에게 새로운 것을 말해 주는가? 그러나 그는 자신의 주장 내에서 1QS 10-11 및 1QHᵃ을 붙잡으려고 노력해야 한다(119-31): "1QS 10-11과 1QHᵃ와 같은 본문은 이러한 문제에 대한 그 종파의 신학을 결정하는 데 **중심적인 역할**을 해서는 안 된다"(135). 다른 한편으로, "언약만이 효력이 있다거나, 특정 세대나 개인에게 보장된 구원론적 효과가 있다는 증거는 없다"는 Sanders에 대한 그의 비

의 의로운 자들, 다른 말로 하자면 그들이 언약 백성의 일부라는 것이 자신들의 의로움의 전제이자 시작점이라는 가정을 인지하지 못했다는 점에서 엘리엇과 같은 함정에 빠졌다.[273] 그리고 반랜딩엄의 전형적인 주장, 곧 '의로운 자들이 선택됐기 때문에 의롭다고 말하는 것보다 자신들의 의로움 때문에 선택됐다고 말하는 것이 더욱 자연스럽다'는[274] 주장에 대한 분명한 반박은, 그가 '둘 모두'로 이해해야 좋은 것을 '둘 중 하나'로 이해하고 있다는 것이다. 제2성전기 사고에서 선택과 의는 함께 움직인다—그리고 또한 이것이 바로 죄/불의/배교가 신명기/언약적 율법주의자에게 그렇게 자기모순적이고 비참한 이유다. 심판은 언약 관계에서 요구되는 순종에 대한 심판으로서 선택과 순종 모두와 관련되어 있는 것으로 볼 때 더 잘 이해될 수 있다.

그러나 반랜딩엄의 가장 급진적인 주장은 첫 번째 장에 나온다: "(구원과 같은) 그 선택은 하나님의 은혜의 선물이 **아니라** 적절한 행동에 대한 보상이다." 하나님은 아브라함이 의로웠기 때문에

판은 본질적으로 건전하다(146; 154과 171의 설명에 주목할 필요가 있기는 하다).

273. '상대적으로 적은 수의 이스라엘인'이 심판에서 살아남을 것이라는 믿음은 '언약적 율법주의와 양립할 수 없다'(*Judgment and Justification* 102), 또는 『솔로몬의 시편』의 종파주의는 '율법주의'(legalism)라는 주장(139)은 '언약적 율법주의'의 율법주의적(nomistic) 요소가 제2성전기 종파주의 내에서 얼마나 진지하게 해석될 수 있었고 그렇게 해석됐는지를 인지하지 못한 처사다. Yinger, *Paul, Judaism and Judgment* 73-8과 대조해 보라.

274. VanLandingham, *Judgment and Justification* 94.

선택하셨다. 창세기 15장의 약속은 창세기 12:4과 13:17에 묘사된 아브라함의 순종에 뒤따른다. 창세기 17장의 반복된 약속은 할례를 조건으로 한다. 그리고 창세기 22장에 있는 약속의 갱신은, 26:4-5에서와 같이, 아브라함이 기꺼이 이삭을 희생시키려 했던 것(22:15-18)에 대한 보상이라는 말이다.[275] 반랜딩엄이 발견했던, 약속이 주어지기 이전의 아브라함의 경건은 『희년서』 12:12-21, 위-필론 6장, 『아브라함의 묵시』에서 강조된다.[276] 그 주장은 족장 이삭, 야곱, 이스라엘 민족에 대해 반복된다.[277]

반랜딩엄이 아브라함의 경건에 대해 주의를 기울였던 것은 온당한 일이지만 안타깝게도 그는 자신의 주장을 과신했다. 성경 자체의 증언에 따르면 창세기 12:1-3의 약속은 어떤 사전적 자격도 가정하고 있지 않다. 물론 아브라함이 약속에 수반되는 명령에 순종해야 하는 것은 당연한 일이다. 하지만 그것이 바로 '언약적 율법주의'가 주장하고 있는 상호 관계다. 마찬가지로 창세기 15:1의 '보상/상급'에 관한 이야기는 미래의 일(prospective)과 관련되어 있

---

275. *Judgment and Justification* 18, 19, 20-3.

276. *Judgment and Justification* 23-6, 28-33, 34-5; de Roo, '*Works of the Law*' at *Qumran* 105-7에서도 또한 언급됐다. VanLandingham은 또한 Philo과 Josephus를 사용한다(26-8, 33-4); A. E. Cairus, 'Works-Righteousness in the Biblical Narrative of Josephus', *ExpT* 115 (2003-04) 257-9은 비슷한 효과로 Josephus, *Ant.* 1.183을 언급한다. 그러나 Philo과 Josephus는 팔레스타인 유대교의 경건에 대한 자기 이해에 대한 증인으로서 어느 정도 자격이 있을까?

277. *Judgment and Justification* 37-9, 39-55.

으며 창세기 17:1-14의 할례의 요구는 그와 그의 후손들에게 약속된 언약에 대한 아브라함의 반응이고, 그와 그들의 언약 가운데 주도적으로 제공된 것이다(언약적 율법주의). 그리고 『희년서』는 실제로 창세기 12:1-3에 앞서 아브람의 경건을 중시하지만,[278] 위-필론에서 '하나님은 아브라함의 경건을 인정하셨기 때문에 먼저 아브라함과 언약을 세우셨다'는[279] 주장은 위-필론 6-8장 본문 안에서 해석된 것이다. 반랜딩엄이 자신의 주장을 수정하지는 않았지만 스스로 인지한 것처럼,[280] 더더욱 눈에 띄는 것은 아브라함과 조상들에게 약속된 언약에 대해 위-필론이 반복적으로 확신하는 부분이다(9:3-4, 7; 10:2; 11:1; 12:4; 13:10 등). 요약하자면 반랜딩엄은 언약을 유지하는 데 필요한 순종과 하나님의 주도권의 근거인 순종을 반복적으로 혼동하고 있으며, 조상과 민족과 맺은 언약의 주권적인 약속의 성격을 무시한다.[281] 그들에게 응답할 책임이 있었다고

---

278. Watson은 『희년서』와 야고보서 2:21-24을 다룬다: "이 창세기 독자들에게는 아브라함 이야기의 주요 주제가 인간이 아닌 신의 행위라는 생각이 떠오르지 않는다"(*Hermeneutics of Faith* 235).

279. *Judgment and Justification* 31.

280. *Judgment and Justification* 29.

281. VanLandingham이 인용한 다른 본문도 마찬가지다: 시락서 44:19-21; 지혜서 10:5; 마카비1서 2:52; 『다마스쿠스 문서』 3.1-4(*Judgment and Justification* 36). 그는 '선택과 의무, 은혜와 율법, 약속과 순종을 분리하는 것이 어렵다'(41)는 것을 인정하지만 '하나님이 아브라함을 택하신 것은 아브라함의 의에 대한 응답으로 제공된 상급과 다름이 없다. 하나님의 은혜가 인간의 의무보다 앞선다는 개념은 어디에서도 찾아볼 수 없다'(64)라고 자신의 주장을 견지한다. 신명기 7:7-8, 9:4-5과 같은 본문들이 '은혜의 선율을 울린다'(41)는 것을 인정하면서도 말이다. 유사하게 Westerholm은 이스라엘이

해서 하나님의 약속이 선행하는 행동이었다는 사실을 부정하는 것은 아니다.

요약하자면 이렇다. 샌더스가 그 내용을 최초로 진술했을 때, 그 정식의 율법주의(nomism)의 측면을 덜 강조하고, 그 주제에 대해 제2성전기 유대교가 만장일치를 이루고 있었음을 과도하게 강조한 것은 사실이다. 그리고 샌더스를 비판하는 사람들은 그 정식을 융통성 없는 법칙으로 취급하거나, 그 정식이 기본적으로 통합된 특징을 지니고 있는지에 이의를 제기하는 시도를 해 왔다. 하지만 그럼에도 유대교의 구원론을 '언약적 율법주의'로 범주화하는 것은 여전히 전체 내용에 대한 공정한 정리로 생각된다. 구원론을 좀 더 정교하게 기술하다 보면 유대교들(복수)에 대해 말할 필요성이 생긴다는 것을 인식함에도 불구하고, 결국에는 여전히 '유대교'(단수)에 대해 말하는 것이 가능하며 또한 그렇게 말하는 것이 필요하다.[282] 이미 지적했듯이 내가 제2성전기 유대교와 관련하여 이 용어를 사용할 때, 나는 신명기가 전형적으로 보여주는 신학을 일차적으로 염두에 두고 있다.[283] 이와 유사한 성격을 지닌 개념으

언약의 율법에 기꺼이 복종하는 것을 하나님이 먼저 그들에게 언약을 주시기 전에 충족되어야 하는 조건으로 취급하는 랍비 문서에 주의를 기울이는데(*Perspectives* 349-50), 이는 선택의 **목적**과 선택의 **이유**를 혼동한 것처럼 보인다(Sanders, *Paul and Palestinian Judaism* 93에서 제안했던 것처럼).

282. 나는 이 문제에 관해 *Jesus Remembered* 255-92에서 상당한 분량을 할애하여 논의했다.

283. 나는 다시 한번 앞에서 인용한 Alexander의 논평(본서 각주 242번)을 언급해야겠다. 또한 *The New Perspective on Paul* 156을 보라.

로 바울의 구원론의 특징인 '이미/하지만 아직은 아닌'의 긴장을 들 수 있겠다. 그 긴장이 지닌 요소와 특징에 관해서는 의견이 일치하지 않음에도 불구하고, 그 개념이 존재한다는 것 자체에는 광범위한 의견 일치가 이루어진 상태다. 마찬가지로 '언약적 율법주의'라는 개념이 우리에게 알려주는 것은, 제2성전기 유대교의 구원론 안에 선택(언약)과 토라(율법주의[nomism]) 사이에 공생적인 관계가 존재한다는 **사실 자체**이지, 그 관계의 내용이 **무엇인지** 혹은 그 관계가 상이한 제2성전기 유대교의 작가들과 종파들에게 **어떻게** 인식됐는지에 관한 것이 아니다. 선택의 주어짐과 그로부터 파생된 결과인 의무, 이 둘은 제2성전기 유대교의 구원론이라는 타원의 두 초점에 해당된다. 하지만 두 초점 사이의 연결이 허락하는 한에서 어떻게 타원을 그리느냐에 따라서, 그 둘레는 좀 더 팽팽할 수도 혹은 느슨할 수도 있다. 더 이상의 오해를 막아보려는 심정으로 다시 한번 요점을 반복해 보겠다. '언약적 율법주의'에 대한 샌더스 자신의 진술을 변호하는 것은 나의 의도가 아니다. 아베마리에를 위시한 사람들의 비판은 정당하다. 그보다 나의 핵심 주장은 제2성전기 유대교의 구원론 안에 주어진 선택과 요구된 순종 사이의 상호 관계가 존재했으며, 그 상호 관계가 샌더스 이전에는 충분히 인식되지 않았고, 이제는 '언약적 율법주의'라는 문구 안에 그러한 특징이 공정하고 효과적으로 표현될 수 있다는 것이다.

(c) 전체적인 논의를 통해 다음과 같은 위험성이 부각된다: (i)

다른 시기, 다른 상황 속의 다른 작가들의 다양한 진술을 조직화하려는 위험성, 또는 (ii) 다른 문학 장르와 수사적 맥락으로부터 위태로운 병렬 진술들을 추출해 내려는 위험성.

(자만과 번영이 득세한) 특정 상황에서는 당연히 신적인 선택이 먼저라는 사실, 그 선택이 값없이 주어졌다는 사실이 강조되어야 한다. 나는 이미 신명기의 서두를 예로 든 바 있다. 반대로 (불순종과 무시가 두드러지는) 특정 상황에서는 순종해야 할 필요성과 순종하지 못할 때의 위험성을 강조하게 될 것이다. 이런 상황과 관련해서는 신명기 28장이 적절한 예가 될 것이다. 상황에 따라 강조점이 달라질 수 있다는 이 이야기는 일관성 없음을 보여주는 것인가, 아니면 상이한 상황에 적절하게 적용된 상이한 수사학에 대한 이야기에 불과한가, 아니면 같은 책에 존재하는 상이한 단락에 관한 것인가?!284 나는 뒤에서 바울의 저작을 포함한, 기독교의 저작들이 지닌 이와 유사한 성질에 주의를 기울일 것이다. 말하자면, 은혜에 대한 강조와 순종의 필요성 사이의 관계와 관련하여 그와 유사한 다양성이 기독교 저작들 안에 존재한다는 사실이 쉽게 입증될 수 있다. 그렇다면 바울은 유대교 본문만큼이나 '일관성이 없

---

284. 나는 Avemarie로부터 Seifrid가 도출해낸 결론, 즉 많은 랍비들의 진술들이 Sanders가 제안한 '지배적인 총합'(언약적 율법주의)과는 별개인 '율법주의'(nomism)를 나타내고 있다는 주장에 이의를 제기한다(M. A. Seifrid, *Christ, our Righteousness: Paul's Theology of Justification* [Downers Grove: IL: IVP Apollos, 2000] 16). 하나님께서 이스라엘을 먼저 택하신 것과는 별개로 자신은 순종에 대해 강조한다고 주장하는 랍비가 과연 있었겠는가? (본서 각주 252번에 인용된, 이 문제에 대한 Avemarie 자신의 견해를 보라).

는' 것인가, 아니면 두 가지 내용 모두 발화의 다양한 방식이 상이한 환경 속에서는 각각 적절할 수 있다는 사실을 우리에게 상기시켜 줄 뿐인가?

그렇다면 이스라엘의 언약적 율법주의 안에 존재하는 두 가지 요소 사이에는 창조적인 긴장이 존재했던 것이 분명한데, 아마도 이를 왜곡했던 사람들이 제2성전기 유대교와 랍비 유대교 안에 존재했던 것 같다. 얼마나 놀라운 일인가! 그렇다면 이스라엘에게 지워진 (언약적) 율법주의의 의무를 강화했던 집단과 종파가 존재했으며, 그들은 다른 사람들이 반박하는 할라카에 신실함으로써 그들 자신의 상태를 '의로운 것'으로 평가했고, 그런 할라카를 수용하지 않는 사람들을 '죄인들'이라고 맹렬히 비난했다.[285] '할라카' 대신 '성서 무류설', '6일 창조', '교황의 무오성', '안식일 준수', '형벌적 대속', '성직자의 자격으로서의 남성성'과 같은 말을 넣어 보라. 그러면 같은 이야기를 기독교 내부의 적지 않은 종파/집단/

---

285. 바울이 (그리고 예수가) 이의를 제기한 대상이 유대교가 아니라 제2성전기 유대교 내부의 (하나의) 종파적인 관점(들)이라는 주장들이 있는데, 이러한 주장들은 당연한 귀결, 곧 바울 (그리고 예수) 자신이 언약적 율법주의의 균형이 실제로 어떤 방식으로 이루어져야 하는지에 대한 유대교 내부의 논쟁의 일부였다는 사실을 거의 인식하지 못하고 있다. Waters는 다음과 같이 논평한다: "어떤 종교의 일부 교사들이 때때로 그 종교의 추종자들에게, 궁극적으로는 그들의 선한 행위의 총합이 악한 행위의 총합보다 많아야지만 심판의 기준을 통과하여 받아들여진다고 주장한다고 하자. 그렇다면 이 종교를 은혜의 종교라고 변호해 주기는 어렵다"(*Justification* 57). 그런 논리를 따른다면, 종교는 **일부** 극단주의자들의 **일부** 가르침을 근거로 판단될 것이다. 하나님 우리를 도우소서!

전통주의자들에게 할 수 있을 것이다. 그렇다. 진정으로 각각의 경우에 하나님의 은혜가 지닌 순수함이 위태롭게 될 위험성, 하나님을 위한 그리고 하나님의 율법/말씀을 위한 열심 때문에 부차적인 쟁점/아디아포라가 본질적/근본적인 위치로 격상될 위험성이 존재한다. 애석하게도, 어떤 모습이든 근본주의자들은 오직 믿음에 의한 칭의가 그러한 모든 형태의 근본주의에 반대하고 있다는 사실을 제대로 평가하지 못한다. **칭의는 오직 믿음으로 말미암지, 종파를 구별해 주는 특정 교리들에 의거하는 것이 아니다!** 그런데도 어떤 종교에 대한 근본주의자들의 표현이 반드시 그 종교의 특징을 나타내는 표현으로 간주되어야 하는가? 그리고 언약적 율법주의에 대한 다양한 표현들 사이에 존재하는 불일치는 (내가 질문을 던졌듯이) '언약적 율법주의'가 제2성전기 유대교 구원론에 대한 성격 묘사로서 부적절하다는 것을 증명해 주는가? 아니면, 바울이 제2성전기 유대교 안의 표현들 가운데에서 오로지 제한된 범위의 표현만을 사용하고 있다는 표시인가? 이러한 질문은 다음 지점으로 우리를 인도한다.

4.2 (10) 최종 칭의

특히 슈툴마허(Stuhlmacher)와[286] 개더콜(Gathercole)이[287] 강조한

---

286. *Revisiting* 14-16, 40-1.
287. 본서 각주 232번을 보라. Gathercole에 대한 B. W. Longenecker, 'On Critiquing the "New Perspective" on Paul: A Case Study', *ZNW* 96 (2005) 263-71의 평가에서 그는 강조점의 변화가 부정(denial)과 같은 것이 아니라고 바

칭의가 지닌 종말론적 차원에 대한 전체적인 논의에 관하여, 나는 다시 한번 주저 없이 그에 대한 많은 비판들이 타당하다는 사실을 인정한다. 하지만 내가 『바울신학』(The Theology of Paul)에서 바울의 구원론을 다룬 내용이 "구원의 시작"(The Beginning of Salvation)과 "구원의 과정"(The Process of Salvation)으로 두 장(제5장과 제6장)에 걸쳐 있다는 사실, 그리고 앞선 "이신칭의"(Justification by faith) 부분(제14장)의 논의를 나중의 "종말론적 긴장"(The eschatological tension) 부분의 논의(제18장)가 보충한다는 사실을 인지한 사람은 거의 없는 것 같다.[288] 그래서 여기에서도 순서대로 관련된 내용을 명확히 제시하려고 한다.

(a) 다시 한번 우리가 되새겨야 할 내용이 있다. '새 관점'은 행위가 아닌 믿음으로 의롭다 함을 얻는다는 바울의 정식이 어떻게 이방인이 이방인인 채로 이스라엘의 언약적 축복에 참여할 수 있는가 하는 쟁점에서 생겨난 것이라고 인식했고, 이러한 인식이 바로 '새 관점'이 초기에 집중한 내용을 결정지은 요인이었다는 사

르게 지적한다(266-8). Bird는 또한 내가 최종 심판을 '최소화'하고 그것을 '언약 구성원에 대한 칭의의 적용 아래에 종속시킨다'(*Saving Righteousness* 101)라고 생각하는데, 이는 내가 인정하지 않는 비판이다.

288. 특별히 *Theology of Paul* 467을 보라. 나는 나의 'Jesus the Judge: Further Thoughts on Paul's Christology and Soteriology', in D. Kendall & S. T. Davis, eds., *The Convergence of Theology*, G. O'Collins FS (New York: Paulist, 2001) 34-54 (here 40-3)에서 칭의/심판의 미래 시제에 대해 정리한 바 있다. 본서 제5장 및 *The New Perspective on Paul* 326 n. 47를 보라.

실이다(Stendahl).[289] 따라서 새 관점이 집중한 내용이 어떻게 이방인이 '들어올'(get in) 수 있는지, 또 어떻게 그들이 하나님의 (새로운) 언약 백성에 들어오는지 혹은 이스라엘의 하나님께 수용되는 것인지와 같은 질문이었다는 사실은 자연스럽다. 내가 옳다면, 안디옥에서 베드로와 다른 유대인 신자들이 보인 반응을 결정지은 요인은, 크게 보면 그들 자신이 언약 안에 '머물러'(stay in) 있어야 한다는 관심이었다. 하지만 같은 상황에서 바울의 관점과 논의의 초점은 그리스도를 믿는 공동체 안에 **최초로** 이방인을 완전하게 받아들이는 문제였다.[290] 같은 내용이 갈라디아서 3장과 로마서 4장 모두에서 바울이 아브라함을 언급하며 펼치는 핵심 주장에도 적용된다.[291] 바울이 광범위하게 집중하는 내용은 창세기 15:6이 아브라함이 그때 거기에서 '의로운 것으로 여겨졌다'고 선언됐다는 사실에 있었다. 그래서 로마서 5:1은 부정과거 시제로 그 사실을 강조한다. 개더콜은 (최종 칭의를 무시했다고) 새 관점에 반발하는데, 이 비판은 차라리 바울 자신을 겨냥하는 게 낫겠다! 내가 맞다면, 칭의가 창세기 15:6 이후에 나타나는 신실한 순종에(도) 의존한다고 역설했던 주체는 바로 **유대인 논적들**이었고, 반대로 우리가 '개종 칭의'(conversion justification)라 부를 수 있는 내용에 집중하자고 주장했던 주체는 바로 바울이었기 때문이다. 바울이 일차적으

---

289. 본서 각주 31번을 보라.
290. 본서 각주 100-102, 119-20번을 보라.
291. 본서 #3.2 (6)을 보라.

로 변호하려고 했던 내용은, 아브라함이 믿었을 때 의로운 것으로 여겨진 것처럼 이방인 신자들도 **이미** 의로운 것으로 여겨졌다는 자신의 주장이었다.

마찬가지로 우리가 되새겨야 할 내용은 이신칭의에 대한 전통적인 관심의 초점이 하나님께 받아들여지는 첫 순간에 모아졌다는 사실이다. 전형적으로 기독교 신학 내부에서 '칭의'—믿음으로 의롭다 함을 얻음—는 사람이 믿을 때 발생하는 사건으로 이해되어 왔다.[292] 그렇기 때문에 (잘못된 이해지만) 전통적으로 칭의와 성화 사이를 구분했던 것이다.[293] 그리고 '칭의'를 구원 과정의 시초로 간주하는 관점에 분명한 선례를 제공한 당사자가 다름 아닌 바울 자신이었다.[294] 반복하자면, 로마서 4장이 전체적으로 말하는 바는 아브라함이 의롭다 함을 얻은 것(의롭다고 간주된 것)은 그가 처음 하

---

292. 참조, 예를 들면 Stuhlmacher: "세례 사건은 칭의 사건이다"(*Revisiting* 60; 더 자세한 내용은 62-3을 보라).

293. Donfried, 'Justification and Last Judgement in Paul'은 옛 모델을 대표한다: "그리스도인의 삶은 칭의에서 시작해서, 성화 속에서 실현되고, 구원과 함께 완성에 이르는 과정이다"(265, 267). 하지만 차후에 좀 더 명료화하기는 하지만 이 과정이 시간 순서로 일어난다는 인상을 너무 과하게 준다(281).

294. 이런 이유로 나는 그 내용을 *The Theology of Paul* 제5장 "구원의 시작"에 두었다. 하지만 그로 인해 바울의 칭의에 대한 가르침과 관련한 오해를 낳았다는 사실 때문에 후회스럽다; Stuhlmacher는 *Revisiting* 42에서 이 부분에 대해 계속해서 나를 비판하지만, 내가 1999년에 이 내용과 다른 내용에 대해 그에게 제시한 응답인 'A Response to Peter Stuhlmacher', in F. Avemarie & H. Lichtenberger, eds., *Auferstehung — Resurrection* (WUNT 135; Tübingen: Mohr Siebeck, 2001) 363-8을 무시하고 있다. Stuhlmacher도 역시 칭의가 과정이라는 사실을 강조한다(*Revisiting* 제3장).

나님을 만난 때와 가까운 시기에 일어났지, 나중에야 일어난 사건
이 아니라는 것이다. 그리고 바울은 로마서 5:1에서 그의 복음을
요약하면서 상당히 명쾌하게, 믿음으로부터 오는 칭의가 바울 자
신과 독자들의 삶 속에서 이미 이루어진 실체라고 말한다. 따라서
샌더스와 새 관점이 개시한 논의가 그 주제의 명백하게 핵심적인
측면에 주의를 집중해 온 것은 전체적으로 당연한 일이다. 이를
다르게 표현하면, 처음에는 **최종** 칭의(최종 심판에서의 무죄방면) 주제
가 초점이 아니었다는 이야기다. 하지만 이런 이야기들이 논쟁의
핵심은 아니다.[295] 그러나 주해상의 근거로 볼 때 바울의 칭의 교리
가 최종 심판에 대한 언급 없이 적절한 방식으로 정식화될 수 없
다는 주장은 전적으로 타당하다.[296]

하지만 균형의 추가 너무 그쪽으로만 기울어도 안 된다. 즉,

---

295. 이 내용에 대한 나의 초기의 참고 자료들('New Perspective' 190)과 *Jesus,
Paul and the Law* 208 (Räisänen에 대한 응답)과 239-40 (Westerholm에 대
한 응답) 속의 추가적인 주석들을 언급해야겠다.

296. 바울이 최종 심판과 관련하여 또는 최종 심판에서 무죄 판결을 나타내기 위
해 *dikai*-그룹 용어를 사용하지 않는다고 주장하는 VanLandingham과는 반
대된다(*Judgment and Justification* 245, 302). 그러나 우리는 로마서 2:13과
3:4-6에서 *dikaioō*의 사용을 고려해 볼 필요가 있다. 여기서도 로마서 3:4-6,
9:9, 19의 발전적인 논지를 고려해 볼 때 3:20의 최종 심판 사상을 배제하기
는 어렵다. 그리고 8:33-34에 나타난 그림은 명료하다(*egkaleō*는 법적 전문
용어[LSJ]); 그리고 VanLandingham 326-8에도 불구하고 더 자세한 것은 나
의 *Romans* 502-3을 보라. 이 마지막 본문에서는 '믿음으로 말미암는 칭의'
(241)에 대한 명시적인 언급이 없을 수도 있지만, 행위들에 따른 심판에 대한
다른 사상들과의 긴장에도 불구하고 그리스도의 변호에 전적으로 의지하는
것은 동일한 결과를 낳는다.

'언약적 율법주의'의 두 요소 간의 상호 관계가 유지되어야 한다는 말이다. 레위기 18:5("너희는 내 규례와 법도를 지키라. 사람이 이를 행하면 그로 말미암아 살리라")이 좋은 사례다.[297] 이 내용이 우선적으로 가리키는 바는, 언약 백성 내부에서 삶의 방식, 그 땅에서 백성들을 위한 날들과 언약적인 신분을 확실하게 유지하는 방식에 대한 것이었다(겔 20:5-26, "그 율례를 준행하면 그로 말미암아 살리라"; 참조, 신 4:1; 5:32-33; 6:24; 8:1; 30:15-20; 느 9:29; 잠 3:1-2; 6:23; 시락서 17:11; 바룩서 3:9; 4:1; 『아리스테아스의 편지』 127; 『모세의 유언』 12:10; Philo, *Cong.* 86-87; 위-필론 23:10; 『에스라4서』 7:21).[298] 하지만 장차 올 시대 안에서 지속될 삶

---

297. 다음 내용에서 나는 S. J. Gathercole, 'Torah, Life, and Salvation: Leviticus 18.5 in Early Judaism and the New Testament', in C. A. Evans, ed., *From Prophecy to Testament: The Function of the Old Testament in the New* (Peabody, MA: Hendrickson, 2004) 126-45에 대해 응답하고 있는 것이다. 그 문제는 *Paul and the Mosaic Law* (312 n. 6)에 관한 심포지엄에서야 비로소 표면화되기 시작한 것이었다. 하지만 그보다 이전에 제기된 내용으로는 W. C. Kaiser, 'Leviticus 18:5 and Paul: "Do This and You Shall Live" (Eternally?)', *JETS* 14 (1971) 19-28을 보라.

298. 나는 이미 *Jesus, Paul and the Law* 239에서 Westerholm에 대한 반응으로 이 주장을 폈다. Gathercole은 내가 레위기 18:5의 사상을 '본질상 중언부언하는 의미'('이 일들을 행하는 사람은 그 일들을 행하는 것이다', 혹은 '이러한 일들로 사는 사람은 그 일들로 사는 것이다')로 환원하고 있다고 비난했다('Torah, Life and Salvation' 127-8). 하지만 나열된 본문들은 그 사상이 본질상 신명기 사상임을 명백히 보여 준다: "너와 네 자손이 살기 위하여 생명을 택하고, 네 하나님 여호와를 사랑하고, 그의 말씀을 청종하며, 또 그를 의지하라. 그는 네 생명이시요 네 장수이시니, 여호와께서 네 조상 아브라함과 이삭과 야곱에게 주리라고 맹세하신 땅에 네가 거주하리라"(신 30:19-20)ㅡ언약 백성 안에서의 장수 그리고 언약 백성의 장수를 보증하는 방법으로서, 그리고 삶의 방식으로서의 순종. Gathercole이 자신의 논의를 레위기 18:5의

에 대한 생각이 영원한 삶에 대한 사고로 진전됨에 따라 레위기 18:5의 약속 부분이 좀 더 구체화됐다.[299] 이러한 흐름은 쿰란 문서에서 이미 분명하게 나타난다: 1QS 4.6-8—"장수하면서 누리는 넘치는 평화 … 끝없는 삶과 함께 만끽하는 영원한 즐거움";『다마스쿠스 문서』 3.20—그는 "영원한 삶을 얻을 것이다"; 7.6—"그들은 수많은 세대를 거쳐 삶을 향유할 것이다." 유사한 내용이『솔로몬의 시편』에도 나온다:

반향이 감지될 만한 구절들에만 한정한 것은 그 논의의 약점이다—물론 레위기 18:5의 용법에 관한 논문에서 그런 방법론을 사용한 것은 이해할 만하지만! Watson은 레위기 18:5이 '이스라엘 백성의 독특한 삶의 방식'을 규정한다는 주장에 이의를 제기한다. 그 자신의 말을 들어보자(316): "레위기 18:5은 '삶'이 조건부의 약속으로 이해될 수 있는 가장 타당한 본문이다" (*Hermeneutics of Faith* 322). 하지만 그도 역시 그 사상이 그 땅에서 살아야 할 삶에 대한 신명기적인 사상이라는 사실에 충분히 주목하지 않는다. 레위기 18:5을 랍비들이 어떻게 사용했는지에 대해서는 Avemarie, *Tora und Leben* 104-17을 보라.

299. Baruch A. Levine, *The JPS Torah Commentary on Leviticus* (Skokie, IL: Varda Books, 2004) 91: "'사람이 그로 말미암아 살리라'라는 구절의 단순한 의미는 사람이 하나님의 규례와 법도에 따라서 삶을 살아야 하며, 그가 살아 있는 동안 또는 그의 전 생애에 걸쳐 그것들을 준수해야 한다는 것이다. 하지만 이 구절이 흔치 않은 구문과 의미론적인 미묘함을 지니고 있기 때문에 다른 해석들을 불러일으켰다. 먼저 구문을 보면, 이 구절은 결과를 나타내는 문장으로 이해될 수 있다: '사람은 이를 행해야 한다, [그 결과로서] 그는 생명을 얻게 될 것이다.' 하나님의 규례와 법도를 이행하면 생명의 보상이 주어지는 반면, 이를 위반하면 죽음의 위협이 가해진다. 이 해석은 이후의 주석들이 이 구절에 대한 전통적인 해석, 즉 법도를 준수하면 장차 올 세상에서 생명으로 보상을 받는다는 이해의 기초가 된다."

¹주는 진실로 그를 사랑하는 자들에게,

　그의 훈육을 견디는 자들에게,

²그의 계명들의 의 안에서 사는 자들에게 신실하시다.

　그는 율법 안에 우리의 생명을 위한 그 계명들을 명령하셨다.

³주의 경건한 자들은 영원히 그 의로 인하여 살 것이다.

　주의 낙원과 생명의 나무가 그의 경건한 자들의 것이다.

⁴그들의 뿌리는 영원히 깊게 심어져 있다.

　하늘이 존속되는 한 그들의 뿌리가 뽑히는 일은 없을 것이다.

⁵이스라엘은 하나님의 유업이며 그의 분깃이다.

　…

¹⁰주의 경건한 자들은 기쁨 안에서 생명을 유업으로 받을 것이다.

(14:1-5, 10; 또한 3:11-12; 9:5을 보라).[300]

솔로몬의 지혜 2:23과 6:18에도 유사한 내용이 나온다. 사람은 불
멸을 목적으로 창조됐는데, 율법 준수가 이 불멸을 보증한다. 이는
단순히 율법을 순종하는 자에게 주어질 생명에 대한 약속의 의미
를 불멸성의 개념으로 확대—"의인은 영원히 살리라"(5:15)—한 것
이지 않은가? 그리고 우리가 잊어서는 안 될 내용이 있으니, 바로
부자 청년이 예수에게 던졌던 질문이다: "내가 무엇을 하여야 영

---

300. Gathercole은 '우리의 생명을 위한'(14:2)이 '~에게로'(*eis*)라는 '장래에 일어
　　날 것'의 의미를 지닌다고 주장한다('Torah, Life, and Salvation' 133); 하지
　　만 그런 표현 방식("[장차 올 세상의] 우리의 생명으로")은 이상하다; 그리고
　　Gathercole은 14:1-5의 나머지 내용을 무시한다.

생을 얻으리이까?"(막 10:17 병행 구절). 동일한 내용을 미쉬나『아보
트』2:7도 보여준다: "만약 (사람이) 자신의 노력으로 율법의 말씀
에 이르렀다면, 그는 스스로 장차 올 세상의 생명에 이른 것이다."
그렇다면 다시 한번 핵심적인 내용은, 두 가지 강조점을 양극화시
켜서는 안 된다는 것이다. 즉, 토라는 '생명의 방식(way of life)이자
생명을 향한 방식(way to life)' 두 가지 모두로 간주됐으며, 이 쌍둥
이를 서로 대립시켜서는 안 된다.[301] 아베마리에는 이 둘 사이의 적
절한 상호 관계를 다음과 같이 훌륭하게 요약했다:

> 사람이 율법을 지키는 한 율법이 그를 생명으로 인도한다는 사실
> 에는 논란의 여지가 없다. 그러나 초기 랍비들은 '생명'을 오는
> 세계에 참여한다는 의미로만 배타적으로 이해하지 않았다. (그들
> 의 관점에서) 순종을 통해 생명으로 인도하는 율법의 길은 필연적
> 으로 공로를 얻게 되는 상황으로 인도하는 것도 아니며, 율법의
> 성취와 위반을 저울질하여 최종 심판을 내리는 상태로 인도하는
> 것도 아니다. 말하자면 그들에게 있어 영생은 확실히 인간 행동
> 에 대한 판단으로부터 기인할 수 있다.[302] 물론 그들은 행동의 동

---

301. 'Paul et la Torah' 241에 있는 나의 가장 최근의 진술을 보라. Gathercole,
    Where is Boasting? 96-111은 레위기 18:5의 영향사 안에서 언약적 생명과 영
    원한 생명 사이의 연속성이 지닌 함의에 충분한 주의를 기울이지 않는다—
    영원한 생명은 이미 경험된 것으로(더 자세한 내용은 본서 각주 313번을 보
    라), 혹은 이 삶의 죽음 이후에만 실현되는 것(신약에서 좀 더 전형적인 의
    미)으로 간주될 수 있다.
302. 이 문장의 독일어(*durchaus als eine Vergeltungsfolge menschlichen Handelns*

기가 문제시되는 지점에서는 보상에 대한 기대를 재차 유보했으며, 사실상 오직 하나님과 율법 그 자체를 위한 순종만이 적절한 것이라 생각했다.[303]

(최초의) 칭의와 최종 심판 사이의 상호 관계, 그리고 믿음과 순종 사이의 상호 관계와 관련해서는, **신약의 가르침도 그와 동일한 또는 최소한 매우 유사한 상호 관계를 포함하고 있다**는 사실을 인식하는 것이 중요하다.[304] 신자들에게도 순종이 역시 요구된다(롬 1:5; 6:16, 19; 15:18; 벧전 1:2).[305] 이웃에게 의롭게 행하지 않고서는 하나

---

verstehen)는 '확실히 인간 행동에 대한 보상으로'로 번역하는 것이 더 좋다.

303. H. Lichtenberger, 'The Understanding of the Torah in the Judaism of Paul's Day: A Sketch', in Dunn ed., *Paul and the Mosaic Law* 7-23 (here 22-3) 역시 Avemarie, *Tora und Leben* 582을 인용한다. 이와 같이 Avemarie는 제6장, 'Leben durch die Tora: 6.1 Die Tora als Mittel und Weg zum Leben' (376-99)의 첫 단락을 요약한다. 참조, Eskola: "우리가 가지고 있는 당시의 유대교 자료들로로부터 알게 된 지식들에 의하면, 이스라엘의 종교가 항상 종말론적이었던 것은 아니다. 구원은 미래보다는 현재('너희가 살도록')와 좀 더 관련이 있었다"(*Theodicy and Predestination* 54).

304. 이미 Sanders, *Paul, the Law and the Jewish People*, 특히 105-13이 그렇게 인식했고, 이제는 특별히 Yinger, *Paul, Judaism and Judgement* 2-4, 286-90이 그렇게 주장하고 있다. 그리고 VanLandingham, *Judgment and Justification* 제3장: 예, "바울은 예수 그리스도를 재판관으로 삼는 것 외에는 최종 심판에 대한 유대인의 믿음을 어떤 중요한 방식으로도 바꾸지 않았다"(240). Yinger는 그 긴장을 해소해 보려는 다음 시도들에 대해서 검토했다: 바울이 그 문제에 관해서는 완전히 일관성이 없었다고 결론짓거나, 또는 수사학적인 면에서 해답을 찾아보려 한다거나, 또는 상당한 정도로 한 가지 강조점을 다른 강조점보다 경시함으로써 그 긴장을 해결해 보려는 시도들(6-15).

305. 바울은 신명기 저자만큼 강력하게, 하나님의 선택과 용납으로 인한 윤리적

님 앞에서 의로울 수 없다는 구약의 주장(예, 신 24:10-22; 겔 18:5-9)은
예수의 제자들에게도 여전히 적용된다(예, 눅 19:1-9; 롬 14:1-15:7).[306]
바울은 그의 회심자들이 '하나님께 합당히 행하기'를 기대했다(살
전 2:12); 또한 그는 그들의 삶에서 '의의 열매 혹은 수확'을 구했다
(고후 9:9-10; 빌 1:11).[307] 마태뿐만 아니라 바울도 율법의 '성취'(마 5:17-
20; 롬 8:4),[308] 그리고 신자들이 '선한 행위'를 열매 맺기(마 5:16; 고후
9:8; 골 1:10)를 기대했다. 바울이 율법을 성취하는 사랑에 대해 이야
기할 때, 매우 구체적인 행실들을 염두에 두었음이 명백하다(롬
12:9-13:10; 갈 5:13-15).[309] 율법의 요구를 '지키는 것'은 바울에게도 계

귀결/결과를 주장하며, 그에 필요한 순종이 마음으로부터 우러나와야 한다
는 점을 양쪽 측면 모두에서 동일하게 인식하고 있다. 신명기만큼 바울(예,
롬 6:18-19)에게서도 '의'는 사실상 언약적 율법주의의 양쪽 측면, 즉 하나님
의 구원하는 행위와 그 의에 대한 순종이라는 의무, 두 가지 모두를 요약하
고 있는 용어였다(Dunn, 'In Search of Common Ground' 328). 나는 F.
Thielman, *Paul and the Law* (Downers Grove, IL: IVP, 1994) 238-41이 이
내용에 관해 점차 형성되고 있는 의견 일치의 일부라는 사실 역시 주목하고
있다(304 n. 52). 로마서 6:16에 대해서는 VanLandingham, *Judgment and
Justification* 232-5을 보라.

306. 더 자세한 내용은 나의 'Justice of God' 18-21을 보라; 불행하게도 하나님께
　　서 찾으시는 의의 이러한 측면이 새 관점에 관한 논쟁에서 무시되어 왔다.
307. 고린도후서 9장의 논지가 가리키듯이, 이 관심사는 인간 관계에서의 정의에
　　대한 구약의 특징적인 관심사를 반영한다. Schreiner는 이 점을 인식하고는
　　있지만, 하나님이 의롭다고 선언하는 것이지 의롭게 만드는 것은 아니라고
　　주장한다(*Paul* 205, 209).
308. 롬 8:4에 대해서는 VanLandingham, *Judgment and Justification* 236-9을 보
　　라.
309. Bergmeier, *Gesetz* 80-2. "진정한 아브라함의 가족은 율법으로부터 해방됐
　　다. 하지만 그럼에도 불구하고 그들이 **행해야 하는** 의무, 즉 그들의 믿음을

속해서 중요성을 지니고 있었다(롬 2:26-27; 고전 7:19).[310] 최종 심판은 '행위에 따라' 일어날 것이다(마 16:27; 요 5:28-29; 롬 2:6-11; 고전 3:8; 고후 5:10; 11:15; 골 3:25; 계 20:11-15).[311] 업적이나 선한 행실(행위)에 대한 보상의 이미지도 적지 않다(예, 마 6:1-6; 10:41-42; 25:34-40; 고전 3:14, 9:24-25; 빌 3:14; 골 3:24; 딤후 4:8).[312] 구원(영원한 생명)은 어느 정도 신실

사랑의 행동이 되게 해야 하는 의무로부터 해방된 것은 아니다"(Barclay, *Obeying the Truth* 94).

310. (고린도전서의) 바울의 실제적인 교훈들이 할라카적인 특징과 선례를 가지고 있다는 것이 Tomson의 논지다('Paul's Jewish Background'); 그는 이전의 *Paul and the Jewish Law: Halakha in the Letters of the Apostle to the Gentiles* (CRINT III/1; Assen/Maastricht: Van Gorcum, 1990)을 요약하고 있다.

311. 이 사실은 Gathercole, *Where is Boasting?* 113-9, 124-31이 인정하고 있는 내용으로, 그도 역시 누가복음 10:28에서 예수가 영원한 생명이 '행함'에 달려 있는 것으로 본다는 사실에 주목한다(121-4). 바울의 칭의 교리는 제2성전기 유대교의 구원론을 겨냥하는 것만큼 **신약의 다른 저자들을 겨냥하고 있다**는 필연적인 결론에도 불구하고, Gathercole은 이 모든 내용에 별다른 영향을 받지 않는 것이 분명하다(그 장의 제목은 "신약의 유대교 구원론"이다). 바울 자신의 사상 안에 존재하는 긴장에 대한 그의 해결책에 대해서는 본서 #4.3 (11)을 보라. Bell은 로마서 2장에서 염두에 두고 있는 심판이 그리스도인에게 적용된다는 사실을 간단히 부정해 버린다(*No One Seeks for God* 254-6; 또한 본서 각주 369-71번을 보라). '심판에 대한 바울의 말들 중 약 3/4이 그리스도인의 심판을 가리킨다'고 언급하는 Snodgrass와는 반대 입장이다 (Snodgrass, 'Justification by Grace — to the Doers' 93 n. 101). 로마서 2장과 고린도후서 5:10에 대해서는 VanLandingham, *Judgment and Justification* 215-32 및 199-202을 각각 보라.

312. E. Käsemann, *Commentary on Romans* (1973; ET Grand Rapids: Eerdmans, 1980)는 로마서 2:7에 대해 주석하면서, 주저 없이 '보상'이라는 측면에서 이야기한다(55). "그 목표는 지상에서의 가능성의 영역을 초월하여 그 밖에 놓여 있지만, *zetein* 및 관련 전치사구에서 알 수 있듯이, 보상은 목표에 지속적으로 집중한 것에 따른 것이다"(60). 더 자세한 내용은 Yinger, *Paul, Judaism*

함을 조건으로 한다(예, 막 13:13; 롬 8:13; 고전 15:2; 갈 6:8; 골 1:23).[313] 이러한 사실들이 의미하는 바는, 초기 기독교가 제2성전기 유대교와 마찬가지로 구원론에 있어서 '일관성이 없었다'는 것인가?[314] 우리는 어떤 식으로 '행위로 말미암지 않는'(not by works) 칭의와 '행위에 따른'(according to works) 최종 심판 사이를 구분해야 하는가?[315]

---

and Judgement 207-15, 277-8을 보라. 그는 그중에서도 고린도전서 3:14-15의 '보상'이 구원과 구별될 수 있는 반면, 골로새서 3:24에서는 보상이 **바로** '그 유업'**이라고** 언급한다(234-5); '그 유업'에 대해서는 예를 들어, 나의 *Colossians and Philemon* (NIGTC; Grand Rapids: Eerdmans, 1996) 256-7을 보라.

313. 나의 *Theology of Paul* 497-8, 그리고 본서 각주 353번을 보라. 하지만 레위기 18:5에 대한 유대교의 묵상에서처럼, 바울과 요한에게도 '생명'은 '아직은 아닌'일 뿐만 아니라 '이미'의 일부였다는 사실을 아는 것이 중요하다(예, 요 3:36; 5:24; 6:47-48, 53-54; 10:28; 17:2-3; 롬 6:4; 8:2, 6, 10; 고후 4:12; 요일 5:13).

314. 이러한 불평이 Räisänen의 바울에 대한 비판의 핵심에 위치하고 있다: "… 바울은 실제로 행위에 의한 구원(또는 최소한 보상)을 가르치고 있었다는 주장이 가능할 것이다! 만약 우리가 그러한 주장을 (충분히 이성적으로) 자제한다면, 그 이야기를 바울 당시의 유대교에도 적용하지 않는 것이 현명할 것이다. 강조점의 차이가 존재한다. …; 패턴 자체가 크게 다르지 않다는 것은 분명하지 않다"(*Paul and the Law* 186).

315. Yinger에 대한 Hagner의 반응은 단순한 질문이다. "하지만 바울이 행위를 통한 의에 관해 전혀 문제를 느끼지 않았다면, 왜 그는 그토록 반복해서 그에 대해 강력하게 반대 주장을 하고 있는가?"('Paul and Judaism' 97 n. 69). 하지만 그 질문은 바울이 갈라디아서 2:16에서 이의를 제기하는 대상이 누구인지 명확히 할 필요가 있다는 사실을 강조할 뿐이다; 그리고 만약 새 관점이 그 문제를 명료화하는 데 어떤 도움도 주지 못했다면, Hagner는 바울이 얼마나 심각하게 최종 칭의가 '행위에 따른다'고 말하고 있는가 하는 질문에 대답해야 한다. Hooker의 관찰(본서 각주 25번)에 이의를 제기하려는 O'Brien의 시도도 마찬가지로 다소 안이하며('Was Paul a Covenantal

어떻게 바울은 한 문장 안에서 할례가 중요하지 않다고 말하면서 동시에 계명들을 지키는 것이 중요하다고 말할 수 있단 말인가(고전 7:19)?[316] 새 관점은 그러한 난제(구분하고 차별하는 율법의 행위들을 지켜야 한다는 주장을 겨냥한 부정적인 취지의 이야기들, 하나님의 은혜를 축소시키지는 않을 정도로는 행위를 장려하는 긍정적인 취지의 이야기들)에 대한 다양한 혹은 최소한 부분적인 대답을 제시하고 있는 것이 아닐까?[317]

(b) 개더콜이 종말론적 칭의에 집중하는 것은 새 관점에 대한 더 넓은 범위의 비판의 일부로서, 바울의 눈에 유대교의 문제점은 **신인협력설**이었다고 주장한다.[318] 그의 반응을 보면 유대교의 구원론 안에서 언약이 지닌 중요성은 인식하고 있다. 하지만 유대교가 순종을 주장하는 면을 볼 때 그 구원의 이해 안에서는 인간의 협력(따라서 신인협력설)이 하나님의 은혜에 부가하여 필수적이며, 최종 칭의가 공로적인 행위로 말미암는다는 요소가 들어있고, 결국

Nomist?' 255-63), Yinger에 대한 반응(263-70)은 바울이 그의 회심자들에게 권고하면서 지우는 책임감의 수준을 충분히 심각하게 고려하지 않았다(본서 88쪽을 보라).

316. 고린도전서 7:19에 대한 Seifrid의 논평: "율법의 행위들"에 대한 바울의 거부에도 불구하고, 우리는 바울과 '언약적 율법주의'를 멋지게 어울리도록 설명해낼 수 있다('Paul's Use of Righteousness Language' 65).

317. 다시 한번, 여기에서 이 내용이 율법의 '제3의 용법'에 대한 칼뱅의 고전적인 평가(참조, 멜란히톤)와 다른 점을 확인해볼 가치가 있다: 폐지된 것은 의식적인 율법이며('실질적으로가 아닌 실제 사용의 측면에서만'), 도덕적 율법(십계명)은 여전히 유효하다; 순종은 그리스도인에게도 여전히 요구된다(*Institutes* 2.7.12-17). 더 자세한 내용은 Wendel, *Calvin* 200-6을 보라.

318. Eskola가 주목한 바와 같다: "원칙적으로, 구원론적 신인협력설은 아마도 종말론적 신학 속에서만 가능할 것이다"(*Theodicy and Predestination* 45).

유대교는 '행위로 얻는 의의 요소를 지닌 언약적 율법주의'라고
주장한다.[319] 엔즈(P. Enns)가 정식화한 내용에 그러한 입장이 잘 요
약되어 있다: 샌더스는 '**선택**은 은혜로 말미암지만 **구원**은 순종으
로 말미암는다고 말하는 것이 덜 혼란스럽다'고 말했는데, 그런
식으로 구원을 선택과 밀접하게 연결시켜서는 안 된다.[320] 웨스터
홈(Westerholm)의 용어로 표현하면, "'루터주의'의 정수는 인간은

---

319. Kim, *Paul and the New Perspective* 83-4; 더 자세한 내용은 143-52. Gundry,
'Grace, Works, and Staying Saved in Paul'은 Sanders에 반대한 첫번째 주장
이었다(특히 36에 주목하라); 그 이후의 주장으로는 특히 Laato를 보라. 그
는 유대교의 '인류학적 낙관주의'를 강조했다(*Paulus und das Judentum* 83-
94, 206, 210) = *Paul and Judaism: An Anthropological Approach* (Atlanta:
Scholars, 1995) e.g. 150, 167; 그리고 Eskola, *Theodicy and Predestination*
44-51, 56-8, 84-93을 보라. Zahl은 "제2성전기 유대교의 '반(半)-펠라기우스
주의'"라는 표현을 선호한다('Mistakes' 7-8). D. A. Hagner의 비판, 'Paul
and Judaism. The Jewish Matrix of Early Christianity: Issues in the Current
Debate', *BBR* 3(1993) 111-30 (here 122)은 'Paul and Judaism' 84-8에서 (훌
륭한 참고문헌과 함께) 갱신됐다. 그리고 그 주장은 Carson, et al., *Justifi-
cation and Variegated Nomism Vol. 1*, 그리고 Gathercole, *Where is Boasting?*
Part I의 다양한 기고문 속에 스며들어 있다; 유사하게 Marguerat, 'Paul et la
Loi' 263-5. 하지만 Mijoga는 바울의 *erga nomou*와 연계하여 '공로'에 대해
말하는 것은 '바울의 문구 속으로 후대의 서구 신학 개념을 주입하는 것'이
라고 강력하게 주장한다(*Deeds of the Law* 77-88, 112).

320. P. Enns, 'Expansions of Scripture', in Carson, et al., *Justification and
Variegated Nomism Vol. 1* 73-98 (here 98): Enns는 계속해서, "'그 안에 존재
하는 것'은 태어날 때부터 가진 것이다. 그것은 민족주의적이다. 하지만 그
안에 머무르는 것은 개인적인 노력의 문제다. … 마지막 결과는 그 언약에
최초에 포함된 것 이상의 것에 기초한다"(98). 하지만 다시 한번 Donfried가
말한 바, 바울의 구원론은 '칭의'와 '구원' 사이의 동일한 긴장하에서 효과적
으로 작동한다는 주장에 주목하라(본서 각주 233, 293번을 보라).

그들의 구원에 무엇 하나 이바지할 수 있는 게 없다는 것인데 …
샌더스가 묘사한 유대교 안에서는 그 정수를 찾아 볼 수 없다고
말하는 게 맞는 것 같다."[321] 나의 박사 지도 교수인 모울(C. F. D.
Moule)은 샌더스 자신의 정식화에 대해서 동일한 쟁점을 이미 제
기한 바 있다: '머물기'(staying in)가 율법 준수에 의존하기 때문에,
모울은 "'언약적 율법주의' 자체가 암시적인 '율법주의'(legalism)가
아니라고 할 수 있는지" 물었다.[322] 탈버트(Talbert)도 그와 유사한
이야기를 했다: "언약적 율법주의가 종말론적인 맥락에 놓인다면,
율법주의적 [언약적] 율법주의(legalistic nomism)가 된다."[323]

---

321. Westerholm, *Perspectives* 341-51 (here 351).

322. 'Jesus, Paul and Judaism', in G. F. Hawthorne & O. Betz, eds., *Tradition and Interpretation in the New Testament*, E. E. Ellis FS (Tübingen: Mohr Siebeck/Grand Rapids: Eerdmans, 1987) 43-52 (here 48). 유사하게 R. L. Reymond, *Paul: Missionary Theologian* (Fearn: Mentor, 2000)는 '언약적 율법주의'(covenantal legalism)에 대해 말한다(461). 참조, Carson의 결론, "범주로서의 언약적 율법주의는 실제로는 공로 신학의 대안이 아니다. … (그리고) 굉장히 많은 분량의 공로 신학을 포함하고 있으며 거기에 세례를 주었다"('Summaries and Conclusions' 544-5). 만일 '언약적 율법주의' 자체가 내재적인 특성상 신인협력설이라면, Sanders가 유대교 구원론의 신인협력설을 간과했다는 비판은 근거가 없는 이야기라는 점에 주목해야 할 것이다!

323. Talbert, 'Paul, Judaism and the Revisionists' 4. "율법의 행위들을 통해 의로울 수 있다고 생각한 사람들의 경우, 그들도 역시 하나님의 은혜에 호소함에도 불구하고, 그 동기는 율법주의에 연루되어 있다"(Schreiner, *The Law and its Fulfilment* 95). "만약 율법주의가 율법을 준수하는 것이 종말론적 구원에 영향을 미친다는 것을 의미한다면, 언약적 율법주의는 정의상 율법주의적 [언약적] 율법주의(legalistic nomism)이다"(Eskola, *Theodicy and Predestination* 56). Cranfield에 대한 응답에서, 나는 안디옥에서 베드로를 위시한 유대인 그리스도인들이 표현한 언약적 율법주의적 태도(갈 2:11-16)가

여기에서 다시 한번, 새 관점에 대한 비판으로서 이러한 이야기들이 약간 논점을 빗겨간 것은 아닌지에 대해 이야기할 가치가 있겠다. 왜냐하면 이미 언급했듯이, 갈라디아서 3장과 로마서 4장의 바울과 마찬가지로 새 관점이 일차적으로 관심을 기울여 온 내용은, 어떻게 아브라함이 이방인의 회심뿐만 아니라 유대인 중에서 불경건한 자의 회심에 대한 패턴으로서, 최초에 의로운 것으로 여겨졌는지 하는 쟁점 위에 놓여 있기 때문이다. 이러한 비판들은 흥미롭게도 야고보서 2:14-26이 '행위가 없는 믿음'의 입장에 가하는 비판과 비슷한 면이 있다. 왜냐하면 야고보서의 그 주장이 로마서 3:27-4:22에 사용된 주장의 구성을 겨냥하는 것이 분명하기 때문이다.[324] 다시 말해, 야고보서 2장은 로마서의 해당 구절의 주장이 아브라함의 최초 칭의에 국한된다는, 위에서 말했던 요점을 확인시켜 준다. 바울이 아브라함의 최초 칭의 및 다른 잠재적 개종자들의 회심에 관련되는 맥락에 초점을 지속적으로 좁힌 채로 의식적으로 무시하고 있었던 바로 그 내용을 야고보가 주장하고 있는 것이다.

따라서 바울은 로마서 4장과 갈라디아서 3장에서 칭의에 대한 설명을 하면서 어느 정도건 특정 논지에만 초점을 맞추었던 것이다. 따라서 그 본문에 한정해서 이야기한다면, 바울이 종말론적

'Cranfield 교수의 해석 안에서 공로를 쌓으려는 사람들의 태도와 그렇게 크게 다르지 않다'고 언급했었다('Yet Once More' 113); 또한 'In Search of Common Ground' 312을 보라.

324. 나의 *Romans* 197을 보라.

(최종 칭의의) 관점에서 유대교의 신인협력설이라는 쟁점에 관해 대응하려는 시도를 하고 있다는 주장은 전혀 분명치 않다. 아마도, 그가 행위에 따른 심판(롬 2:6-11; 고후 5:10), 성령을 위하여 심고 영생을 거두는 것(갈 6:8), 위에서 부르신 부름의 상(빌 3:14)과 같은 내용에 관해 이야기할 때에는, 구원에 대한 신인협력설로 비칠 위험성을 걱정했을 것이기에 훨씬 더 신중했을 것이다. 여기에서 다시 한번 바울/야고보의 '행위 없는 믿음'에 대한 '논쟁'이 우리에게 유익할 것이다. 이 주제와 관련하여 바울과 야고보 사이에 어떤 충돌이 있었다/있다는 견해에 대한 일반적인 반박이 강조하는 내용은 바울도 역시 사랑을 통해 역사하는 믿음, 그리고 행위의 중요성을 믿었다는 것이며(갈 5:6), 이는 적절한 주장이다.[325] 따라서 만약 야고보서 2장이 (오직) 믿음으로 말미암는 칭의와 상호 보완적인 것으로 간주될 수 있다면, 그러한 상호 보완성을 요구하는 사람들이 그렇게 열렬하게, 바울과 그의 유대인 논적 사이의 대립을 그들이 대립했던 방식대로 주장해야 할까? 적어도 루터는 이 문제에 있어서 일관성이 없다는 혐의를 피했다!

그렇다면 유대교와 바울 모두가 하나님의 은혜와 인간의 반응 사이의 상호 관계가 유지되어야 하며 또한 일상의 삶에서 표현되

---

325. 우리는 이 지점에서 예수를 포함해야 한다; A. P. Stanley, *Did Jesus Teach Salvation by Works? The Role of Works in Salvation in the Synoptic Gospels* (Eugene, OR: Pickwick, 2006)은 그의 질문에 답변한다: "그렇다. 예수는 행위들에 의한 구원을, 야고보가 **행위들에 의한 칭의**를 가르쳤던 것과 동일한 방식으로, **실제로** 가르쳤다"(333).

어야 한다고 보았던 것이 분명하다는 점은 그래도 여전히 사실이다.[326] 둘 다 그들 나름의 방식으로 하나님의 주도가 없이는 어떤 구원의 소망도 있을 수 없으며, 구원 과정이 시작조차 될 수 없다는 사실을 인정한다. 하지만 둘 다 또한 하나님과 좋은 관계를 맺고 있는 사람들은 그 관계의 설립자가 그들에게 부과한 율법의 의무를 충족시켜야만 한다고 믿었다(갈 6:2).[327] 둘 다 인간의 반응('행위')이 없이는, 구원을 받고 있는 과정 중인 현재에 그들의 ('행위에 따른') 심판의 근거도 있을 수 없다고 믿었음이 분명하다. 하나님 앞에서 인간의 책임은 유대인과 그리스도인 모두가 인식했고 또한 확증했던 내용이었다. 바울은 예수가 구원자(빌 3:20)이자 심판

---

326. 종교개혁이 촉발한 논쟁(의롭게 여김 대 의롭게 함, 전가된 의 대 주입된 의, 제3의 용법, 행위로서 믿음 등)에 대한 나의 완전치는 않은 평가의 결과로서, 나는 그러한 논쟁들이 우리가 유대교 안에서 선택과 율법의 행위들 사이에 존재했다고 확인한 긴장, 하나님의 주도와 인간의 반응(책임) 사이에 존재하는 동일한 그 긴장을, 필요한 부분만 수정하여, 반영하고 있는 것은 아닌지 생각하게 됐다.

327. 예, Barclay, *Obeying the Truth*를 보라. 그는 갈라디아서 5:14과 6:2 모두를 모세의 율법이라고 언급하지만, 나아가 "그리스도인은 율법을 '준수하지' 않고, 그것을 '성취하는데', '그리스도의 율법'으로 재정의되는 사랑의 계명이라는 하나의 계명을 통해서 성취한다. … 모호한 점은 바울이 그리스도인의 도덕성에 대한 자신의 제안을 뒷받침하기 위해 율법을 주장하려는 시도에 지불해야 했던 대가다"라고 말한다(141-4): Hong, *Law in Galatians* 170-88; Longenecker, *Triumph of Abraham's God* 83-8; 또한 본서 각주 217번을 보라. "여기에서 언급된 것들을 포함한 특정 율법(롬 13:9, '간음하지 말라', '살인하지 말라', '도둑질하지 말라', '탐내지 말라')의 성취는, 바울이 그것들을 '행하라', '준수하라'고 이야기하지 않음에도 불구하고, 그 율법들과 일치되는 행실을 수반한다"(Carson, 'Mystery and Fulfilment' 429).

자(고후 5:10)라고 말한 최초의 인물이었다.[328]

그렇다면, 우리가 유대교의 구원론의 특징을 신인협력설로 단정하는 것이 정말로 공정하다면, 로마서 12:9-21, 갈라디아서 6:1-5, 그리고 골로새서 3:5-4:1과 같은 구절에 나타나는 훈계들 역시 유사한 방식으로 읽어야 공정하지 않겠는가? 바울이 말하는 "믿음의 역사와 사랑의 수고"(살전 1:3) 혹은 "사랑으로써 역사하는 믿음"(갈 5:6) 혹은 "믿음의 순종"(롬 1:5) 역시 유대교의 언약적 율법주의만큼이나 그 나름대로 신인협력설을 말하는 것인가?[329] 아니면, 바울에게 있어 유대교의 순종과 기독교의 순종 사이에는 중대한 차이가 있다고 이해해야 하는가? 이러한 쟁점을 통해 우리는 다음 주제로 향하게 된다.

4.3 (11) 행위에 따른 심판

새 언약의 구성원인 그리스도인에게 옛 언약의 구성원 이상으로 순종이 요구된다는 것이 사실이라면, 그리고 옛 언약과 새 언약의 구성원 모두가 심판을 피할 수 없으며 영원한 생명이 어느

---

328. 더 자세한 내용은 나의 'Jesus the Judge' 46-50을 보라.

329. 전혀 예상치 못한 방식인데, 개종자들의 순종에 대한 바울의 요구를 더 진지하게 고려해 달라는 나의 간청은 Sanders가 랍비 전통 내에서 토라 순종에 대한 요구에 충분한 비중을 두지 않았다는 Avemarie의 비판과 유사한 것 같다(본서 각주 231번을 보라)! Kuula는 다음과 같이 담대하게 주장하면서 자신의 *Law* Vol. 2을 시작한다: "바울의 구원론은 상당히 율법수의적(legalistic)이며 인간의 행위들에 많은 비중을 두고 있다. 이는 '신인협력설' 내지 '협동설'로 가장 잘 묘사될 수 있다"(5; 또한 108-10을 보라).

정도는 그 순종(행위들)에 따라 조건부로 주어지는 것이라면, 논쟁 지점은 어디를 향하게 되는가?[330] 바울은 그가 비판한 대상이었던 사람들만큼이나 일관성이 없었던 것일까? 그는 영원한 생명이 율법의 행위들을 행하는 것에 의존한다는 당대의 유대교적 관점을 비판하면서 동시에 (다른 대화 상대를 향해서는) 그의 동료 그리스도인들이 그 과정을 완수하지 못할 위험에 처했다고 경고하고 있다는 말인가? 이러한 상황을 다음과 같이 표현할 수 있겠다. 유대교에 대한 바울의 반대가 **어떤** 언약적 율법주의에서도 피할 수 없는(?) 신인협력설을 겨냥하고 있는 것이라면, 개종자들에게 순종을 촉구하는 바울의 모습 역시 동일한 비판을 받아야 하지 않을까?[331] 그게 아니라면, 그리스도인의 순종에 대한 그의 이해는 율법에 대한 순종에 관한 이해와는 다른 것인가?

　　이러한 논의는 사실 예정설(predestination)과 자유 의지 사이의 구분은 말할 것도 없고, '칭의'와 '성화' 사이의 구분, '견인'(perseverance)과 '보존'(preservation) 사이의 구분에 대한 옛 종교개혁의 논의

---

330. 이 문제는 Donfried, 'Justification and Last Judgement in Paul' 269-78에서 표현된 바 있으며, 이는 지속적인 중요성을 지닌다; 더 자세한 내용은 본서 각주 233번과 *The New Perspective on Paul* 182-86에서 인용된 본문들을 보라.

331. 아이러니하게도 칭의의 '이미'와 '아직'을 모두 표현하려는 Bird의 시도 (*Saving Righteousness* 172-8)는 샌더스의 '언약적 율법주의' 개념의 '율법주의' 부분을 반영하면서 후자를 표현하는 것이다: "칭의의 지위를 유지하려면 순종이 필요하다"(177).

를 반복하는 것일 수 있다.[332] 예를 들면, 의롭다 하는 믿음은 어느 정도건 성화를 이루는 믿음과는 다른가? 갈라디아서 3:2-4과 로마서 3:31과 같은 구절의 관점에서 보면, 그 내용 사이에 차이가 있을 것 같지는 않다. 로마서 4:17-21과 14:23이 암시하는 내용은, 믿음이란 하나님에 대한 전적인 의존이며, 그것이 없다면 어떤 행위도 '죄'라는 것('죄'가 되기 쉽다는 것)이다.[333] 이미 언급했듯이, 바울은 거리낌 없이 "믿음의 순종"에 대해 이야기하며(롬 1:5), "사랑으로써 역사하는 믿음"(갈 5:6)에 관해 말하는 데도 주저함이 없다.[334] 다른 방식으로 이야기하자면, 그리스도인의 의를 가장 잘 설명하는 것은 (개신교의) 전가된 의인가?[335] 아니면 (가톨릭의) 주입된 의인

---

332. 나는 이 단락과 다음 단락 모두에서 내가 이러한 논쟁들과 관련하여 개혁주의 측에서 표현한 관심사들을 더 많이 반영하고 있다는 사실을 인식하고 있다(McGrath, *Iustitia Dei* 219-26).

333. 나의 *Romans* 828-9; *Galatians* 270-2도 보라.

334. 참조, D. B. Garlington, *Faith, Obedience and Perseverance* (WUNT 79; Tübingen: Mohr Siebeck, 1994) 44-71은 로마서 2:13의 '율법을 행하는 자'는 그리스도인, '율법을 듣는 자'는 이스라엘이라는 관점을 취한다. '율법을 행하는 것'이 '행위로 얻는 의' 혹은 독자적으로 수행된 인간의 업적으로 정의되어서는 안 된다. 그보다는 '믿음의 순종', 예를 들면 바울의 기독론적 복음이 분명히 천명하는 바 '창조자/피조물 관계 안에 머무르는 것'(71)과 같은 내용으로 정의되어야 한다. "칭의와 성화는 그리스도인의 삶에서 연속적인 단계가 아니라 동시에 발생하는 것이다"(159); "믿음, 순종, 그리고 인내는 동일한 하나다"(163).

335. McGrath는 '개신교의 칭의 교리의 가장 주요한 특징'을 다음과 같이 요약했다: "1. 칭의는 '신자가 의롭게 **만들어져 가는** 과정'보다는 '신자가 의롭다는 법정적인 **선언**'으로 정의되며, 신자의 **인격**보다는 신자의 **신분**의 변화가 수반되는 것이다. 2. **칭의**(죄인을 의롭다고 하나님이 선언하시는 외적인 행위)

가?[336] 그렇다면 그리스도를 믿는 믿음이 율법 성취를 가능하게 하

와 **성화** 혹은 **갱생**(인간 내부에서 일어나는 내적인 갱신의 과정) 사이를 의
도적이고 조직적으로 구분 짓는다. 3. 의롭다 하는 의는 … 인간에게 외적인
것으로, 그에게 전가되는 외부적인 그리스도의 의로 정의된다. 그것은 인간
에게 고유하고, 인간 내부에 자리하고 있는, 혹은 어떤 의미에서라도 그에게
속한 것으로 말할 수 있는 그런 의가 아니다"(*Iustitia Dei* 189). Husbands와
Trier가 편집한 책자에서 토의됐던 문제는 '전가된 의가 허구적인지, 법정적
인지, 혹은 변화를 일으키는 것인지'였다(*Justification* 7). 그리고 Garlington
의 *Defense* 107-97에서 'Imputation or Union with Christ?' 주제에 관해 일
어난 Garlington과 John Piper 사이의 격렬한 논쟁을 보라; Garlington은 "칭
의에 의해 교회가 서거나 무너진다면" 기독론에 있어서도 마찬가지라고 정
당하게 주장한다―곧, "교회는 그리스도와 더불어 서거나 무너진다"(211). 잘
알려졌듯이 E. Käsemann은 하나님의 의를 권능이라는 특성을 지닌 선물로
재정의했는데('"The Righteousness of God" in Paul', *New Testament
Questions of Today* [London: SCM, 1969] 168-82 [here 170]), 이는 '의롭다
고 선언하는 것'과 '의롭게 만드는 것' 사이의 긴장을 해소해 보려는 시도였
다(176). Strecker, *Theology* 152-5은 Käsemann의 논지를 취한다; 그 논지의
중요성은 이미 일찍이 인식된 바 있다. 예, P. T. O'Brien, 'Justification in
Paul and Some Crucial Issues in the Last Two Decades', in D. A. Carson,
ed., *Right with God: Justification in the Bible and the World* (Carlisle:
Paternoster, 1992) 69-95 (here 70-8). 반대로, Schreiner는 '의는 변화를 일
으키는 것이 아니라 법정적인 것'이라고 확신해 왔으며, 그 주제를 그의
*Romans*에서와는 다른 방식으로 취급한다(*Paul* 192, n. 2, 203-9); 그리고
Waters는 칭의는 전체적으로 법정적인 성격을 띠며, 의는 전체적으로 전가
되는 것이라고 주장한다(*Justification* e.g. 171, 180-1, 187); 나는 단순히 그들
을 Bird, *Saving Righteousness*에게 보여줄 필요가 있다―예컨대, *The New
Perspective on Paul* 383에서처럼 말이다.

336. Kertelge가 'Faith and Justification'에서 그의 논의를 요약하면서 종교개혁
의 '오직 믿음으로'(*sola fide*)에 대해 인정한 내용은 가톨릭적인 특성을 띤다:
"바울에게 있어서 믿음은 항상 하나님의 구원의 뜻에 대한 순종을 의미하며,
따라서 사람이 하나님의 요구에 응할 때 능동적인 요소를 포함한다"(225).
Donfried는 루터파와 로마가톨릭의 *Joint Declaration on the Doctrine of*

는 유일한 길인가?[337] 최종 심판을 염두에 둘 경우, 모든 기독교인의 행위와 순종은 하나님 앞에 아무 의미도 없게 되는가?[338] 그리스도가 율법을 성취한 유일한 분이고, 따라서 율법이 요구하고 평가하는 의는 오직 그리스도만이 신자 안에서 그리고 신자를 통해서 이룰 수 있는 의인가?[339] 모든 신자들은 여전히 계속해서 죄인

Justification에서 얻어낸 균형에 주의를 기울인다(Grand Rapids: Eerdmans, 2000). 그 마지막 문장은 다음과 같다. "오직 은혜에 의하여, 우리 편에서 수행한 어떤 업적 때문이 아니라 그리스도의 구원하는 사역에 대한 믿음 안에서, 우리는 하나님께 받아들여지고 거룩한 성령을 수여받으며, 성령은 **선한 행위를 행하도록 우리를 부르시고 구비시키면서 우리의 마음을 새롭게 하신다**"('Justification and Last Judgement' 292, 굵은 글씨체는 나의 강조).

337. "… 믿음으로 그리스도를 온전히 붙잡을 때 사람들은 실제로 율법을 '행한 것'으로 간주된다. … 이것은 그리스도인의 행동이 율법 성취의 방식이라는 것을 의미하지 않는다"(Moo, *Romans* 483-5); "그는 그리스도를 **믿는다**는 점에서 율법을 성취한다"(Bergmeier, *Gesetz* 79); R. H. Gundry. 'The Nonimputation of Christ's Righteousness', in Husbands & Trier, *Justification* 17-45: "하나님께서 의로운 것으로 여기시는 것들은 믿음에 있다"(25).

338. C. H. Cosgrove, 'Justification in Paul: A Linguistic and Theological Reflection', *JBL* 106 (1987) 653-70은 행위**에 의한** 칭의를 행위**에 기초한** 칭의와 구분함으로써 이 딜레마를 극복하려고 시도하며(662-4), "과거의 칭의는 미래의 진노로부터 면제되는 기초를 제공하지도 않고, 그 면제에 대한 모형도 제공하지 않는다"고 단언하기까지 한다(667).

339. B. Byrne, 'Living out the Righteousness of God: The Contribution of Rom 6:1-8:13 to an Understanding of Paul's Ethical Presupposition', *CBQ* 43 (1981) 557-81: "영원한 생명을 얻는 것은 자신 안에서 이 의를 살아냄을 통해서 또는 그리스도가 이 의를 살아내도록 허용함으로써다"(558); P. Stuhlmacher, *Paul's Letter to the Romans* (Louisville: Westminster John Knox, 1994) 120; "그리스도는 그리스도인들의 선한 행위들을 행한다"(Laato, *Paulus und das Judentum* 203); "그리스도, 즉 새 사람이 믿음 안에 존재하

일 수밖에 없기 때문에, 우리는 최초 칭의뿐만 아니라 최종 칭의
도 불경건한 자의 칭의로 간주해야 하는가? 즉, 사람의 칭의에 신
자 자신이 공헌할 수 있는 내용은 자신의 죄뿐인가? 그렇다면 그
중요한 심판은, 신실한 삶이라는 특징에 대해서는 전혀 이야기하
지 않고도, 오직 처음에 부여된 신자라는 자격 때문에 마지막에도
신자로 인정되는 것이 될 것이다.

　아니면, 좀 더 최근의 용어로 말하면, 유대교와 바울의 구원론
사이에 차이가 있는가? 즉, 유대교의 구원론이 본질적으로 낙관적
인 것에 비해(인류학적 낙관주의), 바울의 구원론은 본질적으로 비관
적인가(인류학적 비관주의)? 라토(Timo Laato)는 이 차이를 자기 주장의
중심에 놓고 유대교에서 "구원은 사람의 협력을 요구한다. 구원은
하나님의 은혜 그 자체에만 근거하지 않는다"라고 결론지었다. 그
는 "유대 종교 구조와 바울의 종교 구조 사이에는 근원적인 차이
가 있다. '머무름'은 유대교에 있어 자유 의지에 따른 사람의 결정
에 근거하지만, 바울에게는 복음을 통한 하나님의 역사에 근거한
다"라고 결론을 내렸다.[340] 유사하게 에스콜라(Timo Eskola)는 다음
과 같이 이야기했다: "바울이 유대교 전통과 다른 가장 중요한 차

　며, 그분의 일을 수행한다"(Seifrid, *Christ, out Righteousness* 149).
Garlington은 본서 각주 334번에서 인용한 첫 구절의 내용을 계속해서 주장
한다: "사람이 '율법을 행하는 자'가 되는 것은 그리스도 안에서다; 그리고
그리스도인의 하나님에 대한 사랑의 순종은 바로 **그리스도 자신**의 사랑하는
의가 그/그녀에게로 확장된 것이다"(*Faith* 71).

340. Laato, *Paulus und das Judentum* 190, 194, 210.

이점은 그가 자신의 인류학을 급진적으로 변경했다는 것이다.” “신인협력설이라는 맥락에서는 완전히 부정적인 인류학이 불가능하다. 그래서 바울 신학의 본래 특징은 죄 개념의 급진화인 것이다.” “바울의 구원론 안에는 신인협력설을 위한 자리가 없다.”[341] 해그너(Don Hagner)도 같은 논지를 취한다: “바울은 그리스도 안에 나타난 하나님의 은혜에 전적으로 의존한다는 단동설(monergism)을 위해서, 유대교 구원론의 신인협력설을 포기했다.”[342]

최근에 진행되는 논의 속에서 이 난제에 대한 주요한 답변이 발견되는 지점은 바로 성령이다. 옛 언약이 율법의 요구를 충족하는 데 실패한 것에 비해 새 언약의 구성원들 안에서는 성령의 권능에 힘입어 ‘율법의 요구가 이루어지는 것’이 가능하다(롬 8:4); “성령을 소유한 사람은 실제로 율법을 지킨다.”[343] 슈툴마허는 로마서 2:7-10을 주해하면서 “의와 그 의를 행하도록 하는 성령의 능력 주심 안에서 새롭게 살도록” 허락받은 사람에 대해 이야기한

---

341. Eskola, *Theodicy and Predestination* 125-8, 140, 161-4.

342. Hagner, 'Paul and Judaism' 92. Seifrid도 유사하다: 바울은 “하나님이 이스라엘과의 언약이라는 틀 안에서 인간의 노력과 협력하는 것으로 더 이상 보지 않았다. 이제 바울에게는, 그리스도 안에 나타난 하나님의 행위가 그 자체로 구원의 효력을 발휘한다”(*Justification* 255).

343. Schreiner, *Romans* 404-7; “자기-노력이 아닌 성령이 순종을 낳는다”; “개인 안에서 성령이 일해서서 율법에 대한 순종을 낳는다(롬 2:26-29). … 구원을 위해 필수적인 행위들은 … 이미 주어진 구원의 증거다”(*The Law and its Fulfilment* 187-8, 203; 더 자세한 내용은 제6장을 보라); 유사하게 *Paul* 281-2 (더 자세한 내용은 제12장을 보라).

다.[344] 그리고 베르크마이어(Bergmeier)는 다음과 같이 논평한다: "토라의 진정한 성취는 성령의 차원에서야 비로소 발견할 수 있다. … 바울은 여기서 어떤 새로운 순종(*nova obedientia*)에 대한 것이 아니라, 이제야 가능해진 복종에 대해서 말한 것이다."[345] 번(Brendan Byrne)은 예레미야 31:33("'그들의 마음에' 새긴 율법")과 에스겔 36:26("새 영을 그 안에 둔다")을 결합한 결과로서 "바울은 성령을 '율법'이라고 자연스럽게 이야기할 수 있었다"고 주장한다.[346] 개더콜은 '하나님이 그리스도인에게 능력을 부여한다는 바울의 신학', 즉 '성령은 새 언약하에서 토라를 성취할 능력을 제공'하는 것에 대해 이야기하고, 그 결과 거리낌 없이 '바울에게 하나님의 행위는 그리스도인에게 순종의 원천이자 동시에 지속적인 이유이기에' 순종에 기초를 둔 최종적 변호에 대한 믿음은 바울도 역시 확증한 것이라고 결론을 내린다.[347] 유사하게 웨스터홈도 다음 내용

---

344. Stuhlmacher, *Romans* 47.

345. Bergmeier, *Gesetz* 75-6은 E. Reinmuth, *Geist und Gesetz* (ThA 44; Berlin 1985)를 인용한다: "분명, 죄를 정죄함으로 가능해진 율법의 요구 사항 성취를 가능하게 하는 것이 성령의 기능이다"(70); 또한 O. Hofius, 'Gesetz und Evangelium nach 2. Korinther 3', *Paulusstudien* (WUNT 51; Tübingen ²1994) 75-120: "죽음이라는 토라의 심판으로부터의 구원은 더더욱 동시에 하나님의 영에 의해 규정된, 새로운 생명을 위한 구원인데, 이는 에스겔 36:26f.의 약속대로 된 것으로, 무엇보다도 하나님의 거룩한 뜻이 성취될 수 있고 또한 성취된다는 것이다"(120); 유사하게 Schnelle, *Paulus* 489-90, 550-1.

346. Byrne, 'The Problem of *Nomos*' 304-6; 또한 그의 'Interpreting Romans Theologically' 237-8을 보라.

347. *Where is Boasting?* 132, 223, 264.

에 기꺼이 동의한다: "그들의 삶에 힘을 북돋는 하나님의 영을 부여받은 사람들은 적합한 행동을 통해 그들의 새로운 삶의 실제를 드러내야 한다. 하나님의 영은 그들이 새로운 방식으로 하나님을 섬기는 것을 가능하게 만들며 ⋯ 율법의 지배 아래 있지 않은 성도들은 사랑 안에서 활동하는 믿음을 통해서 사실상 율법이 요구하는 의를 성취한다."[348]

이러한 설명 안에 존재하는 핵심 논지를 부인하기는 힘들 것이다. 말하자면, 바울은 결국 기독교인이 '성령을 따라 행하는 것', 혹은 '성령의 인도를 받는 것'의 중요성을 강조하고 있다(롬 8:4, 14; 갈 5:16, 18, 25). 바울은 이것이 육체를 따른 삶, 율법의 행위와는 다르다는 것을 암시한다(롬 7:6; 갈 5:18, 23). 또한 그는 하나님의 뜻을 아는 지식이 율법보다는(롬 2:18) 새롭게 된 마음에/마음을 통해(롬 12:2) 더 효과적으로 주어진다고 보는 것이 분명하다.[349] 그리고 그는 '사랑으로써 역사하는 믿음'을 '율법이 요구하는 전체'와는 다른 체계로 구분하는 것이 확실하다(갈 5:3, 6).[350] 그렇다면 분명히 바

---

348. Westerholm, *Perspectives* 431-4; "바울이 무시하는 '행위'는 구원받지 못한 '육체'의 행위다; 바울이 요구하는 의로운 행동은 성령의 '열매'로서, 하나님의 의의 구현에 믿음으로 반응한 사람들 안에서 열매로 맺힌다"('Paul and the Law in Romans 9-11' 236). 유사하게 Seifrid: "바울은 복음이 믿는 사람들 안에서 율법에 대한 진정한 순종을 일으키는 것으로 이해한다"('Unrighteous by Faith' 124-5); "성령, 오직 성령을 통해서만 진정한 순종이 나타난다 ⋯ 성령이 일한 결과로 나타나는 것이 바로 (최초의 그리고 마지막) 칭의이다"(사적인 편지 교환에서); 그리고 Laato, *Paul and Judaism* 161-2.

349. 나의 *Romans* 714-5를 보라.

350. 더 자세한 내용은 'Neither Circumcision' 101-4을 보라.

울은 기독교 윤리에서 성령이 담당하는 근본적인 역할을 보고 있다. 그리고 적어도 그런 범위까지는 바울의 윤리를 '카리스마 윤리'(charismatic ethics)로 묘사할 수 있다.

하지만 여전히 남아 있는 질문은, 이러한 내용이 만들어내는 차이는 무엇인가? 이제껏 찾아낸 결과들이 구약의 예언자들이 추구했던 결과들과 아주 상이한가? 결국 바울은 단순하게 성령의 능력을 통해 그리스도인이 완전한 혹은 죄 없는 삶을 살 수 있다고, 그리고 실제로 살았다고(!) 가정할 수 있었던 것은 아닌가? 바울이 그렇게 믿었고 그렇게 가르쳤다는 주장이 실제로 제기되고 있다.[351] 하지만 바울은 결코 스스로 그러한 주장을 하지 않았다(참조, 고전 9:26-27; 빌 3:12). 그리고 바울이 그의 동료 그리스도인들을 훈계했으며(예, 롬 6:12-19; 8:13; 골 3:5-10, 23-25)[352] 그들에게 도덕적 실패의 위험성을 경고했다(고전 3:17; 10:12; 11:27-29; 고후 12:21; 13:5; 갈 5:4; 6:7-8; 골 1:22-23)는 사실이 분명히 암시하는 바는, 그가 그리스도인

---

351. 가장 최근의 주장으로는 T. Engberg-Pederson, *Paul and the Stoics* (Edinburgh: T&T Clark, 2000) 8-9, 167-8, 171-3, 231-3. 그보다 이른 시기의 참고 문헌에 대해서는, 나의 *Jesus and the Spirit* (London: SCM, 1975) 317을 참고하라. 쿰란 공동체도 성령에 의한 순종이 죄를 속죄하고 계약 당사자로 하여금 하나님의 길을 완벽하게 걸을 수 있게 하는 것으로 믿었다고 주장할 수 있다(1QS 3.6-12).

352. Smith는 로마서 8:13과 갈라디아서 5:16에 대해서 바울이 '성령을 소유한 사람들은 몸의 행실을 죽이게 **될 것**이며 육체의 욕심을 이루지 않게 **될 것**을 강조하고 있다'고 해석할 때, 명령법을 제거해 버린다(*Justification and Eschatology* 81 n. 91).

이 흠 없이 살 것이라고 가정하지 않았다는 뜻이다.[353] 반대로, 구원의 과정에 대해 바울은, 그것이 하나의 **과정**으로서 '겉 사람'을 버리고 '속사람'이 새로워지는 것이며(고후 4:16), 완전함, 성숙/완성을 그 목표로 하지만, 이미 완성된 실제는 아니라고 이해한다(갈

---

353. 참조, VanLandingham: "바울은 신자들이 도덕적 실패로 인해 최종 심판에서 거부될 수 있다는 가능성을 확고히 주장한다"(*Judgement and Justification* 198, 240-1); 그러나 그가 (고전 6:11에서와 같은) 회심의 '이미'의 의미를 인식하지 않으려는 태도는 그가 유대교의 언약적 율법주의에서 언약을 무시하는 것과 유사하다(본서 #4.2 [10]을 보라; 예, 175-6). 하지만 Bell은 그러한 경고가 실제적이라는 사실을 부인한다: 오직 은혜(*sola gratia*), 오직 믿음(*sola fide*)이 의미하는 바는 단순히 모든 그리스도인들이 구원을 받게 될 것을 의미한다(*No One Seeks for God* 252-6). 유사하게 J. M. Gundry-Volf, *Paul and Perseverance: Staying in and Falling Away* (WUNT 2.37; Tübingen: Mohr Siebeck, 1990); 참조, de Roo, 'Works of the Law' at Qumran 132-3의 간결한 요약. 그렇다면 그 유명한 미쉬나 『산헤드린』 10:1("모든 이스라엘은 장차 올 세상에 함께 참여할 것이다")은 조건 없이 그리스도인에게 적용되기 위해서 다시 기록됐을 수도 있다! Gundry-Volf에 대한 VanLandingham의 비평은 정당해 보인다: "그녀의 조사는 그녀가 다른 모든 것을 배제하는 경험적 틀(heuristic templates) 역할을 하는 몇 가지 주요 구절에 의해 부적절하게 안내된다"(185-6). 또한 *Paul, Judaism and Judgement* 252 n. 171에 있는 Yinger의 Gundry-Volf에 대한 비판을 보라. Schreiner는 칼뱅주의의 입장을 굳건하게 고수하는 것 같다: "영원한 법령이 깨어질 수는 없다. 변절은 곧 믿음이 진실하지 않았음을 보여줄 뿐이다"(*Paul* 276-9); 하지만 그는 나아가 그 장의 나머지 부분에서 단서들을 도입한다(279-305). Waters에게 "칭의는 그리스도인의 경험의 첫 단계에서 일어나는 결정적인 최종적 행위이며 … (그리고 우리가 그렇게 불러도 좋다면) 최종 칭의는 하나님께서 현재 신자에게 내리시는 칭의에 의해 확실한 불변의 것이 된다"(*Justification* 210-1). 특별히 고린도전서 10:1-13에 대해서는, B. J. Oropeza, *Paul and Apostasy: Eschatology, Perseverance, and Falling Away in the Corinthian Congregation* (WUNT 2.115; Tübingen: Mohr Siebeck, 2000)을 보라.

3:3; 빌 1:6; 골 1:28; 4:12).[354] 하지만 그는 그 과정을 통해 검증되고 인증된 연단(*dokimē*, 롬 5:4; 고후 12:9)의 열매가 맺히고, 마지막 결과로서 창조자의 형상으로 변화되는 일이 일어날 것으로 기대했다(롬 12:2; 고후 3:18; 골 3:10). 따라서 바울의 구원론에서, 믿음과 성령은 순종이라는 인간의 책임을 약화하거나 제거하지 않으며(롬 1:5; 15:18; 16:19; 고전 11:16; 고후 10:5-6; 빌 2:12;[355] 살후 3:14), 그로 인해 기대되는 결과는 단순히 전가된 의가 아니라 **변화된 개인들**이다. 바울에게 있어 최종 심판에서 신자들에게서 최종적으로 받아들여질 의가 '외부의 의로움'(alien righteousness)이며, 언제나 그런 의로움일 것이라는 사실을 부정할 필요는 없지만,[356] 마찬가지로 그런 확언이 '성령에 따라 행하는' 신자들이 율법의 요구를 성취할 것에 대한 기대를 부정하는 것으로 보아서도 안 된다. 칭의가 전적으로 외부에서 부여되는 법정적인 것이라고 주장하면서, 구원의 전 과정을 칭의

---

354. 더 자세한 내용은 나의 *Theology of Paul* #18을 보라. '완전/성숙'에 대한 바울의 이해를 제2성전기 유대교에 존재하는 동일한 개념과 비교하는 신선한 연구가 요청된다.

355. 빌 2:12-13: "두렵고 떨림으로 너희 구원을 이루라. 너희 안에서 행하시는 이는 하나님이시니 자기의 기쁘신 뜻을 위하여 너희에게 소원을 두고 행하게 하신다." 신자들이 그들 자신의 구원에 기여하는 바가 있는지에 대한 질문에 대답하면서, Westerholm은 다음과 같이 논평한다: "바울은 신자로서 행하는 그 어떤 행위도 여전히 하나님의 은혜의 산물이라는 사실을 더할 나위 없이 강조했다." 그리고 칼뱅을 인용한다. "우리가 행위 없이 의롭다 함을 얻는 것은 아니지만, 그렇다고 해도 여전히 행위를 통해 의롭다 함을 얻는 것은 아니다"(*Perspectives* 402 n. 143).

356. McGrath, *Iustitia Dei* 189-90.

라는 단일한 비유로 좁혀버리고, 그 과정에서 동일하게 중요한 부분인 (개인의) 변화에 대해서는 충분한 주의를 기울이지 않는다면, 그러한 주장은 그다지 도움이 되지 않는다.[357]

게다가, 구약에서 성령이라는 종말론적 선물이 율법이 욕망했던 순종을 보증하는 수단으로서 이해됐다는 사실을 기억하는 것이 여전히 중요하다(신 30:6; 겔 36:26-27; 참조, 렘 31:31-34). 또한 바울과 최초의 그리스도인들은 성령의 선물을 마음에 행해질 것으로 약속된 할례와 동등한 것으로 간주했다(롬 2:28-29; 고후 3:3, 6; 빌 3:3). 그렇다면 성령을 통해 가능케 된 행실이 토라 안에 나타난 하나님의 뜻에 응답하는 행실이라는 의미가 함축되어 있는 것이 분명하지 않을까? 분명히 바울은 그런 식으로 사고했을 것이다. 그는 성령을 통해 가능케 되는 그리스도인의 행실의 목적이 율법의 '성취'라고 명쾌하게 진술했다(롬 8:4).[358] 믿음이 율법을 '굳게 세우기' 때문에, 율법은 '믿음의 율법'으로 기술될 수 있다(롬 3:31). 사랑으

357. Waters가 한 것과 같이(*Justification* 173, 180-1).
358. Gathercole이 Westerholm을 따라 다음과 같이 이야기할 때, 그는 다소 솔직하지 못하다: "토라의 성취는 그리스도인의 순종의 목적이라기보다는 부산물이다. 그리스도인 신자들은 토라를 성취하는 일에 나서지 않지만, 토라는 그럼에도 불구하고 그/그녀 안에서 성취된다: 바울이 토라의 성취에 대해 이야기할 때 그는 그리스도인의 행동을 묘사하고 있는 것이지 처방하고 있는 것이 아니다"(*Where is Boasting?* 128, Westerholm, *Perspectives* 434을 인용한다). 오히려 J. Lambrecht & R. W. Thompson, *Justification by Faith: The Implications of Romans 3:27-31* (Wilmington: Glazier, 1989)의 논평이 더 실제에 가깝다: "바울은 특별히 인간의 행동에 주의를 기울였다. 율법의 정당한 요구는 오로지 실제로 율법에 순종하는 사람 안에서만 성취된다"(68).

로써 역사하는 믿음은 온 율법을 '성취한다'(갈 5:6, 14).[359] 이제 할례는 계속 진행 중인 하나님의 계획에서 아무런 의미가 없다고 생각되지만, 하나님의 계명을 지키는 것은 여전히 그리스도인에게 우선적으로 지켜야 할 사항이다(고전 7:19).[360]

따라서 그 속에 담긴 목적은 동일하다. 계명을 지키는 것, 하나님의 뜻에 순종하는 것은 여전히 율법 안에 그리고 율법을 통해 표현된다. 물론, 바울은 그것을 믿음을 통해 해석된 율법, 사랑의 율법, 그리스도의 율법으로 이해한다.[361] 하지만 내가 옳다면, 그것은 여전히 율법이다. 바울의 관점에서 어떤 율법은, 특별히 할례는 그 중요성을 상실했다. 하지만 '하나님의 계명을 지키는 것'은 여전히 그리스도인에게 중요하다. 그리고 바울이 할례와 부정함에 대한 율법을 어떻게 여겼든지 간에, 바울이 이야기하는 선에서는 우상 숭배와 사회 통념에 어긋나는 성적인 행위에 대한 율법이 여전히 엄격한 구속력을 지니고 있었다.[362] 혹은 로마서 2:6-11의 좀

---

359. "살아 있는 믿음은 반드시 사랑의 행위로 구체화된다"(Hahn, *Theologie* 1.289-90).

360. 또한 'Paul and the Tora' #3.2를 보라. Westerholm이 고린도전서 7:19에 대해 '그 진술은 하나님의 뜻에 복종하는 것이 본질적이라는 의미만 가지면 된다'고 논평할 때, 그는 자기에게 유리한 주장에만 빠져 있다(*Perspectives* 435 n. 64); 또한 본서 각주 206번을 보라.

361. 더 자세한 내용은 나의 *Theology of Paul* #23을 보라.

362. 더 자세한 내용은 나의 *Theology of Paul* ##2.29와 24.7, ##5.5와 24을 보라; 참조, Tomson의 논문(본서 각주 310번). 우상 숭배나 '포르네이아'(*porneia*, "성적 방종")를 피하는 것도 '율법을 행하는 것'임에도 불구하고, 바울이 이러한 것들을 '율법의 행위들'로 언급하지 않는다는 사실을 주목할 필요가 있

더 일반적인 용어로 이야기하면, 그리스도인이 선을 행하는 것, 즉 '선한 행위를 행하는' 가운데 인내하는 것이 여전히 의무인 이유는, 호의적인 판결이 그리스도인의 경우에도 삶의 질에 의존할 것이기 때문이다.[363] 그리스도인도 역시 심판을 받아야 한다는 지각을 바울이 그렇게 선명하게 유지하고 있었다는 사실을 경시해서는 안 된다. 그리스도와 성령이 그들의 행동에 어떤 영향을 미치는지와는 별개로 말이다. 왜냐하면 심판이 있다는 것은 곧 순종할 책임, 행할 책임, 일을 할 책임이 있으며, 그 책임에 따라서 심판을 받을 것이라는 의미를 함축하기 때문이다.

그렇다면 종말론적인 성령이 도래했다는 사실은 이러한 전체적인 질문에 어떤 차이를 가져왔는가? 최소한, 그에 대한 적절한 대답은 하나님의 뜻을 좀 더 효과적으로 행할 수 있게 됐다는 것이다. 하지만 그렇다고 해서 심판이 '행위에 따라' 진행될 것이라는 사실에 바울이 동의했다는 측면에 변화가 있는가? 그렇다고 해서, 신자들의 심판에 대해 그것이 어느 정도는 조건부일 것이라는 바울의 이해에 변화를 가져오는가? 고린도전서 3:11-15과 같은 곳을 보면, 바울은 아마도 그 문제에 대해 상대적으로 느긋했던 것 같다. 곧, 터(예수 그리스도)가 튼튼한 이상, 구원 자체도 확실했

다; 이 사실은 바울에게 '율법의 행위들'은 좀 더 폭넓은 범위의 종교적, 윤리적, 사회적 행위에 대한 부정적인 묘사라는 제안을 뒷받침해 준다.

363. 참조, Bergmeier, *Gesetz* 52-4: "이 구절들은 바울의 개인 관점을 진술한다"(Gathercole, *Where is Boasting?* 126).

다.[364] 하지만 이미 언급했듯이 다른 곳을 보면, 바울이 이제껏 해온 사역과 그의 회심자들이 '헛된' 것이 될지도 모른다는 불확실성도 여전히 존재한다(고전 15:2; 고후 6:1; 갈 4:11; 빌 2:14-16; 살전 3:5).[365] 그렇다면 유대인들의 율법 이행 실패와 그리스도인들의 율법 성취 성공 사이의 차이가 과장된 것은 아닌지 궁금해하는 것은 불공정한 것인가? 아마도, 이 두 종교의 패턴 사이에는 차이가 있었던 것이 **분명하고**, 윤리에 관해서는 그 차이가 오직 종말론적 성령이라는 선물의 측면에만 나타나며 그 성령이 그 차이를 만들어내는 것이 **분명하다면**, 그 외의 기독교와 유대교 사이의 구분/대립은 더 이상 유지될 수 없는 것이 아닌가?[366] 그리스도인들이 사실상 눈에 띄게 다른 사람들보다 더 사랑이 넘치지 않는다면, 그러니까 그저 하나님만 사랑하는 것이 아니라 그들 자신처럼 이웃을 사랑하지 않는다면, 그 차이가 어디에 있으며 차이가 도대체 무엇인지 궁금해하지 않을 수 없을 것이다.

그렇다면 이 논쟁에서 가장 중요한 이 부분에서, 그 차이는 무

---

364. 참조, F. Avemarie, 'Die Wiederkehr der Werke', *Jahrbuch für evangelikale Theologie* 19 (2005) 123-38 (here 130).

365. 더 자세한 내용은 나의 'Jesus the Judge' 49-50, 그리고 본서 각주 312, 353 번을 보라. Stuhlmacher는 *Revisiting* 69에서 바울의 수많은 정식화된 문구 안에 존재하는 이 조건부라는 요소를 중요하게 다루지 못했다; 그러나 로마서에서 그는 이미 '바울에게는 복음을 부인하거나 비난하는 신자의 경우에는 구원이 불가능하다'고 언급했다(갈 1:8; 고후 11:4, 13-15; 빌 3:18f.)"(47).

366. 참조, Räisänen의 예리한 비평이 그 전형적인 예다(*Paul and the Law* 118); 그리고 Gathercole에 대한 Longenecker의 비평('Critiquing the "New Perspective"' 269-71).

엇인가? 유대교의 구원론이 신인협력설이라는 주장이 적어도 어느 정도는 구원이 율법에 대한 순종에 달려 있음을 의미한다면, 우리는 바울도 신자들이 율법을 지킬 것을 기대했고 그들이 율법을 이행하지 않고 계속해서 육체를 따른 삶을 산다면 결국 죽게 될 것이라고 경고했다는 사실에 주목해야 한다(롬 8:4, 13).[367] 하나님 앞에서 인간의 책임을 **조금이라도** 강조하는 것은 곧 신인협력설이라는 비난을 받을 위험을 무릅쓰는 것이 아닌가? 믿음 그 자체가 인간의 행동이며, 그렇다면 결국 그것도 '행위'가 아니냐는 오랜 논쟁도 이와 관련된다.[368] 이와 관련하여 의미심장한 사실 하나는, 많은 주석가들이 로마서 2:6-11을 바울의 이신칭의 교리에 대한 그들의 설명에 적합하게 맞추어 해석하는 데 어려움을 겪어왔다는 사실이다. 왜냐하면 한편으로는, **아무도** 선을 행하지 **않고**, 로마서 2:7, 10이 묘사하는 내용에 적합한 사람이 **아무도 없다면**,

---

367. 여기에 존재하는 긴장은 행위를 '도구로서'가 아니라 '증거로서' 필수불가결하다는 식으로 범주화함으로써 해소될 수는 없다(Smith, *Justification and Eschatology* 113은 그렇게 시도한다). 그러한 시도는 바울의 권면 안에 존재하는 조건부라는 요소의 중요성을 충분하게 다루지 못한다. 그리고 만약 그러한 해결책이 그럴듯해서 바울에게서 감지된 비일관성으로부터 바울의 구원론을 해방시킬 수 있다면, 어찌하여 유대교의 언약적 율법주의 안에 존재하는 유사한 긴장을 해소하는 해결책으로서는 받아들이지 않는 것인가?

368. 참조, 회개도 하나의 '행위'라는 Bell의 주장(*No One Seeks for God* 183). Westerholm은, 주저하지 않고 루터와 바울 모두에게 믿음은 '생생하며, 분주하며, 능동적이고, 권능이 있는 실제'였다고 말하는데('The "New Perspective" at Twenty-Five' 38), 이때 아마도 무엇보다도 갈라디아서 5:6과 로마서 14:23에 대한 루터의 논평을 생각했던 것 같다. 더 자세한 내용은 Wannenwetsch, 'Luther's Moral Theology' 128-30을 보라.

로마서 2:6, 10은 아무에게도 적용되지 않는 죽은 문자일 뿐이
며,[369] 가장 엄숙한 주제에 관한 이야기를 그런 식으로 한 바울은
경솔한 사람이라는 추론을 피할 수 없기 때문이다.[370] 하지만 다른
한편으로는, "선을 행하는 각 사람"이 가리키는 유일한 대상이 그

369. Bell은 주저 없이 로마서 2:12-16, 26-29이 상상하는 경건한 유대인과 경건한
이방인은 **존재하지 않으며**, 로마서 2장에 그리스도인을 염두에 둔 내용은 없
고, 로마서 2:7, 14, 그리고 2:26-29까지도 그리스도인에 대한 내용이 아니라
고 주장한다(*No One Seeks for God* 142, 151-3, 162, 194-200, 253)! 로마서 2
장을 전체적으로든 부분적으로든 가상적인 내용으로 간주하는 의견에 대해
서는 Moo, *Romans* 140-2을 보라; VanLandingham, *Judgment and
Justification* 215 n. 137; de Roo, *'Works of the Law' at Qumran* 47 n. 22;
Eskola, *Theodicy and Predestination* 133-5; Watson, *Hermeneutics of Faith*
352-3 n. 57도 보라(물론 그는 "로마서 2장 자체 안에서, 그[바울]는 분명히
그들[그의 무명의 의로운 이방인들]이 실존하는 사람들처럼 보이기를 기대
하고 있는 것이 분명하다"고 인정하기는 했다); Avemarie, 'Wiederkehr' 131.
*Paul and the Mosaic Law*에 관한 심포지엄에서는 이 문제에 대해서 의견의
일치를 이룰 수 없었다('In Search of Common Ground' 321).
370. VanLandingham은 Räisänen의 *Paul and the Law* 103-4을 인용하면서 이렇
게 이야기한다: "그러나 그런 허구적인 문제를 다루는 데 어떤 의미가 있었
을지 알기란 쉽지 않다. 결국, 그러한 가상의 이방인은 유대인에 대한 바울의
변론에서는 쓸모가 없었을 것이다. 어떻게 존재하지도 않는 이방인이 그를
'정죄한다'는 말인가?"(*Judgment and Justification* 216). C. K. Barrett, *The
Epistle to the Romans* (BNTC; London: A. & C. Black, 1957, ²1991)은 이미
다음과 같이 이야기했다: "바울은 '이방인이 그 일을 행한다면'이라고 말하
지 않고 … '이방인이 율법이 요구한 일들을 행할 때, 혹은 행할 때면 언제나'
라고 이야기했다"(49). 2:16의 내용이 바울이 2:6-16에서 전체적으로 기술한
내용을 비현실적인 것 혹은 십자가의 사건으로 인해 이제는 시대에 뒤떨어
진 것으로 생각했다고 암시하지는 않는 것 같다; 또한 Yinger, *Paul, Judaism
and Judgement* 176-7을 참조하고, 더 자세한 내용은 150-66, 178-81을 보라.

리스도인이라고 주장할 때 바울이 정말 진지했다면,[371] 오직 믿음으로 의롭다 함을 얻는다는 바울의 신학은 믿음 **및** 성령의 능력 안에서 신자들이 행한 행위에 의해 최종적으로 의롭다 함을 받는 것이라고 해야 한다. 바울이 칭의는 오직 믿음에 의하며 오직 은혜에 기초한다고 다른 곳에서 주장했음에도 불구하고, 그러한 혐의를 받는다면, 유대교의 '언약적 율법주의'에 반대하여 제기된 비판들은 적어도 그에 비해서는 상당히 덜해야 한다. 그리고 만일 하나님의 용납이 오직 언제나, 차후의 신자들의 순종과는 별개로 하나님의 은혜에 의한 것이라고 바울이 믿었다면, 샌더스가 유대교의 구원론 내부에서 언약의 우선성에 대해 주장한 것은 그의 비판자들이 인정해 온 것보다 더 후한 평가를 받아야 하지 않을까?

새 관점을 비판하는 이들이여, 부디 주목해 달라. 나의 관심사는 바울의 구원에 대한 이해가 신인협력설이었다고 주장하는 것이 **아니다**. 나는 바울을 펠라기우스주의적 혹은 반(半)-펠라기우스주의적으로 해석하는 것을 조장하려는 의도도 **없다**.[372] 나는 나를

---

371. 로마서 2:14-15이 그리스도인을 가리키는 것으로 해석하는 의견을 찬성하는 강력한 주장들이 있다. 예를 들면, Garlington (본서 각주 334번), Wright, 'The Law in Romans 2' 136-9, 143-9; S. G. Gathercole, 'A Law unto Themselves: The Gentiles in Romans 2.14-15 Revisited', *JSNT* 85 (2002) 27-49; VanLandingham, *Judgment and Justification* 228-32; Bird, *Saving Righteousness* 158-72을 보라. 하지만 그 주장들은 2:6, 10의 내용을 끌고 올 수밖에 없다. 그 외에는 Räisänen, *Paul and the Law* 103-5 (바울은 그리스도인 공동체 바깥에서 율법을 성취한 이방인에 대해 이야기하고 있다.)

372. 이 고발은 Waters, *Justification* 186의 내용이다.

비롯한 그리스도 안에 있는 모든 신자들이 우리의 삶을 통해서 마지막 그날까지 '겸손하게 나아가는 기도'(성공회 기도서에 포함된 기도문 중 하나—역주)를 하고 있을 것이라고 확신한다.[373] 나의 관심사는 이중적이다: (a) 바울이 사용하는 언어 중 일부가 신인협력설이라는 혐의를 쉽게 받을 수 있는 상황에서, 유대교에 신인협력설이라는 혐의를 그렇게 자신 있게 둘 수 있는지에 대해 이의를 제기하는 것, 그리고 (b) '단동설'(monergism)을 지지하는 사람들에게 앞에서 언급한 바울의 다른 가르침과 권고를 그에 걸맞게끔 좀 더 진

---

373. "주여, 우리 자신의 선이 아니라 당신의 자비를 신뢰하며 당신의 식탁으로 나아옵니다. 우리는 당신의 식탁 아래에서 부스러기조차 주워 모을 가치도 없지만, 당신은 언제나 자비를 베푸시는 분이시오니, 우리가 그 자비에 손을 내밉니다." 그와 동시에 나는 Charles Wesley와 함께 노래하고 싶다.

> 오 주여, 당신의 이름 안에서 내가 나아갑니다.
> 당신의 눈이 나의 가장 깊숙한 마음을 보시오니
> 나의 일상의 노동이 당신을 좇아갑니다.
> 내가 주를 나의 오른편에 모시며,
> 나의 모든 생각과 말과 행동에서
> 당신의 명령에 힘을 다하며,
> 당신, 오직 당신만을 알기 원합니다.
> 나의 모든 수고를 당신께 드리게 하소서.
> 당신의 지혜로 나에게 맡긴 직무를
> 당신의 하해와 같은 은혜로 주신 모든 것을
> 즐거이 이루게 하소서.
> 당신을 위하여 기꺼이 쓰며,
> 나의 모든 일 속에서 당신의 임재가 나타나며,
> 오직 기쁨으로 나의 갈 길을 가며,
> 당신의 선하고 완전하신 뜻이 드러나소서.
> 하늘나라에 이르기까지 당신과 동행하리이다.

지하게 다뤄달라고 요청하는 것이다.[374] 두 번째 관심사와 관련하여, 나는 그러한 과제를 우리에게 부과하고 있는 것은 다름 아닌 바울 자신의 가르침과 촉구라고 주장해야겠다. 고린도후서 5:10에 따르면, 각 사람에게 임할 심판은 **각각** 그 몸으로 행한 것에 따라 될 것이다. 그 일이 (내주하는) 그리스도에 의해서 혹은 성령의 능력 안에서 행해졌다 하더라도, 그 일을 행한 주체는 각 사람이며 심판은 그 행위에 따라 일어날 것이다. 바울의 이신칭의에 대한 이해는 최종 심판에 대한 바울의 이해와 통합되어야 한다. 나는 바울이 '믿음의 순종,' 그리고 '육체의 행실을 죽이는 것'과 같은 내용을 지나치게 강조하게 되면 도덕적인 업적에 의존하고 그것을 자랑하게 될 위험성이 있다는 사실을 몰랐다고 생각하지 않는다. 하지만 바울이 그런 위험성을 알았다고 해서, 앞서 이야기한 책임들을 신자들에게 촉구하지 않았을 리는 만무하다. 이러한 통합적인 관점이야말로 새 관점이 촉발한 논란의 양쪽 진영이 힘써 유지하려고 노력해야 할 필요가 있는 내용이다.

4.4 (12) 그리스도에로 참여

제2성전기 유대교의 구원론과 바울의 구원론 사이에는 차이가 존재한다. 그리고 그 차이점은 바로 예수 그리스도에 명명백백

---

374. 본서 182-6, 199-206쪽을 보라. McGrath는 협화신조(Formula of Concord)가 단동설을 지지하지 않았으며 루터의 가르침을 철저하게 수정했다는 사실에 주목한다(*Iustitia Dei* 127-9).

하게 요약되어 담겨 있다. 이 주장은 거의 자명하다고 말할 수 있을 정도여서 굳이 입증하려고 할 필요도 없다. 하지만 이것이 유대교의 구원론은 구원의 가능성을 보장받는 대상인 사람들에게 순종의 책임을 부과하는 반면, 바울의 구원론은 그리스도에 대한 수동적인 믿음에 구원을 약속한다는 식의 차이는 아니다. 또한, 전자는 도덕적인 변화와 순종으로 나타나는 삶을 요구하는 반면, 후자는 그리스도의 구원하는 의는 결코 전가되는 것 이상이 될 수 없기 때문에 체념하고 도덕적 실패를 감수한다는 것도 아니다. 또한 전자는 순종하는 데 실패하는 사람은 구원을 잃을 수 있다고 경고하는 반면, 후자는 그리스도의 이름으로 세례를 받는 것으로 표현된 믿음에는 무조건적인 확신을 보장해 주는 것도 아니다. 그렇다면 차이가 무엇인가?

이러한 질문을 통해 우리는 새 관점에 대한 비판을 불러일으킨 마지막이자 가장 심각한 쟁점으로 향하는데, 그것은 새 관점이 기독론과 관련하여 지닌 함의에 대한 것이다. 만약 제2성전기 유대교와 초기 기독교가, 그들의 구원론이 하나님의 은혜와 인간의 반응 사이에서 유지됐던 것으로 본 상호 관계라는 측면에서 그렇게 유사했다면(#4.3 [11]), 굳이 그리스도가 살았다가 죽었을 필요가 있는가? 만약 옛 언약이 상당한 효력을 가지고 있었다면, 새 언약이 굳이 필요한가? 고장도 나지 않았는데, 고칠 이유가 무엇인가?[375] 다르게 이야기하면, 만약 새 언약이 옛 언약의 단순한 갱신

---

375. 그렇기 때문에 다음과 같은 주장이 나온다. 예, Eskola: "이러한 맥락 속에서

이며 좀 더 효과적인 시행 정도라면, 성령의 선물이 중요하다는 것은 분명하지만(다시 한번, 겔 36:26-27에 주목하라), 그리스도는 왜 필요하며, 또 그의 죽음의 의미는 무엇인가?[376] 만약 유대교와 기독교가 공히 그다지 차이가 크지 않은 언약적 율법주의를 고수했다면, 그리스도는 헛되이 죽은 것이다.[377]

이 질문은 정말로 중요하고 실제적인 것이다. 그저 새 관점을

칭의는 어떤 의미에서도 새로운 것의 시작일 수 없다. … 그보다는 옛 언약에 대한 확정이다"(*Theodicy and Predestination* 224).

376. F. Watson, 'The Triune Divine Identity: Reflections on Pauline God Language, in Disagreement with J. D. G. Dunn', *JSNT* 80 (2000) 99-124은 내가 바울의 기독론을 '불필요한'(redundant) 것으로 만들어 버릴 위험이 있다며 깊이 우려했다(109). Gathercole 역시 그러한 우려에 공감한다('Justified by Faith' 163-8). 그것은 Carson도 마찬가지다: "Dunn이 바울의 구약 해석을 실제로 얼마나 철저하게 그리스도 중심적인 것으로 보았는지가 나에게는 분명치 않아 보인다"('Mystery and Fulfilment' 435).

377. Kim은 반복해서 내가 자가당착에 빠졌으며, 다메섹의 그리스도 현현 사건 속에 존재하는 기독론적 통찰들을 무시한다고, 심지어는 단호하게 거부한다고 비난한다(*Paul and the New Perspective* e.g. 15-19, 48-9). 하지만 나의 초기 저작에 대한 그의 이해는 대부분 너무 과격하며, 나의 중요한 관심사를 지속적으로 오해하고 있어서(내가 가진 그의 책의 구석구석은 느낌표로 가득하다!) 우리 사이의 의견 불일치에 대한 평가는 다른 사람에게 맡겨두는 것이 나을 것 같다(그들에게는 성가시겠지만 말이다). O'Brien도 비슷한 이야기를 한다: "Dunn에 따르면 바울은 기독론이나 구원론에 대한 새로운 확신, 혹은 율법에 대한 신선한 통찰을 받지 않았다"('Was Paul Converted?' 367-9). 이러한 평가는 내가 특별히 'Paul's Conversion' 81, 83-4에서 심혈을 기울여 집필했던 내용에 비추어 보면, 믿기 힘든 오해다. 바울의 회심에 대한 연구 속에서 이방인의 사도가 되도록 부름 받은 바울의 소명에 충분히 주의를 기울이지 않았다고 항변했다고 해서, 그와 동시에 바울에게 다른 기독론적, 구원론적 통찰이 주어졌다는 사실을 부인하는 것은 **아니다**.

위해서만 그런 것이 아니다. 만약 아브라함이 구원하는 믿음에 대한 모델을 제시했다면, 그 믿음은 아마도 완전히 그리스도와 별개로, 여전히 하나님 안에서 힘을 발휘할 수 있는 믿음일 것이다. 만약 예수 자신이 이야기한 탕자의 비유(눅 15장)가 복음을 적절하게 표현했다면, 우리는 그 이야기에서 구세주인 아들의 역할이 없다는 사실에 주목해야 한다. 그 문제는 사실 오래된 것이다. 19세기의 자유주의, 20세기 후반의 신-자유주의의 핵심에 그 문제가 놓여 있었다. 두 경우 모두에, 교사로서의 예수의 역할이 바울의 십자가와 부활의 복음에 대립되는 것으로 설정됐다.[378] 새 관점도 그와 같은 덫에 빠진 것은 아닌가? 역사적 예수에 대한 자유주의와 신-자유주의의 탐구는 예수의 가르침이 지닌 유대교적 지혜의 특성을 강조했으며, 그 결과 '예수'와 '그의 제자들의 기독교' 사이에 격차를 만들어냈고, 그런 식으로 새 관점도 복음의 유대교적인 특징에 주의를 기울임으로써 복음이 지닌 가장 독특한 기독교적인 요소를 축소하거나 심지어는 부정할 위험을 무릅쓰고 있다는 것이다.

슈툴마허는 특별히, 새 관점이 로마서 8:31-34에 충분한 비중을 두지 않는다고 항의했다.

---

378. 나의 *Jesus Remembered*에서 특별히 48-9, 61-3의 비판들을 보라; 그 대조는 Geza Vermes, *The Religion of Jesus the Jew* (London: SCM, 1993) [=『유대인 예수의 종교』, 은성, 2019]; 또한 *The Authentic Gospel of Jesus* (London: Penguin, 2003)에서 지속적으로 특징적으로 강조하는 내용에서 분명하게 드러난다.

그런즉 이 일에 대하여 우리가 무슨 말 하리요? 만일 하나님이 우리를 위하시면, 누가 우리를 대적하리요? 자기 아들을 아끼지 아니하시고 우리 모든 사람을 위하여 내주신 이가, 어찌 그 아들과 함께 모든 것을 우리에게 주시지 아니하겠느냐? 누가 능히 하나님께서 택하신 자들을 고발하리요? 의롭다 하신 이는 하나님이시니, 누가 정죄하리요? 죽으실 뿐 아니라 다시 살아나신 이는 그리스도 예수시니, 그는 하나님 우편에 계신 자요, 우리를 위하여 간구하시는 자시니라.

슈툴마허에게 핵심 사항은 이 본문이 증명하는 바, 최종 칭의는 전적으로 그리스도의 구원하는 죽음에 의존한다는 것이다. 최초 칭의(롬 5:1)뿐만 아니라, 최종 칭의도. 바울은 아무도 율법을 행하지 못했다고 보기 때문에(롬 3:9-18), 유대인과 이방인 모두에게 구원을 위한 유일한 기회는 예수 그리스도를 믿는 것이다. 심판의 보좌 앞에서 그리스도가 그들을 대변해 줄 때에만, 무죄 판결을 받을 희망이 존재할 수 있다. "모든 사람은 죄인이기 때문에, 비록 그가 얼마간의 선을 행했다 해도, 모든 율법을 다 지킨 의로운 사람이 될 수는 없다. 그리스도와 그의 중보 없이 사람은 실패할 수밖에 없다."[379] 당연히 이러한 해석 앞에서는, 앞서 #4.3 (11)에서

---

379. 2003년 5월, Stuhlmacher 교수와의 개인적인 편지 교환. 루터의 칭의 이해와 그에 대한 Stuhlmacher의 재진술, 이 둘에 대한 Seifrid의 자세한 설명은

제기한 쟁점도 더 이상 문젯거리가 되지 못한다. 왜냐하면, 아무도, 어떤 그리스도인도 율법을 '성취하거나' 계명들을 지킬 수 없기 때문이다. 최종 칭의에 관한 한, 그리스도인 안에 거주하는 성령은 어떤 차이도 만들어낼 수 없다! 그리스도가 다시 오실 때, 기독교인이 '정결하고'(*hagnos, eilikrinēs*), '떳떳하며'(*amōmos, aproskopos*), '흠이 없고'(*amemptos*), '나무랄 데가 없고'(*anegklētos*), '성숙하다/완전하다'(*teleios*)는 말을 듣는다는 이야기도 (고전 1:8; 고후 11:2; 빌 1:6, 10; 골 1:22, 28; 살전 3:13; 5:23과 같은 구절이 분명하게 암시하는 내용에도 불구하고) 최종 심판이 관련되는 한 바꿀 수 있는 것은 없다.[380] 이렇게

이 지점에서 굉장히 유익하다('Paul's Use of Righteousness Language' 67-74): 칭의는 "그 반경 안에 최종 심판 때의 구원도 포함한다. … 어떤 방식으로든 우리 안에서 역사하는 의의 실제를 약화시키지 않는다면, 우리는 그 의 전체가 그리스도 안에 있는 우리 자신의 외부에 있음을 알게 된다"(74). 유사하게 Stuhlmacher의 초기 논문, "The Law as a Topic of Biblical Theology', *Reconciliation, Law and Righteousness: Essays in Biblical Theology* (Philadelphia: Fortress, 1986) 110-33: "바울은 십자가에 못 박히셨다가 부활하신 그리스도가 최종 심판에서 신자들을 위해 중재하실 것이라는 약속과 그들이 하나님 보시기에 그들의 행위가 실패하더라도 마침내 의롭다 함을 받을 것이라는 약속이 적용된다고 명시적으로 말한다(참조, 롬 8:31ff.; 고전 3:11-15)"(129). Bell의 '이중 칭의'에 대한 반박도 최초 칭의(롬 5:1)가 결정적이고 최종적이라는 점에서 사실상 동일하다(*No One Seeks for God* 256).

380. Seifrid: "좀 더 명확하게 이야기해 주었으면 하는 바람을 가지게 되는 유일한 내용은 '전가된' 의와 '실질적인' 의 사이의 **고유한 관련성**에 대한 Stuhlmacher의 주장이다"('Paul's Use of Righteousness Language' 74). 참조, Stuhlmacher에 대한 Donfried의 초기 비판('Justification and Last Judgement' 257-60). Donfried는 그가 종교개혁에 대한 비판적인 통찰이라고 간주한 내용에 Stulmacher가 보인 분명한 관심에 대해서 책망하는 표현을 한다: "관건은 바울을 올바로 이해하는 것이지, 종교개혁을 이해하는 것이 아

주장한다고 해서, 하나님의 은혜가 핵심적이고 필수불가결하다는 사실이나, 신자가 전적으로 하나님의 능력에 의존한다는 사실에 의문을 제기하는 것은 아니다. 그 내용들은 바울이 그 주제에 관해 다른 본문들에서 가르치는 내용에서 일관적으로 드러나는 특징들이다(롬 6:22-23; 고전 15:10; 갈 2:20; 빌 2:13; 4:13). 하지만, 같은 이유에서, 바울이 추구하고 기대했던 결과들('떳떳함,' '흠이 없음,' '나무랄 데 없음' 등)이 하찮게 취급되어서는 안 된다.[381]

물론, 그에 대한 부분적인 대답이 될 수 있는 것은, 바울이 그리스도를 믿는 믿음을 간직하는 데 실패한 사람들에게는 그리스도가 아군이 아닌 적군이 될지도 모를 실제적인 가능성을 내다보고 있다는 것이다(고전 15:2). 바울은 그와 동일한 내용을 갈라디아서 5:4에서 내비치고 있으며, 또한 이는 예수 자신이 던진 경고와도 일맥상통한다(눅 12:8-9 병행 구절들). 그 경우, 변절자가 행한 어떤 선한 행위도 그/그녀의 것으로 여겨지지 않을 것이다. 왜냐하면 그리스도를 믿는 믿음이 최초이든 최종이든 칭의에 있어서 결정적인 준거가 되기 때문이다. 이는 이스라엘 백성이 신실함으로 언약 내에서 자신의 위치를 유지하더라도 배도로 인해 그 위치를 잃

니다"(260).

381. "바울은 미래를 내다보면서 마지막 날에 하나님께서 무엇을 말씀하실지 물어볼 때, 예수의 공로와 죽음이 아니라, 자신이 개척한, 복음에 충실한 교회들을 자신의 기쁨과 면류관으로 삼는다"(Wright, *Paul: Fresh Perspectives* 148). 물론, Wright는 로마서 8:31-34을 무시하지 않는다. 그의 요점은 빌립보서 4:1과 같은 구절 역시 무시되어서는 안 된다는 것이다!!

게 된다는 유대인의 확신과 동일한 것을 우리에게 남겨줄 것이다. 다른 신들에게 마음을 돌림으로써, 이전까지는 언약의 구성원이 었을지 모르지만, 그 사람 자신의 언약 안에서의 자격에 관한 한, 언약은 무효가 된다. 최종 심판에서 그가 언약 백성의 구성원으로 태어났다는 사실이 그에게 유리하게 작용하지 않을 것이다. 그렇다면 아이러니하게도, 새 언약은 옛 언약과 거의 동일한 방식으로 작용하는 것으로 이해되며, **그리스도 안**에서의 선택이 **이스라엘의** 선택을 대체하는 것으로 이해될 것이다.

하지만 하나님의 은혜와 믿음의 순종(바울서신에서 두드러진 두 주제) 사이의 상호 관계에 대한, 내가 보기에 더 나은 표현을 제공하는 좀 더 심오한 응답이 존재한다. 그 내용은 칭의라는 법정적인 비유를 통해서는 바울의 복음이 단지 부분적으로만 표현될 뿐이라는 인식 속에 담겨 있다.[382] 또한 복음은 성령의 선물이라는 면에서도 표현된다. 또한 그리스도와의 동일시라는 면에서도 표현된다.[383] 요점은 단순히 칭의가 '그리스도 안에' 존재한다는 정도가

---

382. Waters (*Justification* 114-7, 177, 192)는 나에 대해 '유명론'(nominalism)이라고 비난하는데, 메타포는 문자 그대로를 가리키는 것이 **아니라** 대상을 지시**한다**는 점을 인식하지 못하고 있다(예, 나의 *Jesus Remembered* 403을 보라).
383. 그런 이유로 나의 *Theology of Paul*의 핵심적인 3개의 장(##14-16)의 제목이 다음과 같다—'이신칭의', '그리스도에 참여', '성령의 선물'; Schnelle, *Paulus* 454-93도 유사하다. 여기에서 다시 한번 나는 루터보다는 칼뱅의 영향을 인식해야 할 것 같다(Wendel, *Calvin* 234-42; McGrath, *Iustitia Dei* 223-6). 이 부분에서는 잘 알려진 Albert Schweitzer, *The Mysticism of Paul the Apostle* (London: Black, 1931)의 주장이 조장하고("그러므로 믿음으로 얻는 의에 대한 교리는 부차적인 분화구로서, 주요한 분화구—'그리스도 안에 참여를 통

아니라는 것이다(고전 1:30; 갈 2:17; 빌 3:9)—사실 이 정도의 내용도
현재의 논의에서는 거의 주목을 받지 못하고 있다. 더 나아가, 그

한 구속'이라는 신비로운 교리—안에서 형성된 것이다"[225]), Sanders, *Paul and the Palestinian Judaism* 453-72, 502-8, 514, 548-9, 그리고 Kuula, *Law* 1.37-45 및 *Law* 2 제2-3, 9장에 의해 새롭게 기세를 얻은, '칭의'와 '참여' 사이의 양극화를 피하는 것이 중요하다. Laato는 이러한 상황을 잘 지적했다: "최종적인 분석에서, 이들[법정적 범주와 참여적 범주]은 동전의 양면처럼 보인다. 법정적 범주와 분리되면, 참여적 범주는 개인의 내적인 삶에 대한 열광적인 관심을 만들어낼 염려가 있다. 반대로, 참여적 범주와 별개로서 법정적인 범주는 공허한 교리에 지나지 않을 위험이 있다'('Paul's Anthropological Consideration' 349). Bird는 ('전가된 의'보다) '통합된/연합된 의'(incorporated righteousness)라는 용어를 선호한다: **'주석적 차원에서** 전가보다 그리스도와의 연합은 칭의에 대한 바울의 생각을 표현하는 가장 유용한 방법이다'(5; 또한 제4장 및 182). VanLandingham, *Judgment and Justification*은 이 문제에 대한 바울의 기독론적 의미에 대해 거의 생각하지 않고 바울의 구원론에서 '그리스도 안에서' 모티프의 매우 중요한 역할에 대해 전혀 생각하지 않기 때문에, 여기에서 특히 비판에 취약하다. D. A. Campbell, *The Quest for Paul's Gospel: A Suggested Strategy* (JSNTS 274; London: T&T Clark, 2005)는 '참여주의적'(participationist) 설명에 배타적인 신학적 헤게모니를 부여하려는 이상할 정도로 추상적인 시도를 한다: 'JF 모델'(justification by faith model, "이신칭의 모델")은 제거되어야 하고, 'SH 모델'(salvation-history model, "구속사 모델")은 'PPME 모델'(pneumatologically participatory martyrological eschatology model, "영적으로 참여하는 순교자적 종말론 모델")에 종속되어야 한다. 그러나 (일관된 설명을 제공하려는 것으로서—32) 그의 '모델' 정의는 적절하지 않다. 그는 철저하고 배타적인 설명으로서 '모델'을 정당화하려는 실제적인 시도를 하지 않는다. 그리고 PPME의 요소가 그러한 하나의 일관된 모델을 구성한다는 설득력 있는 주장도 부족하다. 개인적 측면과 집단적 측면, 역사적 측면과 종말론적 측면, 기독론적 측면과 성령론적 측면을 모두 포함하는 영적 실재의 복잡성이, 그러한 다양성 속에서 분명히 메타포화될 수 있는 바울에게 있어서, 단일한 '모델' 또는 좁은 추론으로 축소될 수 있는가?

리스도와의 동일시는 체험해야 하는 **과정**이지 단순히 받아들이는 **상태**가 아니다. 바울이 구원을 삶의 전 과정에 걸쳐 일어나는 과정으로 이해하는 자신의 개념을 가장 효과적으로 표현해낸 것도 바로 이러한 흐름의 신학을 통해서였다. 이는 '칭의'가 오직 그 과정의 처음과 끝에만 집중하는 것과는 상당히 대조된다. 그 과정에서 핵심 요소는 '그리스도와 같이 되는 것', 그리스도의 형상을 본받는 것이다(롬 8:29; 고전 15:49; 고후 3:18; 빌 3:21). 이 말은, 신자들이 처음 믿었던 그때 그곳에서 '구원받은' 것이 아니라, 구원은 변화의 과정에서 마지막 종착점이라는 의미다(롬 5:10; 13:11; 고전 1:18; 고후 2:15; 살전 5:8).[384] 요약하자면, 그 과정의 특징은 점차 육체를 정복해가는 것, 육체로부터 분리되는 것, '겉 사람'은 부패하지만 '속사람'은 새롭게 되는 것이라 할 수 있다. 그것은 전인격이 하나님을 향해 갱생될 때까지 성령에 의해 지속되는 갱신의 과정으로서 육체도 역시 부활에서 성령의 도구, 즉 '소마 프뉴마티콘'(*sōma pneumatikon*), "영적인 몸"으로 변화될 그날까지 진행될 것이다(롬 8:11, 23; 고전 15:44-50; 고후 4:16-5:5; 갈 6:8). 무엇보다도, 그것은 그리스도의 죽음에 참여하고, 그의 죽음에 동화되어, 그의 부활을 온전히 함께 누릴 것을 내다보고 있다(롬 6:5; 8:17; 고후 4:17-18; 13:4; 갈 2:19).[385]

---

384. 그렇기 때문에 에베소서 2:8-10을 바울이 기록한 것으로 인정하는 데 주저함이 있다(본서 #3.4 [8]).

385. 이 부분에서 나는 다시 한번 나의 *Theology of Paul* #18을 언급해야겠다. 거기에서 나는 그동안 바울의 신학과 복음에서 너무나 간과되어 왔던 측면을 채워 넣으려고 시도했다. M. J. Gorman은 그 주제를 *Cruciformity: Paul's*

그렇다면 요점은 바울이 구원을 신자의 **변화**, 즉 단순히 신자
의 **상태**의 변화가 아닌 **신자 자체의 변화의 과정**으로 그리고 있다
는 것이다. 최종 심판은 그 변화의 시금석이 될 것이다. 신자의 도
덕적 결단과 순종은 그 과정에서 중심적이다. 그리고 동기와 행동
화라는 측면에서 성령의 능력 부여가 근본적인 역할을 담당한다.
하지만 그 변화는 '그리스도 안'에서, '그리스도에게로', '그리스도
와 함께', '그리스도의 몸'으로, 그리스도의 형상을 목표로 일어나
며, 그것이 곧 새 창조이다.[386] 만약 오직 그리스도만이 하나님이
의도한 인류의 본에 부합할 수 있는 '타고난 재능'을 가지고 있었

Narrative Spirituality of the Cross (Grand Rapids: Eerdmans, 2001) [= 『삶으
로 담아내는 십자가』, 새물결플러스, 2010]에서 개진한 바 있다; 참조, *The
Crux of Election*에 나오는 Grindheim의 주장: "선택받았다는 것은 그리스도
와 십자가의 형상을 본받는다는 것을 의미한다. … 이스라엘의 선택에 대한
유대인의 확신은 그리스도의 십자가와 양립할 수 없기 때문에 책망받아야
한다"(199-200). Smith는 바울의 구원론에서 '칭의'와 '참여' 두 가지 모두가
중요함을 인정하지만, 후자를 전자에 종속시키려고 시도하며, '그리스도의
죽음을 본받음' 모티프의 깊이를 놓치고 있다(*Justification and Eschatology*
109-112). D. G. Powers, *Salvation through Participation: An Examination of
the Notion of the Believers' Corporate Unity with Christ in Early Christian
Soteriology* (Leuven: Peeters, 2001)은 그 책의 제목에도 불구하고, 일차적으
로 바울의 '~를 위한 죽음' 공식이 지닌 집합적인 함의에 관심을 두고 있다
(하지만 이에 관한 제5장을 보라).

386. Bird는 '칭의의 효과적인 성질을 강조'할 필요성에 대해 말하고 Calvin,
Institutes 3.16.1을 인용한다: '우리가 행위 없이 의롭게 되는 것이 아니나 행
위로 말미암아 의롭게 된 것도 아니다. 이는 우리를 의롭게 만드는 그리스도
에 참여하는 것 안에 칭의뿐 아니라 성화가 포함되어 있기 때문이다'(*Saving
Righteousness* 111).

다면/있다면, '그리스도 안에 있는' 사람들이 마지막 검토를 통과할 수 있는 것은 그리스도와 같은 모습이 됨으로써다. 신비적인 체험으로서 '그리스도 안에' 존재함을 통해서도 아니고, 교회 의식을 통해서도 아니다. 또한 '외부의 의'로서 전가된 의를 소유하는 것만으로도 안 된다. 그리고 펠라기우스주의적인 혹은 반(半)-펠라기우스주의적인 자기-노력을 통해서도 안 된다는 것 역시 분명하다. 그것은 오직, 그리스도와 같은 모습으로 점진적으로 변화됨으로써만 가능하며(고후 3:18), 이 변화의 절정과 완성은 육체의 변형/부활이다(고후 4:16-5:5). '칭의'와 '새 창조'(고후 5:17; 갈 6:15)는 함께 간다.

바울이 구원에 관한 모델 중 세 가지 모두는 아니지만 두 가지 요소의 상호 작용을 가장 명확하게 다룬 구절이 있으니, 바로 빌립보서 3:8-14이다.[387] 거기에서 분명한 내용은, 열심 있는 바리새인으로서 율법 아래에서 그가 누렸던 '흠 없음'(blamelessness)이, 그가 일단 그리스도를 알게 된 이후로는 더 이상 중요한 것으로 간주되지 않았다는 것이다. '그리스도를 아는 지식이 가장 고상하기 때문에' 유익이 될 수 있는 것들이 이제 아무런 효력이 없다(3:6-8). 하지만 그것은 구원 이야기의 출발점일 뿐이다. 왜냐하면 그는 또한 '그리스도 안에서 발견되려' 하기 때문이다. 바울은 이에 대해

---

387. Silva는 내가 나의 초기 저작('Law and Christianity' 352)에서 빌립보서 3:9에 적절히 주의를 기울이지 못했다고 비판했는데, 그 지적이 부당한 것은 아니었다. 하지만 이제 이 책을 위해 집필한 논문, 'Philippians 3.2-14 and New Perspective on Paul'을 보라.

그가 주로 사용하는 메타포를 동원하여 자세히 설명한다. (a) '그리스도 안에서 발견되는' 것이란, 율법에서 비롯한 자신의 의가 아닌, 오직 그리스도를 믿음으로 말미암은 의, 곧 믿음으로 하나님께로부터 난 의를 소유하는 것을 의미한다. 하지만 또한 그것은 (b) 그리스도의 부활의 능력을 아는 것이기도 하다(우리는 이 사고의 골자를 변경치 않고 그 자리에 대신 성령을 넣을 수 있을 것이다).[388] 또한 그것은 (c) 그리스도의 고난에 참여하고 그의 죽으심을 본받아, '어떻게 해서든지'(if perhaps/somehow) 그가 죽은 자 가운데서 부활에 이르려 한다는 의미이다. 앞서 #4.3 (11)에서 논의된 선택 사항들, 즉 모든 것을 포괄하는 모델로서의 칭의, 그리고 더 나아가 성령의 능력에 의한 순종을 아주 적합하게 추가하는 것이 바로 이 세 번째 흐름이다.[389]

조건성의 요소('어떻게 해서든지')가 무시되어서는 안 된다.[390] 하

---

388. 로마서 6:4b = 7:6b = 8:4 사이의 연관성과 유사성은 명백하다.
389. 하지만 나는 본서 각주 334, 339번에서 언급한 Garlington의 입장과 분명히 유사하다. Wannenwetsch는 생산적인 화해의 가능성을 보여준다: "오직 우리가 그리스도를 본받는 것 안에서, 우리가 그리스도를 닮은 사람으로 만들어지는 것 안에서, 율법이 담당했던 고소의 기능이 극복된다"('Luther's Moral Theology' 126). 참조, F. Bovon, 'The New Person and the Law According to the Apostle Paul', *New Testament Traditions and Apocryphal Narratives* (Allison Park: Pickwick, 1995) 15-25: "… 부여된 이러한 새로움은 … 그리스도의 고난에 동참함으로써, 곧 고난이라는 형태를 취한 봉사 안에서 구체적으로, 역사적으로, 윤리적으로 살아지는 것이다"(22).
390. 이미 언급했듯이, Hagner (본서 각주 342번)가 기독교의 해답이자 유대교의 신인협력설과 대조되는 것으로 옹호하는 철저한 단동설의 기반을 약화시키는 것이 바로 이러한 조건성이라는 요소다.

지만 여기에서 부활에 이르는, 즉 구원 과정의 절정이자 완성에
이르는 조건은 흠이 없는 삶이나 지속적인 순종/신실함이 아니라,
(인격과 행실 면에서) 신자가 전적으로 자신을 내어주는 십자가의 모
습에 동화되는 것이다. '칭의'와 성령의 선물이 그 과정의 출발을
가장 효과적으로 표시하는 것은 당연한데, 이는 성령의 능력에 의
한 최종 칭의와 부활이 그 과정의 마지막을 가장 효과적으로 표시
하는 게 당연한 것과 마찬가지다. 하지만 **진행되는 구원 과정의
특징을 가장 잘 표시하는 것은 의롭다 함을 얻는 죄인이 내주하는
성령의 능력으로 점점 더 그리스도를 닮아가는 것, 즉 죽으시고
다시 살아나신 그리스도를 닮아가는 것**이다. 이 과정 속에는 지속
적인 헌신, 순종, 선을 행함 같은 인간의 책임을 위한 여지가 더 많
다. 이는 바울이 아직 얼마나 많은 거리를 달려야 하는지를 인식
하고 결승점까지 완주하기 위해 전력을 기울이는 운동선수의 이
미지를 들어서 천명하는 내용과 같다(3:12-14).[391]

요약하자면, 하나님의 은혜와 인간의 순종 사이에, 바울 안에
도 유대교만큼이나 많은 긴장과 (잠재적인) 불일치가 존재하는 게
정말로 사실이라면, 바울에게 그 긴장과 불일치에 대한 해결책을
제공한 것은 일차적으로 그리스도의 죽음과 부활에 대한 그의 이
해였다. 그에게 그리스도의 죽음과 부활은 단순히 단 한 번 일어
난 사건이 아니라, 신자들 안에서 그리고 신자들을 통해서 개인적
으로 또한 집합적으로 꾸준하게 역사하여 그들을 변화시켜 점점

---

391. 더 자세한 내용은 'Philippians 3.2-14' 487-9을 보라.

더 그리스도와 같은, 십자가와 같은 모습이 되게 하고, 그 결과 구원의 과정을 완결지어 마지막 날에 성숙하고, 완전하고, 흠이 없는 모습으로 그리스도 안에서 확신을 가지고 최종 심판을 맞이할 수 있게 하는 신적인 능력이었다.

　이런 식으로 사태를 이해하게 되면, 새 관점에 대한 논란은 어떤 국면을 맞게 될까? 먼저, '옛 관점'을 단순하게 루터주의의 관점에서 정의하려는 시도(*Perspectives Old and New on Paul: The "Lutheran" Paul and His Critics*를 쓴 웨스터홈[Westerholm]과 같은 시도)는 종교개혁에 의한 바울 신학의 재발견에 있어 개혁주의의 공헌을 무시하는 것임을 상기시킨다. 루터는 칼뱅으로 보충될 필요가 있다. 또 하나는, '새 관점'이 선택과 하나님 앞에서의 신분에 대한 유대교의 자랑이라는 쟁점을 바울의 이신칭의에 대한 가르침의 형성을 설명하는 데 있어 근본적인 요소로 강조한 면에서는 정당성이 있지만, 아무도 그/그녀 자신의 힘으로는 하나님 앞에 설 수 없다는 더욱더 근본적인 통찰이 흐려져서는 안 된다는 사실을 상기시킨다. 더 중요한 내용은, 바울 자신의 신학과 복음에 관한 한, 바울이 구원의 과정을 그리스도와의 연합과 그리스도를 본받음이라는 면에서 이해한 것이 그의 칭의에 대한 이해에서만큼이나 구원론에 있어서 핵심적이고 중요하다는 사실을 상기시킨다. 그 둘은 서로 대립될 수도 없고 대립되어서도 안 된다. 그리고 유대교/기독교 관계에 대해서, 이제 우리는, 좀 더 확신을 가지고, 언약적 신실함을 율법주의와 동일시하는 식의 폄하로부터 벗어날 수 있고, 좀 더 선

명하게 칭의에 집중할 수 있다. 예수 메시아/그리스도 안에서 유
대교 예언자들과 선견자들의 소망이 성취됐고 '그리스도 안에서'
'하나님의 위로의(upward) 부르심'의 목적이 마침내 실현됐다는 기
독교의 주장에 집중할 수 있다는 말이다.

  그렇다면 바울에 관한 '새로운 관점'의 결과로서, 또한 이 관점
이 불러일으킨 논쟁에 비추어 보았을 때, 현재의 상황은 어떠한
가? 다섯 가지 사항은 분명히 짚고 넘어갈 가치가 있다.

  1. 기독교 전통에 서 있는 학문이, 현재나 1세기의 유대교를 빈
약하고 무익하며 지나치게 율법주의적인 종교로 묘사하는 과거의
설명으로 회귀할 가능성은 분명히 없어 보인다. 마찬가지로 유대
교와 기독교, 율법과 은혜, 순종과 믿음에 대한 선명한 대조에 입
각해 바울의 칭의 교리를 해석했던 전통으로 회귀할 가능성도 없
어 보인다. 그러한 해석들은 이제껏 기독교 안의 반(反)유대주의라
는 수치스러운 전통을 지원하고 지속시키는 역할을 해 왔다.

  2. 행위가 아닌 믿음으로 의롭다 함을 얻는다는 바울의 설명이
그의 이방인 선교라는 맥락에서 그에게 근본적인 중요성을 지녔

던 내용, 즉 복음은 유대인뿐만 아니라 이방인을 포함한 모든 사
람을 위한 것이며, 이방인이 유대교로 개종하거나 유대인의 삶의
방식을 따르도록 요구하지 않아도 된다는 내용을 변호하기 위해
나타났다는 사실이 부수적인 것으로 치부되어서는 안 된다. 이 사
실을 인정한다고 해서, 하나님의 용서하시고 의롭다 하시는 은혜
가 아니면 아무도 그 앞에 설 수 없다는 좀 더 근본적인 사실을 부
인하거나 경시하게 되는 것은 **아니다**. 그것은 이신칭의가 단순히
개인에 국한된 내용은 절대 아니라는 사실을 인식하는 **것이다**. 칭
의에 대한 바울의 신학은 사회적이며 공동체적인 차원을 지니고
있었으며, 이는 칭의에 필수적인 요소였다. 바울은 하나님께서 어
떤 사람이 어떤 환경에서 태어났고, 어느 민족 혹은 어느 인종에
속했으며, 어떤 문화 혹은 어떤 계급에서 성장했는지, 또는 그 사
람이 어떤 특별한 개인적 혹은 공동체적 삶의 형태를 수용하는지
에 따라 조건적으로 우리를 용납하신다는 그 어떤 주장에도 저항
했다. 이러한 사실을 무시한다면, 그것은 바울의 복음에서 가장 중
요한 측면 가운데 하나를 잃는 꼴이다. 조건을 따지며 사람을 판
단하는 무례한 초강대국들, 초국가적인 집단들, 그리고 서구 '문명
국'들은 바울의 교리에 포함된 그러한 측면을 그 어느 때보다 오
늘날 분명하게 경청할 필요가 있다.

    3. 믿음으로만 의롭다 함을 얻는다는 교리를 과거에 바울, 아
우구스티누스, 루터가 그랬던 것처럼 오늘날에도 강력하게 재차
천명할 필요가 있다. 창조자 앞에서 피조물이 보여야 할 단 하나

의 적절한 반응은 창조자이자 구원자이신 하나님께 전적으로 의
존해야 함을 인정하고, 그에게만 영광을 돌리고 예배하며, 그를 신
뢰하고 그에게 감사를 드리는 것이다. 하지만 그런 반응의 전체
범위에 대해서는 신중히 생각할 필요가 있다. 이신칭의는 구원에
필수적이라고 하면서 복음에 **다른 것**을 더하려 하거나, 함께 식사
하고 동역하는 성도들이 갖추어야 할 기본이라며 복음 외에 **다른
것**을 요구하는 어떤 시도에 대해서도 반대한다―이러한 시도에는
사도권 계승, 성찬식 배제, 여성 성직자 부인, 성경 무오설, 그리고
그와 같은 **기타 주장들**도 제외되지 않는다. 심지어는 '오직 믿음
만으로 의롭다 함을 얻는다'는 교리와 관련하여, 스스로 정통이라
자처하는 자들이 특정한 공식적인 표현을 **내세우는** 것조차도 복
음의 진리를 흐리는 '행위'의 하나가 될 수 있다! 오늘날에도 여전
히 이신칭의의 복음에 **추가하여** 다른 무언가를 본질이라고 주장
하면서 주님의 식탁이나 전도 사역에서 다른 성도들로부터 자신
을 '분리'하려는 많은 베드로들이 존재한다. 우리는 그들에게 복
음의 자유와 해방에 관한 바울의 이해를 직면시킬 필요가 있다.

　4. '이신칭의'와 '행위에 따른 심판' 사이의 내적 관계가 유지
되어야 한다. 제2성전기 유대교가 구원에 대한 이해에 있어서 신
인협력설로 비칠 수 있다 하더라도, 바울이 자신의 회심자들에게
하나님의 뜻에 순종할 것을 요구했으며, 최종적인 구원이 어느 정
도는 성령을 따라 사는 성도들의 삶에 달려 있는 것으로 보이게
했다는 사실을 부인한다면 그것은 그 문제에 대한 바울의 반응을

적절하게 이해한 것이 아닐 것이다. 만약 자신과 자신의 회심자들이 그리스도처럼 변화될 것이라고 바울이 기대했다면, 그런 기대는 바울 자신의 엄격한 자기 훈련과 하나님의 뜻에 순종하라는 자신의 회심자들에 대한 그의 요구로부터 쉽게 분리될 수 없다. 이 점에 있어서 기독교와 유대교 사이의 차이를 강조하는 것은 유대교의 구원론뿐만 아니라 바울의 구원론도 왜곡시킬 중대한 위험성이 있다. 이 부분에 존재하는 긴장에 대해서는 오랫동안 논의되어 왔는데, 현재의 새 관점에 대한 논쟁은 여전히 그 논의가 가야 할 길이 멀었다는 사실을 보여준다.

5. 바울이 예수 그리스도 안에서 발견했던 의미는 모든 사람을 위한 그의 복음과 이스라엘의 경전 및 전통에서 말하는 구원에 대한 이해 사이에 중요한 차이점으로 여전히 남아있다. 그리스도의 종말론적 의미는 옛 언약을 과거의 것으로 만들었고 하나님의 은혜가 **믿는 모든 사람에게** 미치는 시대가 시작됐음을, 이스라엘을 통해 세상에 이루시려고 했던 하나님의 목적이 성취됐음을 알린 데 있다. 장래에 이루어질 것이라고 기대됐던 마음에 할례를 받는 일이, 그리고 그리스도와 같이 변화된 삶의 가능성이 이제 실현됐다. 이것은 또한 하나님의 구원하시는 은혜에 대한 바울의 이해가 가지는 심오함을, 그것이 칭의에 대한 법정적인 메타포일지라도, 어떤 하나의 메타포로서는 적절하게 담을 수 없음을 의미한다. '이신칭의'와 '그리스도 안에 참여함' 혹은 '성령의 선물'과 같은 사상 사이에서 어느 것이 중요한지 따지거나, 어느 하나를 다른

것에 포함시키려는 시도로는 각각의 풍부한 의미와 경계를 인식하는 일에 실패할 것이다. 소견이 좁은 사람들은 어떻게 그리스도가 중재자이면서 동시에 심판자가 될 수 있는지, 어떻게 그리스도가 '우리 안에' 있으면서 동시에 '우리가 그리스도 안에' 있을 수 있는지, 어떻게 그가 성령 안에서 큰 형님이면서 동시에 창조의 주(主)요 대행자가 될 수 있는지에 대해 궁금해하겠지만, 바울은 그러한 문제에 있어서 어떠한 어색함도 느끼지 않았던 것이 분명하다. 그는 하나님의 형상이신 그리스도의 영광의 복음의 빛을 모든 사람을 위한 복음으로 경험했는데, 그 복음은 죄 많은 인간일지라도 이제 받아들여진다는 확신, 그의 형상으로 변화되리라는 확실한 소망, 그리고 최종적으로 신원될 것이라는 약속을 제공한다. 이것만으로도 그에게는 충분했다.

Abegg, M. A., '4QMMT C 27, 31 and "Works Righteousness"', *DSD* 6 (1999) 139-47.

Alexander, P. S., 'Torah and Salvation in Tannatitic Literature', in D. A. Carson, et al. eds., *Justification and Variegated Nomism. Vol. 1: The Complexities of Second Temple Judaism* (WUNT 2.140; Tübingen: Mohr Siebeck, 2001) 261-301.

Avemarie, F., *Tora und Leben: Untersuchungen zur Heilsbedeutung der Tora in der frühen rabbinischen Literatur* (TSAJ 55; Tübingen: Mohr Siebeck, 1996).

Avemarie, F., 'Bund als Gabe und Recht', in Bund und Tora: Zur theologischen Begriffsgeschichte in *alttestamentlicher, frühjüdischer und urchristlicher Tradition, ed. F. Avemarie & H. Lichtenberger*, (Tübingen: Mohr Siebeck, 1996) 163-216.

Avemarie, F., 'Erwählung und Vergeltung. Zur optionalen Struktur rabbinischer Soteriologie', *NTS* 45 (1999), 108-26.

Avemarie, F., 'Die Werke des Gesetzes im Spiegel des Jakobusbriefs: A Very Old Perspective on Paul', *ZTK* 98 (2001) 282-309.

Avemarie, F., & Lichtenberger, H., eds., *Bund und Tora: Zur theologischen Begriffsgeschichte in alttestamentlicher, frühjüdischer und urchristlicher Tradition* (WUNT 92; Tübingen: Mohr Siebeck, 1996).

Bachmann, M., *Sünder oder Übertreter: Studien zur Argumentation in Gal 2,15ff.* (WUNT 59; Tübingen: Mohr Siebeck, 1992).

Bachmann, M., 'Rechtfertigung und Gesetzeswerke bei Paulus', *TZ* 49 (1993) 1-33, reprinted in *Antijudaismus im Galaterbrief: Exegetische Studien zu einem polemischen Schreiben und zur Theologie des Apostels Paulus* (NTOA 40; Freiburg: Universitätsverlag, 1999) 1-31.

Bachmann, M., '4QMMT und Galaterbrief, *ma'ase hatorah* und *ERGA NOMOU*', *ZNW* 89 (1998) 91-113, reprinted in *Antijudaismus um Galaterbrief* 33-56.

Bachmannm M., ed., *Lutherische und Neue Paulusperspekive* (WUNT; Tübingen: Mohr Siebeck, 2005).

Barclay, J. M. G., 'Paul and the Law: Observations on Some Recent Debates', *Themelios* 12 (1986-87) 5-15.

Barclay, J. M. G., *Obeying the Truth: A Study of Paul's Ethics in Galatians* (Edinburgh: T&T Clark, 1988). [= 『진리에 대한 복종: 갈라디아서에 나타난 바울의 윤리학』, 감은사, 2020].

Barclay, J. M. G., '"Neither Jew Nor Greek": Multiculturalism and the New Perspective on Paul', in M.G. Brett, ed., *Ethnicity and the Bible* (Leiden: Brill, 1996) 197-214.

Barrett, C. K., 'Christocentricity at Antioch', in C. Landmesser, et al. eds., *Jesus Christus als die Mitte der Schrift*, O. Hofius FS (Berlin: de Gruyter, 1997) 323-39; reprinted in Barrett, *On Paul: Essays on His Life, Work and Influence in the Early Church* (London: T&T Clark, 2003) 37-54.

Becker, J., *Paul: Apostle to the Gentiles* (Louisville: John Knox, 1993)

Beker, J. C., *Paul the Apostle: the Triumph of God in Life and Thought* (Philadelphia: Fortress, 1980) [= 『사도 바울』, 한국신학연구소, 1988].

Bell, R. H., *No One Seeks for God: An Exegetical and Theological Study of Romans 1.18-3.20* (WUNT 106; Tübingen: Mohr Siebeck, 1998).

Bergmeier, R., *Das Gesetz im Römerbrief und andere Studien zum Neuen Testament* (WUNT 121; Tübingen: Mohr Siebeck, 2000) 31-102.

Blocher, H., 'Justification of the Ungodly (*Sola Fide*): Theological Reflections', in D. A. Carson, et al,. eds., *Justification and Variegated Nomism. Vol. 2: The Paradoxes of Paul* (Tübingen: Mohr Siebeck, 2004) 465-500.

Bockmuehl, M., 'Antioch and James the Just', in B. Chilton & C. A. Evans, ed., *James the Just and Christian Origins* (NovTSup 98; Leiden: Brill, 1999) 155-98.

Boers, H., *The Justification of the Gentiles: Paul's Letters to the Galatians and Romans* (Peabody, MA: Hendrickson, 1994).

Bornkamm, G., *Paul* (London: Hodder & Stoughton, 1971) [= 『바울』, 이화여자대학교출판부, 2006].

Bovon, F., 'The New Person and the Law According to the Apostle Paul', *New Testament Traditions and Apocryphal Narratives* (Allison Park: Pickwick, 1995) 15-25.

Bruce, F. F., *Paul: Apostle of the Free Spirit* (Exeter: Paternoster, 1977) [= 『바울』, 크리스챤다이제스트, 2018].

Bruce, F. F., 'Paul and the Law in Recent Research', in *Law and Religion*, ed. B. Lindars (Cambridge: James Clarke, 1988) 115-25.

Burchard, C., 'Nicht aus Werken des Gesetzes gerecht, sondern aus Glauben an Jesus Christus — seit wann?', in *Geschichte — Tradition — Reflexion, Band III Frühes Christentum*, M. Hengel FS, ed. H Cancik et al. (Tübingen: Mohr Siebeck, 1996) 405-15.

Byrne, B., 'Living out the Righteousness of God: The Contribution of Rom 6:1-8:13 to an Understanding of Paul's Ethical Presupposition', *CBQ* 43 (1981) 557-81.

Byrne, B., 'The Problem of *Nomos* and the Relationship with Judaism in Romans', *CBQ* 62 (2000) 294-309.

Byrne, B., 'Interpreting Romans Theologically in a Post-"New Perspective" perspective', *HTR* 94 (2001) 227-41.

Byrne, B., 'Interpreting Romans: The New Perspective and Beyond', *Interpretation* 58 (2004) 241-52.

Cairus, A. E., 'Works-Righteousness in the Biblical Narrative of Josephus', *ExpT* 115 (2003-04) 257-9.

Calvert-Koyzis, N., *Paul, Monotheism and the People of God: The Significance of Abraham Traditions for Early Judaism and Christianity* (JSNTS 273; London: T&T Clark International, 2004).

Campbell, W. S., *Paul's Gospel in an Intercultural Context: Jew and Gentile in the Letter to the Romans* (Frankfurt: Peter Lang, 1991).

Carson, D. A., *Divine Sovereignty and Human Responsibility* (Atlanta, GA: John Knox, 1981).

Carson, D. A., 'Mystery and Fulfilment: Towards a More Comprehensive Paradigm of Paul's Understanding of the Old and the New', in Carson et al., *Justification and Variegated Nomism Vol. 2* 393-436.

Carson, D. A., ed., *Right With God: Justification in the Bible and the World* (Carlisle: Paternoster, 1992).

Carson, D. A., O'Brien, P. T., and Seifrid, M. A., *eds.*, *Justification and Variegated Nomism. Vol. 1: The Complexities of Second Temple Judaism* (WUNT 2.140; Tübingen: Mohr Siebeck; Grand Rapids, MI: Baker, 2001).

Carson, D. A., O'Brien, P. T., and Seifrid, M. A., *eds.*, *Justification and Variegated Nomism. Vol. 2: The Paradoxes of Paul* (Tübingen: Mohr Siebeck, 2004).

Corley, B., 'Interpreting Paul's Conversion — Then and Now', in Longenecker, *The Road to Damascus* 1-17.

Cosgrove, C. H., 'Justification in Paul: A Linguistic and Theological Reflection', *JBL* 106 (1987) 653-70.

Cranfield, C. E. B., 'Paul and the Law', *SJT* 17 (1964) 43-68.

Cranfield, C. E. B., '"The Works of the Law" in the Epistle to the Romans', *JSNT* 43 (1991) 89-101, reprinted in Cranfield, *On Romans and Other New Testament Essays* (Edinburgh: T&T Clark, 1998) 1-14.

Cranford, M., 'The Possibility of Perfect Obedience: Paul and an Implied Premise in Galatians 3:10 and 5:3', *NovT* 36 (1994) 242-58.

Cranford, M., 'Abraham in Romans 4: The Father of All Who Believe', *NTS* 41 (1995) 71-88.

Crossley, J. G., *The Date of Mark's Gospel: Insight from the Law in Earliest Christianity* (JSNTS 266; London: T&T Clark International, 2004) 141-54.

Dahl, N., 'The Doctrine of Justification: Its Social Function and Implications' (1964), *Studies in Paul* (Minneapolis: Augsburg, 1977) 95-120.

Das, A. A., 'Another Look at *ean mē* in Galatians 2:16', *JBL* 119 (2000) 529-39.

Das, A. A., *Paul, the Law, and the Covenant* (Peabody, MA: Hendrickson 2001).

Das, A. A., *Paul and the Jews* (Peabody, MA: Hendrickson 2003).

Davies, W. D., *Paul and Rabbinic Judaism* (Philadelphia: Fortress, ⁴1981).

Davies, W. D., 'Paul and the People of Israel', *NTS* 24 (1977-78) 4-39, reprinted in his *Jewish and Pauline Studies* (London: SPCK, 1984) 123-52.

Davies, W. D., 'Paul and the Law: Reflections on Pitfalls in Interpretation', in *Paul and Paulinism*, C. K. Barrett FS, ed. M. D. Hooker & S. G. Wilson (London: SPCK, 1982) 4-16.

Davies, G. N., *Faith and Obedience in Romans: A Study of Romans 1-4* (JSNTS 39; Sheffield: JSOT, 1990).

Dettwiler, A., *Kaestli, J.-D., & Marguerat, D., eds., Paul, une théologie en construction* (Genève: Labor et Fides, 2004).

Donaldson, T. L., 'The "Curse of the Law" and the Inclusion of the Gentiles: Galatians 3.13-14', *NTS* 32 (1986) 94-112.

Donaldson, T. L., *Paul and the Gentiles: Remapping the Apostle's Convictional World* (Minneapolis: Fortress, 1997).

Donfried, K. P., 'Justification and Last Judgement in Paul', *ZNW* 67 (1976) 90-110. reprinted in *Paul, Thessalonica and Early Christianity* (London: T&T Clark, 2002) 253-78, with further reflection, 'Justification and Last Judgement in Paul — Twenty-Five Years Later' (279-92).

Drane, J. W., *Paul: Libertine or Legalist?* (London: SPCK, 1975).

Dunn, J. D. G., 'The Relationship between Paul and Jerusalem according to Galatians 1 and 2', *NTS* 28 (1982) 461-78; reprinted in *Jesus, Paul and the Law: Studies in Mark and Galatians* (London: SPCK; Louisville: Westminster John Knox, 1990) 108-26.

Dunn, J. D. G., 'The Incident at Antioch(Gal. 2.11-18)', *JSNT* 18 (1983) 3-57, reprinted in *Jesus, Paul and the Law* 129-74, and in M. D. Nanos, ed., *The Galatians Debate* (Peabody, MA: Hendrickson, 2002) 199-234.

Dunn, J. D. G., '"Righteousness from the Law" and "Righteousness from Faith": Paul's Interpretation of Scripture in Rom. 10.1-10', *Tradition and Interpretation in the New Testament*, E. E. Ellis FS (ed. G.F. Hawthorne & O. Betz; Tübingen: Mohr Siebeck/Grand Rapids: Eerdmans, 1987) 216-28.

Dunn, J. D. G., 'Pharisees, Sinners, and Jesus', in *The Social World of Formative Christianity and Judaism*, H. C. Kee FS, ed. J. Neusner, et al. (Philadelphia: Fortress, 1988) 264-89, reprinted in *Jesus, Paul and the Law* 61-86.

Dunn, J. D. G., 'The Theology of Galatians', *Jesus, Paul and the Law* 242-64.

Dunn, J. D. G., 'Paul and "Covenantal Nomism"', in Dunn, *The Partings of the Ways between Christianity and Judaism* (London: SCM/Philadelphia: TPI, 1991) 117-39.

Dunn, J. D. G., *A Commentary on the Epistle to the Galatians* (BNTC; London: Black, 1993).

Dunn, J. D. G., *The Theology of Paul's Letter to the Galatians* (Cambridge University, 1993).

Dunn, J. D. G., 'Should Paul Once Again Oppose Peter to his Face?', *The Heythrop Journal* 34 (1993) 58-65.

Dunn, J. D. G., 'Anti-Semitism in the Deutero-Paulines' in C. A. Evans & D. A. Hagner, eds., *Anti-Semitism and Early Christianity: Issues of Polemics and Faith* (Minneapolis: Fortress, 1993) 151-65.

Dunn, J. D. G., (with A. M. Suggate) *The Justice of God: A Fresh Look at the Old Doctrine of Justification by Faith* (Carlisle: Paternoster, 1993/Grand Rapids: Eerdmans, 1994).

Dunn, J. D. G., 'Deutero-Pauline Letters', in J. Barclay & J. Sweet, eds., *Early, Christian Thought in its Jewish Context* (Cambridge: Cambridge University, 1996) 130-44.

Dunn, J. D. G., '"The Law of Faith", "the Law of the Spirit" and "the Law of Christ"', in

Theology and Ethics in Paul and his Interpreters, V. P. Furnish FS, ed. E. H. Lovering & J. L. Sumney (Nashville: Abingdon, 1996) 62-82.

Dunn, J. D. G., 'Two Covenants or One? The Interdependence of Jewish and Christian Identity', in *Geschichte — Tradition — Reflexion*, M. Hengel FS, ed. H. Cancik, et al. (Tübingen: J. C. B. Mohr, 1996) 97-122.

Dunn, J. D. G., 'Jesus and Factionalism in Early Judaism', in *Hillel and Jesus: Comparisons of Two Major Religious Leaders*, ed. J. H. Charlesworth & L. L. Johns (Minneapolis: Fortress, 1997) 156-75.

Dunn, J. D. G., *The Theology of Paul the Apostle* (Grand Rapids: Eerdmans, 1998) [= 『바울신학』, 크리스챤다이제스트, 2019].

Dunn, J. D. G., 'Whatever Happened to Exegesis? In Response to the Reviews by R. B. Matlock and D. A. Campbell', *JSNT* 72 (1998) 113-20.

Dunn, J. D. G., 'Paul: Apostate or Apostle of Israel?', *ZNW* 89 (1998) 256-271.

Dunn, J. D. G., 'Who Did Paul Think He Was? A Study of Jewish Christian Identity', *NTS* 45 (1999) 174-93.

Dunn, J. D. G., 'The Jew Paul and his Meaning for Israel', in U. Schnelle & T. Söding, eds., *Paulinische Christologie: Exegetische Beiträge*, H. Hübner FS (Göttingen: Vandenhoeck & Ruprecht, 2000) 32-46.

Dunn, J. D. G., 'A Response to Peter Stuhlmacher', in F. Avemarie & H. Lichtenberger, eds., *Auferstehung — Resurrection* (WUNT 135; Tübingen: Mohr Siebeck, 2001) 363-8.

Dunn, J. D. G., 'The Narrative Approach to Paul: Whose Story?', in B. W. Longenecker, ed., *Narrative Dynamics in Paul: A Critical Assessment* (Louisville/London: Westminster John Knox, 2002) 217-30.

Eckstein, H. J., *Verheissung und Gesetz: Eine exegetische Untersuchung zu Galater 2.15-4.7* (WUNT 86; Tübingen: Mohr Siebeck, 1996).

Ego, B., 'Abraham als Urbild der Toratreue Israels, Traditionsgeschichtliche Überlegungen zu einem Aspekt des biblischen Abrahambildes', in F. Avemarie & H. Lichtenberger, eds., *Bund und Tora: Zur theologischen Begriffsgeschichte in alttestamentlicher, frühjüdischer und urchristlicher Tradition* (WUNT 92; Tübingen: Mohr Siebeck, 1996) 25-40.

Elliott, M. A., *The Survivors of Israel: A Reconsideration of the Theology of Pre-Christian Judaism* (Grand Rapids: Eerdmans, 2000).

Elliott, N., *The Rhetoric of Romans: Argumentative Constraint and Strategy and Paul's Dialogue with Judaism* (JSNTS 45; Sheffield: Sheffield Academic, 1990).

Eskola, T., 'Paul, Predestination and "Covenantal Nomism": Re-assessing Paul and Paul's Dialogue with Judaism', *JSJ* 28 (1997) 390-41.

Eskola, T., *Theodicy and Predestination in Pauline Soteriology* (WUNT 2.1000; Tübingen: Mohr Siebeck, 1998).

Eskola, T., 'Avodat Israel and the "Works of the Law" in Paul', in *From the Ancient Sites of Israel:*

Essays on Archaeology, History and Theology, ed. T. Eskola & E. Junkkaala (Helsinki: Theological Institute of Finland, 1998) 175-97.

Esler, P. F., 'Making and Breaking an Agreement Mediterranean Style: A New Reading of Galatians 2:1-14', *BibInt* 3 (1995) 285-314.

Esler, P. F., *Galatians* (London: Routledge, 1998).

Esler, P. F ., *Conflict and Identity in Romans: The Social Setting of Paul's Letter* (Minneapolis: Fortress, 2003).

Fitzmyer, J. A., *Romans* (AB 33; New York: Doubleday, 1993) 131-5. [= 『로마서』, 기독교문서선 교회, 2015].

Fitzmyer, J. A., 'Paul's Jewish Background and the Deeds of the Law', *According to Paul: Studies in the Theology of the Apostle* (New York: Paulist, 1993) 18-35.

Flusser, D., 'The Dead Sea Sect and Pre-Pauline Christianity' (1958), *Judaism and the Origins of Christianity* (Jerusalem: Hebrew University, 1988) 23-74.

Flusser, D., 'Die Gesetzeswerke in Qumran und bei Paulus', in *Geschichte — Tradition — Reflexion, Band I Judentum*, M Hengel FS, ed. H. Cancik et al. (Tübingen: Mohr Siebeck, 1996) 395-403.

Garlington, D. B., *'The Obedience of Faith': A Pauline Phrase in Historical Context* (WUNT 2.38; Tübingen: Mohr Siebeck, 1991).

Garlington, D. B., *Faith, Obedience and Perseverance* (WUNT 79; Tübingen: Mohr Siebeck, 1994).

Garlington, D. B., *An Exposition of Galatians: A New Perspective/Reformational Reading* (Wipf & Stock, 2002).

Gaston, L., 'Paul and the Torah', in A.T. Davies, ed., *Antisemitism and the Foundations of Christianity* (New York: Paulist, 1979) 48-71, reprinted in *Paul and the Torah* (Vancouver: University of British Columbia, 1987) 15-34.

Gathercole, S. J., *Where is Boasting? Early Jewish Soteriology and Paul's Response in Romans 1-5* (Grand Rapids, MI: Eerdmans, 2002).

Gathercole, S. J., 'A Law unto Themselves: The Gentiles in Romans 2.14-15 Revisited', *JSNT* 85 (2002) 27-49.

Gathercole, S. J., 'Torah, Life, and Salvation: Leviticus 18.5 in Early Judaism and the New Testament', in C. A. Evans, ed., *From Prophecy to Testament: The Function of the Old Testament in the New* (Peabody, MA: Hendrickson, 2004) 126-45.

Gathercole, S. J., 'Justified by Faith, Justified by His Blood: The Evidence of Romans 3:21-4:25', in Carson, et al., *Justification and Variegated Nomism Vol. 2* 147-84.

George, T., 'Modernizing Luther, Domesticating Paul: Another Perspective', in Carson et al, *Justification and Variegated Nomism Vol. 2* 437-63.

Gorman, M. J., *Cruciformity: Paul's Narrative Spirituality of the Cross* (Grand Rapids: Eerdmans, 2001) [= 『삶으로 담아내는 십자가』, 새물결플러스, 2010].

Gundry, R. H., 'Grace, Works, and Staying Saved in Paul', *Biblica* 66 (1985) 1-38.

Gundry, R. H., 'The Nonimputation of Christ's Righteousness', in Husbands & Trier, *Justification* 17-45.

Gatiss, L., 'Justified Hesitation? J. D. G. Dunn vs. The Protestant Doctrine of Justification', *Churchman*, number 115/1 (2001) 29-48.

Haacker, K., 'Paulus und das Judentum im Galaterbrief', in E. Brocke & J. Sein, eds., *Gottes Augapfel: Beiträge zur Erneuerung des Verhältnisses von Christen und Juden* (Neukirchen-Vluyn: Neukirchener, 1986) 95-111.

Haacker, K., 'Der "Antinomismus" des Paulus im Kontext antiker Gesetestheorie', in H. Lichtenberger, ed., *Geschichte — Tradition — Reflexion. Band III: Frühes Christentum*, M. Hengel FS (Tübingen: Mohr Siebeck, 1996) 387-404.

Haacker, K., *Der Brief des Paulus an die Römer* (ThHK 6; Leipzig: Evangelische, 1999) 39-42.

Hafemann, S. J., *Paul, Moses, and the History of Israel* (WUNT 81; Tübingen: Mohr Siebeck, 1995).

Hagner, D. A., 'Paul and Judaism. The Jewish Matrix of Early Christianity: Issues in the Current Debate', *BBR* 3 (1993) 111-30.

Hagner, D. A., 'Paul and Judaism: Testing the New Perspective', in P. Stuhlmacher, *Revisiting Paul's Doctrine of Justification: A Challenge to the New Perspective* (Downers Grove, IL: InterVarsity, 2001) 75-105.

Hahn, F., 'Das Gesetzesverständnis im Römer-and Galaterbrief', *ZNW* 67 (1976) 29-63.

Hahn, F., *Theologie des Neuen Testaments* (Tübingen: Mohr Siebeck, 2002). [= 『신약성서신학 I / Ⅱ』, 대한기독교서회, 2007/2010].

Hansen, G. W., *Abraham in Galatians: Epistolary and Rhetorical Contexts* (JSNTS 29; Sheffield: Sheffield Academic, 1989).

Hartman, L., 'Bundesideologie in und hinter einigen paulinischen Texten', im S. Pedersen, ed., *Paulinische Literature und Theologie* (Göttingen: Vandenhoeck & Ruprecht, 1980) 103-18.

Hays, R. B., *The Faith of Jesus Christ: The Narrative Substructure of Galatians 3:1-4:11* (Grand Rapids: Eerdmans, [2]2002) [= 『예수 그리스도의 믿음』, 에클레시아북스, 2013].

Hays, R. B., 'Three Dramatic Roles: The Law in Romans 3-4', in J. D. G. Dunn ed., *Paul and the Mosaic Law* (WUNT 89; Tübingen: J. C. B. Mohr, 1996; Grand Rapids: Eerdmans, 2001) 151-64.

Heiligenthal, R., *Werke als Zeichen: Untersuchungen zur Bedeutung der menschlichen Taten im Frühjudentum, Neuen Testament und Frühchristentum* (WUNT 2.9; Tübingen: Mohr, 1983).

Hengel, M., *The Pre-Christian Paul* (London: SCM/Philadelphia: TPI, 1991) [= 『바울(그리스도인 이전의 바울)』, 한들출판사, 1999].

Hengel, M., 'The Attitude of Paul to the Law in the Unknown Years between Damascus and Antioch', in J. D. G. Dunn, ed., *Paul and the Mosaic Law* (Grand Rapids: Eerdmans, 2001) 25-51 = 'The Stance of the Apostle Paul Toward the Law in the Unknown Years Between

Damascus and Antioch', in Carson, et al., *Justification and Variegated Nomism Vol. 2* 75-103

Hengel, M. & Schwemer, A. M., *Paul Between Damascus and Antioch* (London: SCM, 1997).

Hofius, O., 'Das Gesetz des Mose und das Gesetz Christi', *Paulusstudien* (WUNT 51; Tübingen: Mohr Siebeck, 1989, ²1994) 50-74.

Hofius, O., 'Gesetz und Evangelium nach 2. Korinther 3' (1989), *Paulusstudien* 75-120.

Hofius, O., '"Rechtfertigung des Gottlosen" als Thema biblischer Theologie' (1987), *Paulusstudien* 121-47.

Hofius, O., 'Zur Auslegung von Römer 9.30-33' (1993), *Paulusstudien II* (WUNT 143; Tübingen: Mohr Siebeck, 2002) 155-66.

Holland, T., *Contours of Pauline Theology* (Fearn, Ross-shire: Mentor, 2004) [= 『바울 신학 개요』, 크리스챤다이제스트, 2005).

Hong, I.-G., *The Law in Galatians* (JSNTS Supp 81; Sheffield: JSOT Press, 1993) [= 『바울의 율법 과 복음』, 생명의말씀사, 1996).

Hooker, M. D., 'Paul and "Covenantal Nomism"', *Paul and Paulinism*, C. K. Barrett FS, ed. M. D. Hooker & S. G. Wilson (London: SPCK, 1982, 47-56, reprinted in Hooker, *From Adam to Christ: Essays on Paul* (Cambridge: Cambridge University, 1990) 155-64.

Horn, F. W., 'Der Verzicht auf die Beschneidung im frühen Christentum', *NTS* 42 (1996) 479-505.

Howard, G. E., 'Christ the End of the Law: The Meaning of Romans 10:4', *JBL* 88 (1969) 331-7.

Howard, G. E., *Crisis in Galatia* (SNTSMS 35; Cambridge: Cambridge University, 1979).

Hübner, H., *Law in Paul's Thought* (ET of first edition; Edinburgh: T&T Clark, 1984).

Hübner, H., 'Pauli theologiae proprium', *NTS* 26 (1980) 445-73.

Hübner, H., 'Was heist bei Paulus "Werke des Gesetzes"?', in *Galube und Eschatologie*, W.G. Kümmel FS, ed. E. Grässer & O. Merk (Tübingen: Mohr Siebeck, 1985) 123-33.

Husbands, H. & Trier, D. J., *eds.*, *Justification: What's at Stake in the Current Debates* (Downers Grive, IL: InterVarsity Press, 2004).

Kaiser, W. C., 'Leviticus 18:5 and Paul: "Do This and You Shall Live" (Eternally?)', *JETS* 14 (1971) 19-28.

Käsemann, E., '"The Righteousness of God" in Paul', *New Testament Questions of Today* (London: SCM, 1969) 168-82.

Kertelge, K., *"Rechtfertigung" bei Paulus: Studien zur Struktur und zum Bedeutungsgehalt des paulinischen Rechtfertigungsbegriffs* (Münster: Aschendorff, 1967) 29-33.

Kertelge, K., 'Zur Deutung des Rechtfertigungsbegriffs im Galaterbried', *BZ* 12 (1968) 211-222, reprinted in his *Grundthemen paulinischer Theologie* (Freiburg: Herder, 1991) 111-22.

Kertelge, K., 'Gesetz und Freiheit im Galaterbrief', *NTS* 30 (1984) 382-94, reprinted in *Grundthemen* 184-96.

Kertelge, K., 'Rechtfertigung aus Glauben und Gericht nach den Werken bei Paulus' (1989), *Grundthemen* 130-47.

Kim, S., *The Origin of Paul's Gospel* (WUNT 2.4; Tübingen: Mohr Siebeck, 1981/Grand Rapids: Eerdmans, 1982) [= 『바울 복음의 기원』, 엠마오, 1994].

Kim, S., *Paul and the New Perspective: Second thoughts on the Origin of Paul's Gospel* (Grand Rapids: MI: Eerdmans, 2001) [= 『바울 신학과 새 관점』, 두란노, 2002].

Klein, G., 'Ein Sturmzentrum der Paulusforschung', *VuF* 33 (1988) 40-56.

Kok, E. H., *The Truth of the Gospel: A Study in Galatians 2:15-21* (Hong Kong: Alliance Bible Seminary, 200).

Kuula, K., *The Law, the Covenant and God's Plan: Vol. 1. Paul's Polemical Treatment of the Law in Galatians* (Göttingen: Vandenhoeck & Ruprecht, 1999).

Laato, T., *Paul and Judaism: An Anthropological Approach* (Atlanta: Scholars, 1995).

Laato, T., 'Paul's Anthropological Considerations: Two Problems', in Carson, et al., *Justification and Variegated Nomism Vol. 2* 343-59.

Lambrecht, J., & Thompson, R. W., *Justification by Faith: The Implications of Romans 3:27-31* (Wilmington: Glazier, 1989).

Lichtenberger, H., *Studien zum Menschenbild in Texten der Qumrangemeinde* (Göttingen: Vandenhoeck & Ruprecht, 1980).

Lichtenberger, H., 'Paulus und das Gesetz', in *Paulus und das antike Judentum*, ed. M. Hengel & U. Heckel (WUNT 58: Tübingen: Mohr, 1991) 361-78.

Lichtenberger, H., 'The Understanding of the Torah in the Judaism of Paul's Day: A Sketch'. *Paul and the Mosaic Law*, ed. J. D. G. Dunn (WUNT 89; Tübingen: Mohr Siebeck, 1996; Grand Rapids: Eerdmans, 2001) 7-23.

Liebers, R., *Das Gesetz als Evangelium: Untersuchingen zur Gesetzeskritik des Paulus* (Zürich: Theologischer, 1989).

Limbeck, M., *Die Ordnung des Heils: Untersuchungen zum Gesetzesverständnis des Frühjudentums* (Düsseldorf: Patmos, 1971).

Lincoln, A. T., 'From Wrath to Justification: Tradition, Gospel and Audience in the Theology of Romans', in D.M. Hays & E.E. Johnson, eds., *Pauline Theology Volume III: Romans* (Minneapolis: Fortress, 1995) 130-59.

Lincoln, A. T., & Wedderburn, A. J. M., *The Theology of the Later Pauline Letters* (Cambridge: Cambridge University, 1993).

Lohse, E., *Paulus* (München: C. H. Beck, 1996).

Lohse, E., 'Theologie der Rechtfertigung im kristischen Disput: Paulus', *Göttingische Gelehrte Anziegen* 249 (1997) 66-81.

Lohse, E., *Der Brief an die Römer* (KEK; Göttingen: Vandenhoeck & Ruprecht, 2003) 126-7, 140-5.

Longenecker, B. W., *Eschatology and the Covenant: A Comparison of 4 Ezra and Romans 1-11* (JSNTS 57; Sheffield: Sheffield Academic, 1991).

Longenecker, B. W., 'Contours of Covenant Theology in the Post-Conversion Paul', in *The Road to Damascus: The Impact of Paul's Conversion on His Life, Thought, and Ministry*, ed. R. N. Longenecker (Grand Rapids: Eerdmans, 1997) 125-46.

Longenecker, B. W., *The Triumph of Abraham's God* (Edinburgh: T&T Clark, 1998).

Longenecker, R. N., *Galatians* (WBC 41; Dallas: Word, 1990) [= 『갈라디아서』, 솔로몬, 2003].

Longenecker, R. N., ed., *The Road to Damascus: The Impact of Paul's Conversion on His Life, Thought, and Ministry* (Grand Rapids: Eerdmans, 1997).

McGrath, A., *Iustitia Dei: A History of the Christian Doctrine of Justification* (Cambridge: Cambridge University, 1986, ²1998) [= 『하나님의 칭의론』, 기독교문서선교회, 2008].

Marguerat, D., 'Paul et la Loi: le retournement (Philippiens 2.3-4.1)', in A. Dettwiler, et al., eds., *Paul, une théologie en construction* (Genève: Labor et Fides, 2004) 251-75.

Marshall, I. H., 'Salvation, Grace and Works in the Later Writings in the Pauline Corpus', *NTS* 42 (1996) 339-358.

Marshall, I. H., *New Testament Theology* (Downers Grove, IL: InterVarsity, 2004) [= 『신약성서 신학』, 크리스챤다이제스트, 2006].

Martyn, J. L., *Galatians* (AB 33A; New York: Doubleday, 1997). [= 『갈라디아서』, 기독교문서선 교회, 2018].

Martyn, J. L., 'God's Way of Making Right What is Wrong', *Theological Issues in the Letters of Paul* (Edinburgh: T&T Clark, 1997) 151-56.

Matera, F. J., 'Galatians in Perspective: Cutting a New Path through Old Territory', *Interpretation* 54 (2000) 233-45.

Matlock, R. B., 'Almost Cultural Studies? Reflections on the "New Perspective" on Paul', in J. C. Exum & S. D. Moore, eds., *Biblical Studies/Cultural Studies: The Third Sheffield Colloquium* (JSOTS 266, Sheffield: Sheffield Academic, 1998) 433-59.

Matlock, R. B., 'A Future for Paul?', in *Auguries: The Jubilee Volume of the Sheffield Department of Biblical Studies* (JSOTS 269; Sheffield: Sheffield Academic, 1998) 144-83.

Matlock, R. B., 'Sins of the Flesh and Suspicious Minds: Dunn's New Theology of Paul', *JSNT* 72 (1998) 67-90.

Merklein, H., '"Nicht aus Werken des Gesetzes …": Eine Auslegung von Gal 2.15-21', *Studien zu Jesus und Paulus II* (WUNT 105; Tübingen: Mohr Siebeck, 1998) 303-15.

Mijoga, H. B. P., *The Pauline Notion of Deeds of the Law* (San Francisco: International Scholars Publications, 1999).

Moo. D., '"Law", "Works of the Law", and Legalism on Paul', *WTJ* 45 (1983) 73-100.

Moo. D., 'Paul and the Law in the Last Ten Years', *SJT* 49 (1987) 27-307.

Moo. D., 'Paul, "Works of the Law", and First-Century Judaism', in Moo, *The Epistle to the Romans* (NICNT; Grand Rapids: Eerdmans, 1996) 211-7 [= 『NICNT 로마서』, 솔로몬, 2022].

Moo D., 'Israel and the Law in Romans 5-11: Interaction with the New Perspective', in Carson et al., *Justification and Variegated Nomism Vol. 2* 185-216.

Moule, C. F. D., 'Jesus, Paul and Judaism', in G.F. Hawthorne & O. Betz, eds., *Tradition and Interpretation in the New Testament*, E.E. Ellis FS (Tübingen: Mohr Siebeck/Grand Rapids: Eerdmans, 1987) 43-52.

Müller, H. M., '"Evangelium latuit in lege": Luthers Kreuzespredigt als Schlüssel seiner Bibelhermeneutik', in *Jesus Christus als die Mitthe der Schrigt*, O. Hofius FS, ed. C. Landmesser, et al. (BZNW 86; Berlin: de Gruyter, 1997) 101-26.

Nanos, M. D., *The Mystery of Romans: The Jewish Context of Paul's Letter* (Minneapolis: Fortress, 1996).

Niebuhr, K.-W., 'Die paulinische Rechtfertigungslehre in der gegenwärtigen exegetischen Diskussion', in T. Söding, ed., *Worum geht es in der Rechtfertigungslehre* (Freiburg: Herder, 1999).

O'Brien, P. T., 'Justification in Paul and Some Crucial Issues in the Last Two Decades', in D. A. Carson, ed., *Right with God: Justification in the Bible and the World* (Carlisle: Paternoster, 1992) 69-95.

O'Brien, P. T., 'Was Paul a Covenantal Nomist?'. in Carson, et al., *Justification and Variegated Nomism Vol. 2* 249-96.

O'Brien, P. T., 'Was Paul Converted?', in Carson et al, *Justification and Variegated Nomism Vol. 2* 361-91.

Oden, T. C., *The Justification Reader* (Grand Rapids: Eerdmans, 2002).

Oropeza, B. J., *Paul and Apostasy: Eschatology, Perseverance, and Falling Away in the Corinthian Congregation* (WUNT 2.115; Tübingen: Mohr Siebeck, 2000).

Räisänen, H., 'Legalism and Salvation by the Law: Paul's Portrayl of the Jewish Religion as a Historical and Theological Problem', in S. Pederson, hrsg., *Die Paulinische Literatur und Theologie* (Göttingen: Vandenhoeck & Ruprecht, 1980) 63-83.

Räisänen, H., *Paul and the Law* (WUNT 29; Tübingen: Mohr, 1983).

Räisänen, H., 'Galatians 2.16 and Paul's Break with Judaism', *NTS* 31 (1985) 543-53, reprinted in Räisänen, *Jesus, Paul and Torah: Collected Essays* (JSNTS 43; Sheffield: Sheffield Academic, 1992) 112-26.

Räisänen, H., 'Paul's Call Experience and his Later View of the Law', *Jesus, Paul and Torah* 15-47.

Rapa, R. K., *The Meaning of "Works of the Law" in Galatians and Romans* (New York: Peter Lang, 2001).

Reinmuth, E., *Geist und Gesetz: Studien zu Voraussetzungen und Inhalt der paulinischen Paränese* (Berlin: Evangelische, 1985).

Rengstorf, K. H., *Das Paulusbild in der neueren deutschen Forschung* (Darmstadt: Wissenschaftliche Buchgesellschaft, 1964).

Reymond, R. L., *Paul Missionary Theologian* (Fearn: Mentor, 2000) [= 『바울의 생애와 신학』, 크리스챤다이제스트, 2003].

Ridderbos, H., *Paul: An Outline of his Theology* (Grand Rapids: Eerdmans, 1975) [= 『바울 신학』, 솔로몬, 2017].

Roloff, J., 'Die lutherische Rechtfertigungslehre und ihre biblische Grundlage', in W. Kraus & K.-W. Niebuhr, hg., *Frühjudentum und Neues Testament im Horizont Biblischer Theologie* (WUNT 162; Tübingen: Mohr Siebeck, 2003) 275-300.

Roo, J. C. R. de, 'The Concept of "Works of the Law" in Jewish and Christian Literature', in S. E. Porter & B. W. R. Pearson, eds., *Christian-Jewish Relations Through the Centuries* (JSNTS 192; Sheffield: Sheffield Academic, 2000) 116-47.

Sanders, E. P., 'On the Question of Fulfilling the Law in Paul and Rabbinic Judaism', in C. K. Barrett, et al., eds., *Donum Gentilicum*, D. Daube FS (Oxford: Clarendon, 1978) 103-26.

Sanders, E. P., *Paul and Palestinian Judaism* (London: SCM, 1977). [= 『바울과 팔레스타인 유대교』, 알맹e, 2018].

Sanders, E. P., *Paul, the Law and the Jewish People* (Philadelphia: Fortress, 1983) [= 『바울, 율법, 유대인』, 감은사, 2021].

Sanders, E. P., *Paul* (Oxford University, 1991) [= 『바울』, 시공사, 1999].

Schäfer, R., *Paulus bis zum Apostelkonzil* (WUNT 2.179; Tübingen: Mohr Siebeck, 2004).

Schlier, H., *Grundzüge einer paulinischen Theologie* (Freiburg: Herder, 1978).

Schnelle, U., *Paulus: Leben und Denken* (Berlin: de Gruyter, 2003).

Schreiner, T. R., 'The Abolition and Fulfilment of the Law in Paul', *JSNT* 35 (1989) 47-74.

Schreiner, T. R., '"Works of Law" in Paul', *NovT* 33 (1991) 214-44.

Schreiner, T. R., *The Law and its Fulfilment: A Pauline Theology of Law* (Grand Rapids: Baker, 1993). [= 『바울과 율법』, 기독교문서선교회, 1997].

Schreiner, T. R., *Romans* (BECNT; Grand Rapids: Baker, 1988) [= 『로마서』, 부흥과개혁사, 2012].

Schreiner, T. R., *Paul Apostle of God's Glory in Christ: A Pauline Theology* (Downers Grove, IL: IVP, 2001) [= 『바울신학』, 은성, 2005].

Seifrid, M. A., *Justification by Faith: The Origin and Development of a Central Pauline Theme* (SuppNovT 68; Leiden: Brill, 1992).

Seifrid, M. A., 'Blind Alleys in the Controversy over the Paul of History', *TynBul* 45 (1994) 73-95.

Seifrid, M. A., 'The "New Perspective on Paul" and its Problems', *Themelios* 25.2 (2000) 4.18.

Seifrid, M. A., *Christ, our Righteousness: Paul's Theology of Justification* (Downer's Grove: IL: IVP Apollos, 2000).

Seifrid, M. A., 'Righteousness Language in the Hebrew Scriptures and Early Judaism', in D. A. Carson, et al. eds., *Justification and Variegated Nomism. Vol. 1: The Complexities of Second Temple Judaism* (WUNT 2.140; Tübingen: Mohr Siebeck, 2001) 415-42.

Seifrid, M. A., 'Paul's Use of Righteousness Language Against its Hellenistic Background', in Carson et al., *Justification and Variegated Nomism Vol. 2* 39-74.

Seifrid, M. A., 'Unrighteous by Faith: Apostolic Proclamation in Romans 1:18-3:20', in Carson, et al., *Justification and Variegated Nomism Vol. 2* 106-45.

Silva, M., 'The Law and Christianity: Dunn's New Synthesis', *WTJ* 53 (1991) 339-53.

Silva, M., 'Faith Versus Works of Law in Galatians', in Carson, et al., *Justification and Variegated Nomism Vol. 2* 217-48.

Sloan, R. B., 'Paul and the Law: Why the Law Cannot Save', *NovT* 33 (1991) 35-60.

Smiles, V. M., *The Gospel and the Law in Galatia: Paul's Response to Jewish-Christian Separatism and the Threat of Galatian Apostasy* (Collegeville: Liturgical, Glazier, 1998).

Smith, R., 'Justification in "The New Perspective on Paul"', *Reformed Theological Review* 58 (1999) 16-30.

Smith, R., 'A Critique of the New Perspective on Justification', *Reformed Theological Review* 58 (1999) 98-112.

Smith, R., *Justification and Eschatology: A dialogue with 'The New Perspective on Paul'*, Reformed *Theological Review* Supplement Series #1 (2001).

Snodgrass, K. R., 'Justification by Grace — to the Doers: An Analysis of the Place of Romans 2 in the Theology of Paul', *NTS* 32 (1986) 72-93.

Snodgrass, K. R., 'Spheres of Influence: A Possible Solution to the Problem of Paul and the Law', *JSNT* 32 (1988) 93-113.

Söding, T., *ed.*, *Worum geht es in der Rechtfertigungslehre: das biblische Fundament der "Gemeinsamen Erklärung" von katholischer Kirche und lutherischem Weltbund* (Freiburg: Herder, 1999).

Stendahl, K., 'The Apostle Paul and the Introspective Conscience of the West', *HTR* 56 (1963) 199-215.

Stendahl, K., *Paul Among Jews and Gentiles* (London: SCM, 1976) [= 『유대인과 이방인 사이에 있는 바울』, 감은사, 2021].

Strecker, C., 'Paulus aus einer "neuen Perspektive": der Paradigmenwechsel in der jüngeren Paulusforschung', *Kriche und Israel* 11 (1996) 3-18.

Strecker, G., *Theology of the New Testament* (New York: de Gruyter, 2000).

Stuhlmacher, P., 'The Law as a Topic of Biblical Theology', *Reconcilation, Law and Righteousness: Essays in Biblical Theology* (Philadelphia: Fortress, 1986) 110-33.

Stuhlmacher, P., *Biblische Theologie des Neuen Testaments. Band 1: Grundlegung von Jesus zu Paulus* (Göttingen: Vandenhoeck & Ruprecht, 1992).

Stuhlmacher, P., 'Christus Jesus ist hier, der gestorben ist, ja vielmehr, der auch auferweckt ist, der zur Rechten Gottes ist und uns vertritt', in F. Avemarie & H. Lichtenberger eds., *Auferstehung — Resurrection*, (WUNT 135; Tübingen: Mohr Siebeck, 2001) 351-61.

Stuhlmacher, P., *Revisiting Paul's Doctrine of Justification: A Challenge to the New Perspective* (Downers Grove, IL: InterVarsity, 2001).

Synofzik, E., *Die Gerichts-und Vergeltungsaussagen bei Paulus: Eine traditionsgeschichtliche*

Untersuchung (Göttingen: Vandenhoeck & Ruprecht, 1977).

Talbert, C. H., 'Paul, Judaism, and the Revisionists', *CBQ* 63 (2001) 1-22.

Thielman, F., *From Plight to Solution: A Framework for Understanding Paul's View of the Law in Galatians and Romans Against a Jewish Background* (NovTSupp; Leiden: Brill, 1989).

Thielman, F., 'The Coherence of Paul's View of the Law: The Evidence of First Corinthians'. *NTS* 38 (1992) 235-53.

Thielman, F., *Paul and the Law: A Contextual Approach* (Downers Grove, IL.: InterVarsity, 1994).

Thielman, F., 'Paul as Jewish Christian Theologian: The Theology of Paul in the Magnum Opus of James D.G. Dunn', *Perspectives in Religious Studies* 25 (1998) 381-7.

Theobald, M., 'Der Kanon von der Rechtfertigung (Gal 2,16; Röm 3,28)', *Studien zum Römerbrief* (WUNT 136; Tübingen: Mohr Siebeck, 2001) 164-225.

Thurén, L., *Derhetorizing Paul: A Dynamic Perspective on Pauline Theology and the Law* (WUNT 124; Tübingen: Mohr Siebeck, 2000).

Tomson, P. J., *Paul and the Jewish Law: Halakha in the Letters of the Apostle to the Gentiles* (CRINT III/1; Assen/Maastricht: Van Gorcum, 1990).

Tomson, P. J., 'Paul's Jewish Background in View of His Law Teaching in 1 Cor 7', in Dunn, ed., *Paul and the Mosaic Law* 251-70.

Tyson, J. B., '"Works of the Law" in Galatians', *JBL* 92 (1973) 423-31.

Wander, B., *Gottesfürchtige und Sympathisanten: Studien zum heidnischen Umfeld von Diasporasynagogen* (WUNT 104; Tübingen: Mohr Siebeck, 1998).

Waters, G. P., *Justification and the New Perspectives on Paul* (Phillipsburg, NJ: Presbyterian & Reformed, 2004) [= 『바울에 관한 새 관점 — 기원, 역사, 비판』, P&R, 2012].

Watson, F., *Judaism and the Gentiles: A Sociological Approach* (SNTSMS 56; Cambridge: Cambridge University, 1986).

Watson, F., 'The Triune Divine Identity: Reflections on Pauline God Language, in Disagreement with J. D. G. Dun', *JSNT* 80 (2000) 99-124.

Watson, F., *Paul and the Hermeneutics of Faith* (London: T.&T. Clark International, 2004).

Watson, N. M., 'Justified by Faith: Judged by Works — An Antinomy?', *NTS* 29 (1983) 202-21.

Wedderburn, A. J. M., 'Paul and the Law', *SJT* 38 (1985) 613-22.

Wendel, F., *Calvin: The Origins and Development of his Religious Thought* (1950; ET London: Collins Fontana, 1965) [= 『칼빈: 그의 신학사상의 근원과 발전』, 크리스챤다이제스트, 1999].

Westerholm, S., 'Letter and Spirit: The Foundation of Pauline Ethics', *NTS* 30 (1984) 229-48.

Westerholm, S., 'On Fulfilling the Whole Law (Gal. 5.14)'. *SEA* 51-52 (1986-87) 229-37.

Westerholm, S., *Israel's Law and the Church's Faith* (Grand Rapids: Eerdmans, 1988).

Westerholm, S., 'Paul and the Law in Romans 9-11', in J. D. G. Dunn ed., *Paul and the Mosaic Law* (WUNT 89; Tübingen: J. C. B. Mohr, 1996; Grand Rapids: Eerdmans, 2001) 215-37.

Westerholm, S., 'Sinai as Viewed from Damascus: Paul's Re-evaluation of the Mosaic Law', in

The Road from Damascus: The Impact of Paul's Conversion on His Life, Thought and Ministry, ed. R. N. Longenecker (Grand Rapids: Eerdmans, 1997) 147-65.

Westerholm, S., *Perspectives Old and New on Paul: The "Lutheran" Paul and His Critics* (Grand Rapids: Eerdmans, 2004).

Westerholm, S., 'The Righteousness of the Law and the Righteousness of Faith in Romans', in *Interpretation* 58 (2004) 253-64.

Westerholm, S., 'The "New Perspective" at Twenty-Five', in Carson et al., *Justification and Variegated Nomism Vol. 2* 1-38.

Wilckens, U., 'Was heisst bei Paulus: "Aus Werken des Gesetzes wird kein Mensch gerecht"?' (1969), *Rechtfertigung als Freigheit: Paulusstudien* (Neukirchen-Vluyn: Neukirchener, 1974) 77-109.

Wilckens, U., 'Zur Entwicklung des paulinischen Gesetzesverständnis', *NTS* 28 (1982) 154-90.

Williams, S. K., 'The "Righteousness of God" in Romans', *JBL* 99 (1980) 241-90.

Winninge, M., *Sinners and the Righteous: A Comparative Study of the Psalms of Solomon and Paul's Letters* (CBNTS 26; Stockhol,: Almqvist & Wiksell, 1995).

Wintle, B. C., 'Justification in Pauline Thought', in D. A. Carson, ed., *Right With God: Justification in the Bible and the World* (Carlisle: Paternoster, 1992) 51-68.

Wisdom, J. R., *Blessing for the Nations and the Curse of the Law: Paul's Citation of Genesis and Deuteronomy in Gal. 3.8-10* (WUNT 2.133; Tübingen: Mohr Siebeck, 2001).

Witherington, B., *Grace in Galatia: A Commentary on Paul's Letter to the Galatians* (Edinburgh: T&T Clark, 1998).

Wolter, M., 'Eine neue paulinische Perspektive', *ZNT* 14.7 (2004) 2-9.

Wright, N. T., 'The Paul of History and the Apostle of Faith', *Tyndale Bulletin* 29 (1978) 61-88.

Wright, N. T., *The Climax of the Covenant: Christ and the Law in Pauline Theology* (Edinburgh: T&T Clark, 1991).

Wright, N. T., *The New Testament and the People of God* (London: SPCK, 1992) [= 『신약 성서와 하나님의 백성』, 크리스챤다이제스트, 2003].

Wright, N. T., 'Romans and the Theology of Paul', in D. M. Hay & E. E. Johnson, eds., *Pauline Theology, Volume III, Romans* (Minneapolis: Fortress, 1995) 30-67.

Wright, N. T., *What St Paul Really Said: Was Paul of Tarsus the Real Founder of Christianity?* (Grand Rapids: Wm. B. Eerdmans, 1997) [= 『톰 라이트, 바울의 복음을 말하다』, 에클레시아북스, 2018].

Wright, N. T., 'The Law in Romans 2', in J. D. G. Dunn, ed., *Paul and the Mosaic Law* (WUNT 89; Tübingen: Mohr Siebeck, 1996; Grand Rapids: Eerdmans, 2001) 131-50.

Wright, N. T., 'The Letter to the Romans', *NIB* 10 (2002) 395-770 [= 『로마서』, 에클레시아북스, 2014].

Yarbrough, R. W., 'Paul and Salvation History', in Carson, et al., *Justification and Variegated Nomism Vol. 2* 297-342.

Yinger, K. L., *Paul, Judaism and Judgement According to Deeds* (SNTSMS 105; Cambridge: Cambridge University, 1999).

Zahl, P. F. M., *Die Rechtfertigungslehre Ernst Käsemanns* (Stuttgart: Calwer, 1996).

Zahl, P. F. M., 'Mistakes of the New Perspective on Paul', *Themelios* 27/1 (Autumn 2001) 5-11.

Zeller, D., 'Zur neueren Diskussion über das Gesetz bei Paulus', *ThPh* 62 (1987) 477-99.

Ziesler, J. A., *The Meaning of Righteousness in Paul* (SNTSMS 20; Cambridge: Cambridge University, 1972) 36-9.

Ziesler, J. A., 'Justification by Faith in the Light of the "New Perspective" on Paul', *Theology* 94 (1991) 189-94.

성구 색인

255

1.183   163 주276
1.192   83 주122
12.271   40 주42

Ap.
2.169   67 주94
2.172   67 주94

Philo
Cong.
86-87   174

Mos.
1.278   80 주117

———랍비 문헌———

미쉬나 『산헤드린』
10:1   198 주353

미쉬나 『아보트』
2:7   177

———그리스-로마 문헌———

Juvenal
Satires
14.96-106   81 주119

Tacitus
Hist.
5.5.2   81 주119, 83 주
   122

———사해문서———

『다마스쿠스 문서』
1.4-8   159
3.1-4   164 주281
3.20   175
7.6   175

1Q28a/Sa
1.1   158

1QH
9(=1).26   117 주186
9.35-36   22 주12
10(= 2).10   43 주51
10(= 2).12   43 주51
10(= 2).24   43 주51
12(= 4).29-31   22 주12
12(= 4).29-37   21 주10
12(= 4).31   117 주186
12(= 4).34   43 주51
13(= 5).5-6   21 주10
15(= 7).16-19   21 주10
17(= 9).14-15   22 주12

1QM
11.3-4   21 주10

1Q pHab
5.5   43 주51

1QS

3.6-12   197 주351
4.6-8   175
5.21   46 주59
5.23   46 주59
6.18   46 주59
10-11   161 주272
11.2-3   150 주242
11.11-15   21

4Q174
1.7   46 주59

4Q507
22 주11

4Q511
28 + 29   22 주11

4QMMT/MMT
B1-2   117 주186
C7-8   47 주62
C26   66 주93
C26-27   47 주62
C31   47 주62